RENÉ GIRARD

É Realizações
Editora

Impresso no Brasil,
dezembro de 2014

Título original: *René Girard and Myth*
Copyright © 1993 by Richard J. Golsan.
Tradução autorizada da edição publicada em inglês pela Routledge Inc., membro da Taylor & Francis Group LLC.
Todos os direitos reservados.

Os direitos desta edição pertencem a É Realizações Editora, Livraria e Distribuidora Ltda.
Caixa Postal: 45321
cep: 04010 970 - São Paulo, SP, Brasil
Telefax: (5511) 5572 5363
e@erealizacoes.com.br
www.erealizacoes.com.br

Design Gráfico
Alexandre Wollner
Alexandra Viude
Janeiro/Fevereiro 2011

Diagramação e finalização
Mauricio Nisi Gonçalves
André Cavalcante Gimenez
/Estúdio É

Pré-impressão e impressão
Intergraf Indústria Gráfica

Proibida toda e qualquer reprodução desta edição por qualquer meio ou forma, seja ela eletrônica ou mecânica, fotocópia, gravação ou qualquer outro meio de reprodução, sem permissão expressa do editor.

Editor
Edson Manoel de Oliveira Filho

Coordenador da Biblioteca René Girard
João Cezar de Castro Rocha

Gerente editorial
Sonnini Ruiz

Produção editorial
William C. Cruz

Preparação de texto
Lucas Cartaxo

Revisão
Geisa Mathias de Oliveira

RENÉ GIRARD
mito e teoria mimética
introdução ao pensamento girardiano

Richard J. Golsan

tradução Hugo Langone

É Realizações
Editora

Esta edição teve o apoio da Fundação Imitatio.

Imitatio foi concebida como uma força para levar adiante os resultados das interpretações mais pertinentes de René Girard sobre o comportamento humano e a cultura.

Eis nossos objetivos:

Promover a investigação e a fecundidade da Teoria Mimética nas ciências sociais e nas áreas críticas do comportamento humano.

Dar apoio técnico à educação e ao desenvolvimento das gerações futuras de estudiosos da Teoria Mimética.

Promover a divulgação, a tradução e a publicação de trabalhos fundamentais que dialoguem com a Teoria Mimética.

Para Nancy,

*Te voyant rire avecques si
  grande grace
ce doulx soubris me donne
  espoir de vie.*[1]

Maurice Scève

---

[1] "Vendo-te sorrir com tão grande graça / seu doce sorriso me dá esperança de vida." (N. T.)

sumário

11
o lugar do mito na
arquitetura mimética
João Cezar de Castro
Rocha

21
introdução

25
capítulo 1
do desejo triangular à
psicologia interdividual

59
capítulo 2
violência sacrificial e o
bode expiatório

97
capítulo 3
o mito

125
capítulo 4
a Bíblia: antídoto contra
a violência

151
capítulo 5
os críticos de Girard e os
girardianos

apêndices

179
uma entrevista com
René Girard

207
análise de um mito
venda

245
breve explicação

247
cronologia de
René Girard

251
bibliografia de
René Girard

254
bibliografia selecionada
sobre René Girard

261
índice analítico

267
índice onomástico

o lugar do mito na arquitetura mimética

João Cezar de Castro Rocha[1]

Um Método Exemplar

O método seguido por Richard Golsan na apresentação da teoria mimética é propriamente exemplar.

Aprendamos, portanto, com o autor deste livro:

> Apesar de toda a controvérsia que gerou, o pensamento girardiano é direto e acessível. Duas são as suas ideias cruciais. Em primeiro lugar, Girard afirma que o desejo é imitativo ou "mimético", e não inato: os seres humanos copiam os desejos uns dos outros. Em seguida, ele defende que a ordem cultural e social teve origem em atos de violência unânime e sacrificatória cometidos contra vítimas inocentes ou, noutras palavras, "bodes expiatórios". [...] Por fim, mas para nós mais importante, Girard redefiniu o mito de maneira fértil e abrangente.[2]

---

[1] Professor de Literatura Comparada da Universidade do Estado do Rio de Janeiro (UERJ).
[2] Ver, neste livro, p. 22.

Vale a pena apreciar o procedimento: à identificação dos elementos-chave na arquitetura girardiana, Golsan associou imediatamente o tema de sua pesquisa, isto é, o exame do mito. Desse modo, ele escreveu uma introdução à vasta obra do pensador francês lançando mão de notável artifício, pois, a um só tempo, sua introdução pode ser considerada tanto completa como sintética.

De um lado, um panorama completo, que lida com os principais títulos de Girard, reconstruindo o caminho seguido pelo pensador na formulação da teoria mimética através do mapeamento de seus principais conceitos e objetos de estudo.

Numa resenha do livro, o ponto foi destacado:

> É correta a decisão de Golsan de seguir o desenvolvimento de Girard numa ordem mais ou menos cronológica, pois assim o leitor pode entender como Girard produziu seu sistema explicativo através de uma sucessão de intuições.[3]

De outro lado, uma apresentação sintética, pois sua leitura pretende preparar o caminho para a análise da contribuição propriamente girardiana ao conhecimento do mito. Por isso mesmo, Golsan valoriza aspectos que favorecem esse propósito mais geral, aproximando o entendimento do desejo mimético e do mecanismo do bode expiatório à estrutura mesma do mito, cuja forma, segundo Girard, é uma autêntica análise combinatória desses dois fatores.

Tal estratégia, aliás, foi desenvolvida para a coleção na qual o livro foi originalmente publicado. Trata-se da série "Teóricos do Mito".

---

[3] Raymond Bach, "René Girard and Myth. An Introduction". *Method & Theory in the Study of Religion*, vol. 8, n. 4, 1996, p. 394.

Nas palavras de seu coordenador:

> Golsan trata a obra de Girard como o trabalho de um crítico literário, de um exegeta bíblico, de um crítico da psicanálise e do estruturalismo além de vê-lo como um crítico da cultura. No entanto, acima de tudo, ele considera Girard um estudioso do mito.[4]

Ou, talvez se possa dizer com um pouco mais de precisão, Golsan entende a contribuição de Girard como o aporte de um pensador transdisciplinar, cujas preocupações conhecem uma cristalização especial no tratamento da questão do mito.

Eis um tema sensível na elaboração da teoria mimética, especialmente durante a escrita de *La Violence et le Sacré* (1972) e *Des Choses Cachées Depuis la Fondation du Monde* (1978).[5] Afinal, nessa época, o paradigma estruturalista ainda conservava alguma pretensão hegemônica no campo das Humanidades. Em consequência, destacava-se a centralidade do trabalho fundamental de Claude Lévi-Strauss, responsável por uma renovação decisiva na leitura do mito e pela criação da categoria de pensamento selvagem. Além disso, entre 1964 e 1971, o antropólogo francês completou a monumental série "Myhtologiques",[6] ponto culminante de sua reflexão acerca do mito.

---

[4] Robert A. Segal, "Series Editor's Foreword". In: Richard Golsan, *René Girard and Myth*. New York e London, Routledge, 2002, p. l.
[5] [Edições brasileiras: René Girard, *A Violência e o Sagrado*. Trad. Martha Conceição Gambini. São Paulo, Paz e Terra, 2013; René Girard, *Coisas Ocultas desde a Fundação do Mundo*. Trad. Martha Conceição Gambini. São Paulo, Paz e Terra, 2009.]
[6] A série é composta de quatro volumes: *Le Cru et le Cuit* (1964); *Du Miel aux Cendres* (1966); *L'Origines des Manières de Table* (1968); *L'Homme Nu* (1971) [Edições brasileiras da série *Mitológicas*: Claude Lévi-Strauss, *O Cru e o Cozido*. Trad. Beatriz Perrone-Moisés. São Paulo, Cosac Naify, 2004; Idem, *Do Mel às Cinzas*. Trad. Carlos Eugênio Marcondes de Moura. São Paulo, Cosac Naify, 2005; Idem, *A Origem dos Modos à Mesa*. Trad. Beatriz Perrone-Moisés. São Paulo, Cosac Naify, 2006; Idem, *O Homem Nu*. Trad. Beatriz Perrone-Moisés. São Paulo, Cosac Naify, 2011.]

Em outras palavras, e em termos propriamente girardianos, o autor de *Mensonge Romantique et Vérite Romanesque* (1961)[7] escolheu a dedo o modelo-rival para sua abordagem do mito!

Nesse sentido, Golsan apresenta com erudição a hipótese de René Girard sobre o tema, embora não deixe de apontar eventuais lacunas no seu método. Aliás, vale notar um aspecto relevante do livro, assinalado por Jeremy Biles:

> Em certa medida, o capítulo final do livro de Golsan é o mais recomendável. Ao recursar-se a desempenhar o papel de um simples epígono, Golsan dá voz a críticos de Girard oriundos de diversos campos de conhecimento.[8]

Golsan apresenta as críticas mais comuns feitas, sobretudo, ao método da teoria mimética, em seu afã explicativo, muitas vezes visto como totalizador. Ao mesmo tempo, o autor deste livro discute a pertinência de certas ressalvas, demonstrando que, em alguns casos, o pensamento girardiano é reduzido a um esquema determinista que nada tem a ver com o dinamismo inerente à hipótese mimética.

O ponto mais importante, portanto, é sublinhado no final do terceiro capítulo, todo ele dedicado ao estudo do mito:

> A teoria de Girard também constitui um empenho sério e original para reabilitar o mito enquanto fonte autêntica de conhecimento das origens humanas.[9]

---

[7] Edição brasileira: René Girard, *Mentira Romântica e Verdade Romanesca*. Trad. Lilia Ledon da Silva. São Paulo, É Realizações, 2009.
[8] Jeremy Biles, "René Girard and Myth. An Introduction". *The Journal of Religion*, vol. 83, n. 3 (julho de 2003), p. 506.
[9] Ver, neste livro, p. 123-24.

Tal aspecto decisivo encontra-se abordado na entrevista concedida a Golsan, aqui reproduzida e, sobretudo, no aguerrido método desenvolvido pelo pensador francês em sua análise do mito Venda.

O Mito em Girard

A cristalina posição do autor de *Les Origines de la Culture* foi perfeitamente resumida por Golsan:

> De acordo com Girard, "todos os mitos [...] têm suas raízes em atos de violência reais cometidos contra vítimas reais". Esses atos de violência são atos de violência sacrificial e coletiva contra vítimas inocentes; a ordem cultural ou nasce delas, ou é por elas renovada. Em poucas palavras, o assassinato fundador que está na origem da cultura é "o mecanismo que gera toda mitologia"; trata-se de "uma máquina de fabricar mitos".[10]

No pensamento girardiano, o mito permite atar as pontas de sua reflexão acerca das origens da cultura. Como Golsan assinalou com agudeza, o desejo mimético e o mecanismo do bode expiatório são duas faces da mesma moeda, cuja circulação permitiu a formulação da teoria mimética. Assim, na leitura girardiana, o mito oferece uma instância única para compreender a inter-relação das duas noções.

Por isso, no importante anexo que este livro oferece, René Girard analisa um mito venda e principia por uma definição lhana:

> Segundo a teoria mimética, os mitos refletem um contagioso processo de desordem

---

[10] Ver, neste livro, p. 98.

que culmina na morte ou na expulsão de uma vítima.[11]

O mito, assim, teria sua origem numa desordem mimética prévia, miticamente elaborado numa narrativa que, segundo Girard, sempre gravitaria em torno do mecanismo do bode expiatório. Logo, o mito não seria exatamente a reconstrução fantasiosa de um conflito primordial porém fictício, tampouco expressaria uma visão do mundo particular, ou ainda uma forma própria de articulação do pensamento.

Não: para o autor de *Des Choses Cachées Depuis la Fondation du Monde*, o mito, lido com lentes miméticas, seria a evidência maior do elemento que sempre se procurou manter oculto. Como o leitor de Girard antecipa, trata-se da própria violência fundadora, gênese nada idílica das instituições culturais.

Tal posição, em aparência, pode ser questionada sem maiores dificuldades. Afinal, parece que Girard incorre numa evidente tautologia: lida *mimeticamente*, a estrutura do mito confirma os pressupostos da teoria *mimética*.

De acordo...

Como responder à crítica?

Com a argúcia habitual, Girard virou a mesa:

> Longe de ser uma invenção estranha e forçada, "minha teoria" do mito sequer é "minha". Ela se baseia no modelo de interpretação que os historiadores aplicam a textos que há muito aprendemos a desmistificar. Minha teoria aplica ao mito uma prática crítica que não parece problemática

---

[11] René Girard, "Análise de um Mito Venda". Ver, neste livro, p. 207.

na medida em que permanece confinada a nosso próprio contexto cultural. Se essa prática fosse examinada por si só, sua teoria seria mimética tal qual apregoa minha teoria mimética.[12]

Touché!

O argumento é original e provocador. Girard propõe que, na leitura dos mitos, se use a hermenêutica empregada na interpretação de determinados textos medievais, na sua conceituação, os "textos de perseguição".

Em princípio, ninguém nega que as famosas diatribes contra as feiticeiras recorriam a acusações que hoje não hesitamos em considerar absurdas. No entanto, e de igual modo, ninguém contesta o fato de que, apesar do caráter fantasioso dos textos, vítimas reais, ao serem acusadas de feitiçaria, foram efetivamente sacrificadas.

Por que não, indaga Girard, empregar idêntico método na leitura dos mitos? O pensador francês acredita que essa possibilidade abriria à teoria mimética um campo inédito de confirmação.

Portanto, na formulação da teoria mimética, o exame do mito é propriamente central.

A advertência de Golsan explica a razão dessa centralidade:

> Utilizar conclusões obtidas a partir da tragédia grega e da tragédia shakespeariana a fim de formular declarações genéricas sobre a história da humanidade seria participar de um etnocentrismo que Girard evita escrupulosamente.[13]

---

[12] Ibidem, p. 218.
[13] Ver, neste livro, p. 91.

O exame do mito, então, equivaleria a buscar evidências da gênese da cultura segundo a hipótese mimética, que postula a centralidade do mecanismo do bode expiatório como forma universal de resolução dos conflitos gerados pela própria lógica do desejo mimético.

Daí a confiança demonstrada por Girard na conclusão de seu ensaio:

> Nossa desmitificação mimética é uma operação puramente interpretativa, completamente autônoma e livre de pressupostos aprioristicos. A afirmação de que a vítima é real não é um viés aprioristico em favor da referencialidade; ela é exigida por uma hipótese que é poderosa demais para ser rejeitada.[14]

Podemos, portanto, tornar nossas as palavras de Robert A. Segal:

> No conjunto, o livro de Golsan oferece uma introdução justa e ampla à obra de um dos mais originais e provocadores esforços recentes de teorização acerca do mito.[15]

De fato, o leitor tem em mãos uma das mais inteligentes e bem pensadas introduções ao pensamento de René Girard, cuja atualidade apenas se torna a cada dia mais assinalável.

Advertência Final

O livro de Richard Golsan foi publicado em 2002. Naturalmente, ele não tinha como antecipar uma modificação decisiva no

---

[14] René Girard, "Análise de um Mito Venda". Ver, neste livro, p. 243.
[15] Robert A. Segal, "Series Editor's Foreword". In: Richard Golsan, *René Girard and Myth*, op. cit., 2002, p. II.

pensamento girardiano que começou a madurar no final dos anos 1990, mas que somente foi plenamente explicitada em meados da década seguinte. Daí, é nossa obrigação registrar essa transformação conceitual para o leitor deste relevante trabalho de introdução ao pensamento de René Girard.

No Capítulo 4, Golsan afirma:

> O mito, portanto, é a baixa trazida pela revelação judaico-cristã, e o mesmo fim têm as práticas sacrificiais que originalmente fundaram a ordem social e cultural. *Uma forma nova e não sacrificial de formar comunidades humanas deve ser descoberta*, e também essa iniciativa, segundo Girard, pode ser encontrada na Bíblia, de modo particular nos Evangelhos.[16]

Pois bem: poucos anos após a publicação deste livro, Girard alterou substancialmente sua perspectiva, chegando mesmo a abdicar da possibilidade de encontrar um espaço humano propriamente não sacrificial.[17] Postular tal espaço equivaleria a ignorar a lógica do desejo mimético enquanto matriz inesgotável de rivalidades e conflitos.

Nas palavras francas do pensador francês:

> Inexiste um espaço não sacrificial intermediário, de onde possamos descrever tudo com um olhar neutro.[18]

---

[16] Ver, neste livro, p. 129, meus destaques.
[17] Tratei do tema em detalhes no livro *¿Culturas Shakespearianas? Teoría Mimética y América Latina*. México, Sistema Universitario Jesuita, 2014, especialmente p. 287-93. Esse livro será publicado na Biblioteca René Girard. Michael Kirwan também destacou esse aspecto crucial: Michael Kirwan, *Discovering Girard*. London, Darton, Longman & Todd, 2004, p. 7. Esse livro também será publicado na Biblioteca René Girard.
[18] René Girard, Pierpaolo Antonello e João Cezar de Castro Rocha, *Evolução e Conversão*. Trad. Bluma Waddington Vilar e Pedro Sette-Câmara. São Paulo, É Realizações, 2011, p. 235.

Impossibilidade, contudo, que apenas esclarece a importância do pensamento girardiano, pois, em lugar de oferecer uma resposta pronta, a teoria mimética nos obriga a seguir refletindo acerca do dilema maior que a todos molda: a centralidade da violência na determinação do sujeito e da cultura.

introdução

René Girard é indubitavelmente um dos mais interessantes e controversos dentre os grandes críticos franceses que surgiram nas décadas de 1960 e 1970. Suas investigações abrangem os campos da crítica literária, da antropologia, da psicologia e da teologia, e em todos eles o autor deixou a sua marca. Tanto seus admiradores quanto seus críticos recorreram às suas ideias – fosse para aplicá-las às obras que escreviam, fosse para contestar sua validade. Além disso, as avaliações dos escritos girardianos raramente são imparciais. Girard já foi caracterizado como "um dos maiores pensadores das três últimas décadas do século",[1] assim como desprezado por ser um fanático religioso cujos esforços intelectuais não possuiriam qualquer objetivo senão o de justificar uma apologética cristã nova.[2] Politicamente, Girard foi atacado tanto por ser um materialista de esquerda, cujas ideias empobrecem a noção de sagrado, quanto por ser um reacionário, cujas visões sobre a hierarquia social e sobre o sacrifício possuem grande afinidade com o fascismo.[3] O autor respondeu vigorosamente a essas e a outras críticas[4] e conquistou, com isso, a justa reputação de ser uma mente "combativa" e "fértil".

---

[1] Virgil Nemoianu, "René Girard and the Dialectics of Imperfection". In: *To Honor René Girard*. Saratoga, CA, Anma Libri, 1986, p. 1.
[2] Ver o que diz Girard sobre a acusação na entrevista incluída neste volume.
[3] Para uma breve análise dessas acusações, ver Nemoianu, op. cit., p. 1-2. Ver também, no capítulo 5 deste livro, o exame das críticas contra Girard tecidas por Hayden White.
[4] Ver na entrevista, por exemplo, a resposta de Girard às críticas feministas.

Apesar de toda a controvérsia que gerou, o pensamento girardiano é direto e acessível. Duas são as suas ideias cruciais. Em primeiro lugar, Girard afirma que o desejo é imitativo ou "mimético", e não inato: os seres humanos copiam os desejos uns dos outros. Em seguida, ele defende que a ordem cultural e social teve origem em atos de violência unânime e sacrificatória cometidos contra vítimas inocentes ou, noutras palavras, "bodes expiatórios". Ao explorar as ramificações dessas ideias em disciplinas que perpassam as ciências humanas e sociais, Girard desenvolveu tanto uma psicologia do desejo mimético – por ele denominada "interdividual" – como uma reinterpretação da função e do significado dos ritos e rituais primitivos. Ao mesmo tempo, ele também realizou análises instigantes de obras-primas literárias que incluem a tragédia grega, Shakespeare e grandes romances dos séculos XIX e XX. Girard propôs ainda releituras surpreendentes de textos bíblicos, atribuindo-lhes uma posição controversa e privilegiada no desenvolvimento da cultura ocidental. Por fim, mas para nós mais importante, Girard redefiniu o mito de maneira fértil e abrangente.

Este estudo almeja ser uma introdução crítica à obra de René Girard, centrando-se sobretudo em sua teoria do mito. O primeiro capítulo, intitulado "Do Desejo Triangular à Psicologia Interdividual", examina a teoria do desejo mimético em contexto literário e psicológico. O segundo, "Violência Sacrificial e o Bode Expiatório", analisa o papel do mecanismo expiatório na formação social e cultural a partir do exame de textos literários – os quais abarcam desde a tragédia grega ao romance francês moderno – e de ritos e rituais primitivos. O capítulo terceiro se debruça sobre a teoria girardiana do mito e a relaciona à obra de outros mitólogos, incluindo Claude Lévi-Strauss e Otto Rank. A leitura que Girard faz da Bíblia, tal como o exame de seu impacto sobre a cultura ocidental, é o tema do quarto capítulo. Como o título sugere, o capítulo final deste estudo analisa tanto as principais críticas levantadas contra as teorias de Girard quanto, brevemente, parte das pesquisas realizadas, em diferentes campos, sob a inspiração de suas ideias.

Não preciso dizer que é impossível abordar, num só capítulo, todas as críticas à obra de Girard e todas as pesquisas inspiradas pelo seu pensamento. Utilizei com generosidade as notas de rodapé a fim de lidar com alguns desafios impostos a determinadas interpretações de obras literárias, rituais, etc. Ao final do capítulo dedicado ao mito, incluí uma avaliação dos pontos fortes e fracos da interpretação girardiana.

As seções finais deste estudo consistem numa entrevista que fiz com René Girard na Universidade de Stanford em janeiro de 1989 e num Apêndice em que Girard oferece sua leitura de um mito venda, de origem africana.

Eu gostaria de agradecer a uma série de pessoas que me ajudaram a tornar este livro possível. Em primeiro lugar, agradeço a René Girard pelas contribuições que deu ao volume e pela generosidade e gentileza demonstradas ao longo de todo este projeto. Margaret Tompkins, sua assistente, forneceu-me informações e opiniões cruciais, tendo tolerado minhas inúmeras ligações com notável paciência. O editor da série,[5] Robert Segal, se debruçou sobre o manuscrito de maneira paciente e escrupulosa. Andrew McKenna agregou seu talento e sua agudeza crítica ao projeto. Kari Kraus editou com destreza o texto da entrevista. O College of Liberal Arts, da Texas A&M University, ofereceu-me durante o verão o respaldo que me permitiu finalizar o manuscrito. Auxílio e conselhos muito úteis me foram dados por parentes, amigos e colegas, incluindo Mary Broyles, Lucy Golsan, Michael Degnan, Melanie Hawthorne, Steve Oberhelman, Van e Mary Kelly, Hervé e Pat Picton e Ray Bach. Minha eterna gratidão a Janet Ray pela preparação do manuscrito final. E, por fim, também a Jody, James e Nancy, por serem eles mesmos.

---

[5] Da série "Theorists of Myth", a que pertence o original. (N. T.)

capítulo 1
do desejo triangular à psicologia interdividual

René Girard iniciou sua carreira com dois livros de crítica literária: *Mentira Romântica e Verdade Romanesca* (1961)[1] e *Dostoiévski: do Duplo à Unidade* (1963).[2] O primeiro deles é um estudo de cinco romancistas importantes – Cervantes, Stendhal, Flaubert, Proust e Dostoiévski –, ao passo que o outro se debruça exclusivamente sobre os romances do escritor russo e sobre outras obras ficcionais menores de sua autoria. Em ambos os trabalhos, Girard nos apresenta uma série de ideias notáveis sobre a arte do romancista, mas seu principal interesse é examinar o funcionamento do que ele denomina desejo "mimético" ou "triangular".

O Desejo Triangular

O que é o desejo "triangular" ou "mimético"? Girard afirma, em suma, que nossos desejos não são inatos ou autônomos, mas copiados dos outros.[3] Se desejo um objeto em particular, não o cobiço

---

[1] Edição brasileira: René Girard, *Mentira Romântica e Verdade Romanesca*. Trad. Lilia Ledon. São Paulo, É Realizações, 2009. (N. E.)
[2] Edição brasileira: René Girard, *Dostoiévski: do Duplo à Unidade*. Trad. Roberto Mallet. São Paulo, É Realizações, 2011. (N. E.)
[3] Como as análises subsequentes demonstrarão, a gama de desejos abarcada pela rubrica "mimético" inclui impulsos sexuais, ambições sociais e políticas e desejos de experiências estéticas específicas. Os desejos inconscientes em sentido freudiano não estão incluídos,

por aquilo que é, e sim porque imito o desejo de alguém que optei por tomar como modelo. Essa pessoa – seja ela real ou imaginária, lendária ou histórica – se converte em mediador de meu desejo, e então me envolvo numa relação essencialmente triangular:

modelo ou "mediador"

↗ ↘

↗ ↘

"sujeito" ------------- "objeto"

Em *Mentira Romântica e Verdade Romanesca*, Girard defende que as relações triangulares se dividem em duas categorias. Na primeira, descrita como "mediação externa", o indivíduo que deseja (o "sujeito") e o modelo, ou mediador, desse desejo estão distanciados pelo espaço, pelo tempo, pela hierarquia social ou pelo prestígio que recebem, de modo que ambos não se tornam rivais na cobiça pelo objeto. Excelentes exemplos literários da "mediação externa" podem ser encontrados no *Dom Quixote*, de Cervantes, na *Divina Comédia*, de Dante, e também, ocasionalmente, nos romances de Stendhal e Proust. A segunda categoria, denominada "mediação interna", envolve um modelo ou mediador que não foi separado do sujeito pelo tempo, pelo espaço ou por outros fatores, tornando-se rival e obstáculo na busca do objeto por parte do sujeito. A mediação interna é um processo complexo e destrutivo que em geral tipifica a natureza do desejo em Stendhal, Proust e Dostoiévski. Ela também serve como ponto de partida para a

---

uma vez que Girard, como veremos, não acredita no inconsciente. É importante notar, também, que Girard não contesta a existência de impulsos e motivações inatos e instintivos necessários à sobrevivência do organismo. Para ele, esses impulsos e motivações, mesmo quando presentes nas espécies animais, são canalizados pelo processo mimético. Para um breve exame do comportamento mimético entre os animais e da forma como ele difere do comportamento humano, ver o início do Capítulo 2.

crítica que Girard tece à psicanálise freudiana, para a sua teoria da violência e das origens da cultura e, no final das contas, também para a sua teoria do mito.

Mediação Externa

Mentira Romântica e Verdade Romanesca tem início com um trecho de *Dom Quixote* em que o herói anuncia a seu companheiro, Sancho Pança, o desejo de imitar da melhor forma possível o lendário cavaleiro Amadis de Gaula. O objetivo de Dom Quixote é tornar-se um cavaleiro quase perfeito:

> Deste modo, Amadis foi o norte, o luzeiro e o sol dos valentes e namorados cavaleiros, a quem devemos imitar, todos os que debaixo da bandeira do amor e da cavalaria militamos. Sendo pois isto assim, como é, acho eu, Sancho amigo, que o cavaleiro andante que melhor o imitar, mais perto estará de alcançar a perfeição da cavalaria.[4]

A imitação de Amadis por Quixote afeta suas ações, suas emoções e seu juízo. Ele decide que deve ter, a exemplo de seu herói, uma amada a quem possa dedicar-se por completo e pela qual possa sofrer os tormentos do amor. Ele escolhe Aldonza Lorenza, uma lavradora local um tanto comum e ignorante. O desejo de Dom Quixote a transforma na arrebatadora e encantadora Dulcineia del Toboso. Muito embora não a conheça e raramente, quiçá nunca, lhe tenha dirigido a palavra, ele lhe dedica seus feitos de valor e sofre, por ela, como se ambos estivessem profunda e apaixonadamente envolvidos. Dom Quixote chega até mesmo a recolher-se em Serra

---

[4] René Girard, *Mentira Romântica e Verdade Romanesca*, op. cit., p. 25-26.

Morena a fim de fazer penitência pela amada. Mesmo aqui ele está imitando Amadis, que recebera de sua querida Oriana a ordem de realizar uma penitência semelhante. A imitação de Amadis por Dom Quixote é clara. Quando se prepara para cumprir a penitência, o personagem declara:

> Viva a memória de Amadis, e que em tudo quanto puder o imite D. Quixote de La Mancha, de quem se dirá o que daquele se disse, que, se não acabou grandes coisas, morreu por acometê-las; e se eu não sou desprezado nem desdenhado por Dulcineia d'El Toboso, basta-me, como tenho dito, estar ausente dela. Eia, pois, mãos à obra: vinde à minha memória, coisas de Amadis, e mostrai-me por onde tenho de começar a imitar-vos.[5]

O desejo triangular ou mimético de Dom Quixote acaba sendo contagioso. Sancho Pança, lavrador simples que, antes de tornar-se companheiro de Quixote, tivera como única preocupação encher a barriga, imita seu mestre quando desenvolve o desejo de tornar-se governador de sua própria ilha e conquistar, para sua filha, o título de duquesa. Segundo Girard, esses desejos "não surgiram espontaneamente no homem simples que é Sancho. Foi Dom Quixote quem os sugeriu".[6] Assim, o cavaleiro se torna o modelo ou mediador dos desejos de seu escudeiro, do mesmo modo como Quixote assimila seus desejos a partir de Amadis. Em ambos os casos, a realidade foi transformada e o juízo de ambos os homens – talvez até sua percepção – saiu gravemente prejudicado. Deixando para trás uma existência confortável e suas responsabilidades, os dois personagens embarcam numa busca temerária pela glória. O que eles encontram é o mundo banal e cotidiano do interior

---

[5] Miguel de Cervantes, *O Engenhoso Fidalgo D. Quixote de La Mancha: Primeiro Livro*. Trad. Sérgio Molina. São Paulo, Editora 34, p. 347. (N. T.)
[6] René Girard, *Mentira Romântica e Verdade Romanesca*, op. cit., p. 27.

espanhol, mas no cérebro febril de Dom Quixote, motivado pelo sonho de imitar Amadis, esse mundo se converte num lugar perigoso e fantástico, repleto de males, cavaleiros misteriosos e damas em apuros. Até mesmo os objetos mais inócuos são integralmente transformados: a bacia de um barbeiro torna-se o elmo lendário de Mambrino, ovelhas se tornam guerreiros inimigos e, é claro, moinhos de vento se tornam gigantes assustadores. Nas palavras de Girard: "O desejo triangular é o desejo que transfigura seu objeto" (Mentira, p. 40).[7]

Dom Quixote não é a única obra-prima literária que traz exemplos impressionantes de mediação externa, na qual o sujeito, aqui Dom Quixote, imita um modelo distante no espaço e no tempo, em nosso caso o lendário Amadis de Gaula. Num artigo intitulado "O Desejo Mimético de Paolo e Francesca", Girard afirma que a paixão dos célebres amantes da *Divina Comédia* de Dante não é tão espontânea quanto se costuma crer; ela resulta, antes, de sua leitura conjunta da história de Lancelote:

> Quando chegaram na cena de amor entre o cavaleiro e a Rainha Guinevere, a esposa de Artur, ficaram envergonhados e ruboresceram. Veio, então, o primeiro beijo dos amantes lendários. Paolo e Francesca voltaram-se um para o outro e também se beijaram. O amor progride em suas almas em sintonia com o seu próprio

---

[7] Em *Dom Quixote*, a capacidade que o desejo mimético tem de prejudicar a percepção de suas vítimas alcança proporções extremadas e, muitas vezes, cômicas. Sobre os outros heróis ficcionais examinados em *Mentira Romântica e Verdade Romanesca*, ele exerce impacto parecido, embora menos exagerado. O caso de várias dessas figuras será analisado logo adiante. Em obras subsequentes, Girard fornece inúmeros exemplos de transformações assim, dadas sob a influência do desejo mimético, fora da esfera da ficção. Ver, de modo particular, como o bode expiatório se transforma aos olhos da turba, no Capítulo 2. Para uma análise completa e excelente do desejo mimético em *Dom Quixote*, ver Cesáreo Bandera, *Mimesis Conflictiva: Ficción Literaria y Violencia en Cervantes y Calderón*. Madri, Gredos, 1975, p. 39-171.

progresso no livro. A palavra escrita exerce um verdadeiro fascínio. Impele os dois jovens amantes a agir como se estivessem submetidos ao destino; é um espelho no qual olham fixamente, descobrindo em si mesmos as semelhanças dos seus brilhantes modelos.[8]

Muito embora *O Vermelho e o Negro*, de Stendhal, seja uma obra dominada pela mediação interna, ela também nos fornece exemplos notáveis de mediação externa. O jovem herói do romance, Julien Sorel, procura a todo momento viver de acordo com o exemplo estabelecido por Napoleão Bonaparte. Julien imita o desejo de seu herói não apenas em suas aspirações à glória militar, mas também ao acreditar que é seu dever seduzir as mulheres que estão à sua volta. Quando decide que deve possuir a madame de Rênal, cujos filhos ele tutela, o protagonista o faz menos em virtude dos encantos de Louise de Rênal do que em virtude de sua certeza de que Napoleão teria tentado conquistá-la. Como observa Stendhal: "Algumas observações de Napoleão sobre as mulheres [...] instilaram em Julien, pela primeira vez, certas ideias que qualquer outro jovem de sua idade teria nutrido muito antes".[9] Pela mediação de Napoleão, todos os estágios da sedução de Louise se transformam, na mente de Julien, em uma série de confrontos e triunfos militares. A madame de Rênal se torna "um inimigo que ele deve combater".[10] É seu "dever" tomar a sua mão no jardim e, depois, adentrar o seu quarto. Tão determinado está ele em desempenhar o papel esboçado por Napoleão, em imitar a arrojada busca de Napoleão por mulheres, que Julian se mostra incapaz de sentir prazer na sedução propriamente dita. Após dormir com Louise

---

[8] René Girard, *To Double Business Bound*. Baltimore, The Johns Hopkins University Press, 1988, p. 2. [Este livro será publicado na Biblioteca René Girard.]
[9] Stendhal, *Scarlet and Black*. Trad. Margaret R. B. Shaw. New York, Penguin Books, 1986, p. 69. [Em português: Stendhal, *O Vermelho e o Negro*. Trad. Raquel Prado. São Paulo, Cosac Naify, 2014.]
[10] Ibidem, p. 71.

pela primeira vez, o protagonista indaga: "Ser feliz, ser amado... é apenas isso?".[11] O desejo mimético, portanto, de forma alguma garante a gratificação sensual ou sexual quando da posse do objeto. Na realidade, o que se dá é o contrário.

Em *Em Busca do Tempo Perdido*, romance dominado pela mediação interna, Proust também oferece exemplos interessantes de mediação externa. Marcel, o jovem narrador, é um apreciador do escritor Bergotte. Como Bergotte é escritor, também Marcel deseja sê-lo. Bergotte admira a atriz Berma, e, assim, vê-la atuar se torna um dos mais ardentes desejos do jovem narrador. Do mesmo modo como deseja o que Bergotte deseja, Marcel também permanece indiferente àquilo que a ele não interessa. Como observa Girard, o passeio de Marcel pelos Champs Elysées o deixa indiferente porque Bergotte fora incapaz de descrever a famosa avenida em seus textos.

A exemplo do que acontece com Dom Quixote e Julien Sorel, a desejabilidade do objeto nasce não do objeto mesmo, e sim de sua *designação* pelo mediador. Além disso, os objetos que *são* designados são também transformados aos olhos do indivíduo que deseja, quando então assumem uma aura mágica que na realidade não existe. Por fim, muito embora a influência do modelo ou do mediador seja opressora, a distância entre ele e o indivíduo que deseja é tão grande no espaço e no tempo – ou mesmo apenas em prestígio – que ele de modo algum interfere no indivíduo ou se torna seu rival na busca pelo objeto. Amadis é uma lenda, e Dom Quixote, ainda que fosse possível, jamais sonharia em competir com ele. Napoleão morrera em Santa Helena, e tudo o que Julien sabe sobre ele advém de livros e conversas com um velho cirurgião militar que servira no Grande Exército do imperador. Bergotte pertence ao mundo dos adultos, a um mundo que o pequeno Marcel observa e admira, mas apenas de fora.

---

[11] Ibidem, p. 104.

Sancho Pança pode até embarcar nas aventuras de Dom Quixote, mas jamais lhe ocorreria competir com seu mestre. A harmonia que há entre cavaleiro e escudeiro jamais é rompida pela rivalidade. Quando, porém, a distância entre o indivíduo desejoso e o mediador deixa de ser uma distância que evita rivalidades desse tipo, um limiar perigoso é cruzado. A mediação externa dá lugar, então, à mediação interna.

Mediação Interna

Em suas manifestações mais simples, a mediação interna é tão direta e discernível quanto a mediação externa. Em *O Vermelho e o Negro*, o sr. de Rênal decide empregar Julien Sorel como tutor de seus filhos porque acredita que seu rival local, o sr. Valenod, pretende fazer o mesmo. Mais tarde, Valenod tentará contratar Julien precisamente porque Julien se tornara empregado do sr. de Rênal. Para esses dois homens, o valor de Julien depende do quão desejável o jovem tutor parece ser aos olhos do outro. Nenhum deles dá muita importância a Julien ou seus talentos; do mesmo modo, ambos são indiferentes às possibilidades educacionais que o tutor oferece a seus filhos. O que diferencia de modo mais claro esse exemplo de mediação interna da mediação externa é a rivalidade entre modelo e mediador (Rênal e Valenod agem como mediador um do outro), mas há ainda outras mudanças. A distância espacial e temporal entre o sujeito e o mediador também se reduziu consideravelmente. Valenod e Rênal são vizinhos que vivem na mesma cidade, na mesma época. O prestígio social que ambos recebem não é diferente o bastante para evitar que se tornem rivais. Nenhum dos dois é, para o outro, o herói divino e idealizado que Amadis é para Dom Quixote e que Napoleão é para Julien. Na realidade, eles passam a se *assemelhar* um ao outro em virtude da identidade de seus desejos. À medida que a própria rivalidade vai apagando as diferenças remanescentes, cada qual acaba por tornar-se o *duplo* do outro.

Outra diferença significativa entre a mediação interna e a mediação externa está no fato de o objeto de desejo designado pelo mediador tornar-se, na primeira, muito mais específico. Girard observa que, no *Dom Quixote*, "Amadis não designa nada de modo muito preciso mas designa de certa forma tudo".[12] O mesmo pode ser dito, em grau mais limitado, acerca da influência de Napoleão sobre Julien ou acerca da influência de Bergotte sobre Marcel. Para Rênal e Valenod, porém, o objeto de sua rivalidade é bastante delimitado, e nenhum substituto servirá. Por fim, se as imitações realizadas por Dom Quixote e Marcel são para eles fontes de prazer, a imitação de Rênal e Valenod é para ambos fonte de *angústia*. Uma vez que o mediador da mediação interna deseja o mesmo objeto e é um rival, ele também passa a ser um *obstáculo* no caminho do indivíduo que copia seu desejo. Como inevitável consequência, temos o confronto e a luta pelo objeto desejado. A mediação interna, portanto, resulta sempre naquilo que Girard denomina *mímesis conflitual*.

Em *Mentira Romântica e Verdade Romanesca*, Girard vincula a passagem da mediação externa à mediação interna ao termo da monarquia durante a Revolução Francesa e ao surgimento da cultura e da sociedade burguesas. Antes da Revolução, "[a] teoria do 'direito divino' define perfeitamente o tipo particular de mediação externa que floresce em Versalhes e em toda a França".[13] O rei pode estar fisicamente presente entre as pessoas, mas sua quase divindade garante que, ao mesmo tempo em que medeia o desejo delas, ele não as terá como rivais. Com o fim da monarquia, porém, "[quem] afinal imitar quando não se imita mais o 'tirano'? Passam-se a partir daí a imitar-se uns aos outros. A idolatria de um só é substituída pelo ódio de cem mil rivais".[14] Vizinhos agora se tornam mediadores e concorrentes, e todas as interações sociais são tingidas desde o início pelas emoções contraditórias que o desejo triangular engendra: a adulação do mediador enquanto *fonte*

---

[12] René Girard, *Mentira Romântica e Verdade Romanesca*, op. cit., p. 110.
[13] Ibidem, p. 146.
[14] Ibidem, p. 147.

do desejo e o ódio pelo mediador enquanto *obstáculo* que impede a conquista do objeto cobiçado.[15]

Uma vez que a mediação entre vizinhos rivais é agora *recíproca*, a real fonte de todo desejo acabará por obscurecer-se. Cada indivíduo, vendo-se no meio da rivalidade, declarará que *todos* os desejos têm origem em si mesmo. A mediação interna, portanto, é um processo que deixa suas vítimas cegas a seus próprios efeitos: os indivíduos que desejam passam a crer na autonomia dos próprios desejos e, ao fazê-lo, negam a importância do mediador. Por fim, os próprios mediadores são suprimidos.

Segundo Girard, a perspectiva da vítima da mediação interna é a que dá forma a toda arte verdadeiramente romântica, com seus louvores à primazia do indivíduo e à autonomia do desejo individual. Felizmente, as obras dos grandes romancistas Stendhal, Proust e Dostoiévski nos fornecem um antídoto contra as ilusões e desilusões fomentadas pelo romantismo. Essas obras expõem as múltiplas manifestações da mediação interna, dissecam cautelosamente seu funcionamento e rastreiam seu progresso na sociedade europeia do século XIX e do início do século XX.

Stendhal

Quando, na segunda parte de *O Vermelho e o Negro*, Julien Sorel se muda para Paris a fim de tornar-se secretário do marquês de la Mole, ele se envolve num segundo romance. O objeto de seu afeto é

---

[15] Em obras posteriores, Girard abandona em grande medida o esquema que vincula ao fim do *ancien régime* a transição da mediação externa para a mediação interna. Essa mudança se faz necessária porque a mediação interna passa a ser vista como fonte das hostilidades e rivalidades que culminaram na crise sacrificial das culturas antigas e primitivas. Girard retorna ao modelo histórico formulado em *Mentira Romântica e Verdade Romanesca* num ensaio que tem como título "Innovation and Repetition" [Inovação e Repetição], a ser examinado no Capítulo 5.

agora Mathilde, a filha do marquês. Novamente, a paixão de Julien não nasce de modo espontâneo em seu interior, mas é estimulada pelo desejo de outros – dessa vez, dos jovens nobres que competem pelas graças de Mathilde. De início, Julien sequer julga aquela jovem arrogante atraente: "[...] ele notou uma jovem, de cabelos extremamente loiros e uma figura extremamente formosa, que aproximou-se e sentou-se à sua frente. Ela não agradou-lhe".[16]

Essa falta de interesse por parte de Julien perdura até o baile realizado no Hôtel de Retz, no qual o protagonista começa a sentir-se atraído por Mathilde. O que suscita essa mudança, porém, não é algo novo e instigante que ele notara na jovem; trata-se, antes, do interesse que demonstram por ela os outros jovens ali presentes. "Como parece notável aos olhos daqueles janotas, ela é digna de que me ponha a estudá-la, pensou ele."[17]

O interesse de Mathilde por Julien também carece de espontaneidade, o que nos fornece outro excelente exemplo de mediação externa no romance. Cansada dos membros de sua casta e de sua vida em geral, Mathilde se refugia na obsessão que sente por Boniface de la Mole, seu ancestral, e pelo caso que este tivera com Margarida de Navarra. Os dois haviam sido amantes até Catarina de Médici mandar decapitá-lo. Quando da morte de Boniface, Margarida pediu que buscassem a cabeça do amado e enterrou-a, ela mesmo, aos pés do monte de Montmartre. Essa história fornece a Mathilde, cujo nome completo é Mathilde Marguerite, desejos a serem imitados e episódios a serem recriados. Ela, por exemplo, se veste de luto no aniversário de morte daquele ancestral do século XVI, hábito que choca os outros residentes do Hôtel de la Mole. Quando conhece Julien, um estrangeiro elegante e rebelde, ela o coloca no papel de Boniface e assume o de Margarida. Ao final do romance, Mathilde imita a rainha pela última vez, exigindo a cabeça de Julien após sua execução e enterrando-a por conta própria.

[16] Stendhal, *Scarlet and Black*, op. cit., p. 257.
[17] Ibidem, p. 296.

Desde o início, portanto, a atração entre Julien e Mathilde está saturada de artificialidade, florescendo na imitação do desejo alheio. Uma vez iniciado o romance propriamente dito, porém, uma nova forma de desejo triangular se estabelece. Dessa vez, os vértices do triângulo são ocupados pelo amante, pelo amado e pelo corpo do amado. Quem ama é o sujeito desejante, quem é amado torna-se mediador e o corpo de quem é amado converte-se em objeto.

amado/mediador

↗ ↘

↗ ↘

sujeito/amante ------------- corpo do amado

Uma vez estabelecida essa configuração, uma nova dinâmica se expressa. Como escreve Girard:

> É sobre o corpo do mediador que incide o desejo do sujeito. Assim, o mediador é o dono absoluto desse objeto, do qual pode permitir ou recusar a posse ao sabor de seu capricho pessoal. O sentido desse capricho não é difícil de prever se tampouco esse mediador é capaz de desejar espontaneamente. Basta que o sujeito deixe transparecer seu desejo de possessão para que o mediador sem perda de tempo copie esse desejo. Ele desejará seu próprio corpo; em outras palavras, lhe conferirá um tal valor que desapropriar-se dele lhe parecerá escandaloso.[18]

---

[18] René Girard, *Mentira Romântica e Verdade Romanesca*, op. cit., p. 187. Em *Coisas Ocultas desde a Fundação do Mundo*, Girard desenvolve esse esquema em sua crítica ao narcisismo freudiano. Ver o final deste capítulo.

Em *O Vermelho e o Negro*, portanto, o autodesejo de Mathilde aumenta à medida que a paixão de Julien por ela se intensifica. Sempre que cede a ele, prediz Girard, ela fica escandalizada – ou melhor, horrorizada – com sua concessão. Os amantes se veem num círculo vicioso em que o desejo jamais é saciado ao alcançar seu objeto; antes, ele não cessa de gerar e alimentar um desejo oposto, um obstáculo. A única forma de escapar do elo em que Julien e Mathilde se encontram é interrompendo o próprio ciclo do desejo. Para que isso aconteça, um dos parceiros deve renunciar ao desejo ou ao menos convencer o outro de que o fez. Girard dá a isso o nome de *askesis* do sujeito, explicando da seguinte maneira a sua eficácia:

> A renúncia em prol do desejo é perfeitamente justificada. De fato, na mediação interna, é o desejo do mediador-rival que separa o sujeito do objeto. Mas o desejo desse mediador é ele próprio copiado do desejo do sujeito. A ascese em prol do desejo desencoraja a imitação; só ela pode, assim, abrir caminho rumo ao objeto.[19]

Quando Julien finge ser indiferente à Mathilde, o desejo dele não está mais à disposição dela para ser copiado. Desse modo, Mathilde deixa de regozijar-se com a posse de si mesma e de ser rival e obstáculo para Julien. Paradoxalmente, portanto, é somente a *askesis* de Julien, sua aparente indiferença ao desejo, o que lhe dá acesso ao objeto que cobiça.

Se a *askesis* de Julien desvela ainda mais elementos do desejo mimético, o mesmo acontece com a transformação do desejo de Mathilde suscitada pela nova postura do protagonista. Livre de sua autoabsorção, Mathilde agora se volta para um novo objeto, um

---

[19] Ibidem, p. 183.

"novo" Julien – o qual é ainda mais atraente porque parece não nutrir qualquer desejo.[20] Girard explica a atração do indivíduo indiferente da seguinte maneira:

> O indiferente parece sempre possuir esse domínio radiante cujo segredo todos buscamos. Ele parece viver num circuito fechado, usufruindo de seu ser, numa beatitude que nada pode vir a perturbar.[21]

Em essência, Julien parece cobiçar *apenas a si mesmo*, e ao desejá-lo Mathilde deseja absorver o *ser dele* no seu. Para Girard, essa é a verdadeira fonte de todo desejo mimético: cobiçar o que o outro deseja é na verdade cobiçar sua essência. Girard expressa essa ideia de maneira sucinta: "O desejo segundo o Outro é sempre o desejo de ser um Outro".[22] O objeto desejado propriamente dito é tão somente um "meio de alcançar o mediador";[23] no entanto, como o mediador é divino, "[o] objeto está para o mediador como a relíquia está para o santo".[24]

Uma tal visão do desejo, é claro, pressupõe a existência de uma insuficiência radical no ser mesmo do indivíduo desejante. É preciso que o indivíduo tenha a dolorosa consciência de seu vazio para que almeje tão desesperadamente a plenitude do ser que parece se encontrar nos outros. Julien, afinal, apenas simula sua a indiferença e, portanto, sua autossatisfação. Segundo

---

[20] Refiro-me aqui ao episódio de *O Vermelho e o Negro* em que Julien finge interessar-se pela marechala de Fervacques a fim de suscitar o ciúme de Mathilde. O que de fato reacende a paixão da jovem, porém, é sua descoberta de que Julien é no fundo indiferente à marechala. Ele sequer lê as cartas dela. Quando Julien se mostra *acima* do desejo, o amor de Mathilde não encontra mais limite algum. Ver Stendhal, *Scarlet and Black*, op. cit., p. 421-23.
[21] René Girard, *Mentira Romântica e Verdade Romanesca*, op. cit., p. 134.
[22] Ibidem, p. 109.
[23] Ibidem, p. 77.
[24] Ibidem, p. 109.

Girard, esse estado é precisamente a condição que caracteriza o *vaniteux* stendhaliano:

> É porque ele sente aprofundar este vazio de que fala o Eclesiastes que o vaidoso se refugia nos comportamentos frívolos e na imitação.
> É porque ele não ousa encarar de frente seu nada que ele se precipita em direção ao Outro poupado, aparentemente, pela maldição.[25]

Segundo Girard, esse destino é o destino de *todos* os homens do século XIX (e XX) após o anúncio da "morte de Deus" por Nietzsche. Após o falecimento de Deus, os homens supostamente tomaram Seu lugar e alcançaram um grau de autonomia espiritual e autossatisfação digno de uma divindade. Quando as aspirações divinas dos seres humanos terminam em decepção e frustração, eles olham ao redor de si e imaginam que os outros não vivenciaram um fracasso semelhante. Ao desejá-los e cobiçarem aquilo que cobiçam, eles procuram se apropriar de sua plenitude, de sua divindade. Nascido de um sentimento de inadequação espiritual, diz Girard, o desejo é ele mesmo "metafísico", visto ser menos o desejo de possuir um objeto real do que o desejo de absorver, de *tornar-se* outro. Esse desejo jamais pode ser satisfeito, claro, uma vez que os indivíduos se decepcionarão mesmo quando em posse do objeto. Os outros, afinal, não são divindades, e possuir tanto eles quanto os objetos de desejo que eles cobiçam é algo incapaz de transformar o ser dos indivíduos desejantes.[26]

---

[25] Ibidem, p. 91-92.
[26] Em *Models of Desire: René Girard and the Psychology of Mimesis* (Baltimore, Johns Hopkins University Press, 1992), Paisley Livingston afirma que o desejo mimético pode surgir a partir de outras necessidades além daquela de alcançar uma forma de transcendência por meio da imitação alheia. O comportamento mimético também pode ser visto como forma de ajudar a criar o sentimento da própria identidade ou como forma de determinar que atitude tomar em determinada circunstância. Para um exame detalhado desse e de outros estímulos possíveis ao comportamento mimético, ver Paisley Livingston, *Models of Desire*, op. cit., p. 4-12.

É por isso que, em *O Vermelho e o Negro*, a maioria dos encontros sexuais se mostra decepcionante. O que os protagonistas buscam na gratificação física é a satisfação metafísica. Quando não conseguem alcançá-la, o sexo perde seu encanto. Apenas quando os encontros sexuais não são governados pelo desejo metafísico é que o prazer físico pode acontecer. Em essência, "no desejo o 'físico' e o 'metafísico' variam sempre à custa um do outro".[27] Quanto mais os indivíduos padecem do desejo metafísico – do "mal ontológico", na descrição que Girard esboça noutro momento de *Mentira Romântica e Verdade Romanesca* –, menos são capazes de desfrutar do prazer físico.

Proust

No romance *Em Busca do Tempo Perdido*, os danos do mal ontológico se tornam muito mais sérios e difusos. Seus personagens, de modo especial o narrador Marcel, estão cientes da insuficiência radical de que desfrutam e vivem em estado de perpétua angústia. É tão intensa a sensação de inadequação de Marcel que ele acredita que todos – que *tudo* – possuem mais substância que ele: "Naquele tempo, tudo que não fosse eu próprio, a terra e os seres me parecia mais precioso, mais importante, dotado de uma existência mais real".[28]

Sob essas condições, a busca pelo mediador, único capaz de aliviar a angústia individual, se torna uma obsessão permanente e desgastante. Desse modo, afirma Girard, em Proust "o mediador é literalmente 'qualquer um' e pode surgir de 'qualquer lugar'".[29]

---

[27] René Girard, *Mentira Romântica e Verdade Romanesca*, op. cit., p. 113.
[28] Ibidem, p. 79.
[29] Ibidem, p. 118. Embora Girard insista na arbitrariedade da escolha do mediador em Proust, ele não menciona que fatores determinam a seleção em Stendhal e Cervantes. Girard também não examina quem ou o quê determina o desejo dos mediadores. Curiosamente, seus críticos têm se mostrado incapazes de assinalar tais lacunas. Paisley Livingston abordou recentemente os fatores que determinam a escolha do mediador. Segundo

Quando Marcel vê o "pequeno grupo" de meninas em Balbec, sente-se subitamente devastado pela vontade de absorver suas essências e, assim, preencher o vazio que traz dentro de si. Ele tem aquela "sede ardente de uma vida que minha alma absorveria com ainda mais avidez por jamais ter desfrutado de uma só gota".[30] Mais tarde, outros mediadores conservarão essa promessa de satisfação, de transcendência. Cada qual projetará sua própria aura, uma aura que colorirá por completo o universo de Marcel e que transformará o seu ser, ainda que de modo apenas temporário. Suas ideias, atitudes e emoções serão moldadas integralmente por aquelas do mediador. Quando o mediador muda, também o ser de Marcel se altera. Em essência, um eu dá lugar a outro.

Com o passar do tempo, diz Girard, isso culmina na decomposição da personalidade do protagonista. De fato, não temos ali um indivíduo único e unificado, mas apenas uma sucessão de eus criada por mediações sucessivas. As famosas *intermittences du coeur* se explicam pelo fato de tais eus estarem "perfeitamente isolados uns dos outros, incapazes de rememorar os 'Eus' passados ou de antecipar os 'Eus' futuros".[31]

Marcel não se submete sozinho a esse destino. Todos os personagens estão sujeitos a transformações repentinas, transformações que envolvem mudanças intelectuais e emocionais completas, dadas sob a influência de um novo mediador. Na medida em que é a líder de seu "pequeno clã", madame Verdurin considera fastidioso e asfixiante o aristocrático círculo Guermantes. Uma vez admitida neste último – uma vez que *este* grupo passa a mediar seu desejo –, ela muda de lado por completo. Agora, a turma aristocrática

---

ele, "uma espécie de crença adicional ou de um conjunto de crenças é o que basta para converter um agente em modelo para um agente desejante" (Paisley Livingston, *Models of Desire*, op. cit., p. 34). Ver o Capítulo 2 de *Models of Desire* para um exame completo dessas crenças.

[30] Citado em Michel Deguy e Jean-Pierre Dupuy (org.), *René Girard et le Pròbleme du Mal*. Paris, Grasset, 1982, p. 20.

[31] René Girard, *Mentira Romântica e Verdade Romanesca*, op. cit., p. 116.

de Guermantes se compõe de indivíduos fascinantes, enquanto o "pequeno clã" é constituído tão somente de enfados. Tão poderoso é o efeito da mediação que ela ignora por completo sua mudança. Em Proust, o desejo mimético logra destruir a unidade e a continuidade do indivíduo sem que ele sequer o perceba.

Dostoiévski

As depredações da mediação interna alcançam seu apogeu no universo ficcional de Dostoiévski, e como resultado temos aquilo que Girard denomina o "apocalipse dostoievskiano". Ninguém ali escapa dos danos do desejo metafísico, o qual se torna ainda mais atemorizante em virtude de sua capacidade de insinuar-se em cada canto da existência individual. Não há porto seguro. Em Proust, ao menos a família é poupada do desejo mimético; em Dostoiévski, até mesmo o círculo mais íntimo se deixa contaminar. A mediação é "exogâmica" ou extrafamiliar naquele e "endogâmica" ou intrafamiliar neste.

Para Girard, as obras de Dostoiévski são particularmente fascinantes porque, se lidas em ordem cronológica, dão testemunho da *gradual* descoberta da natureza do desejo. Enquanto as grandes obras-primas escritas desde *Memórias do Subsolo* compreendem por inteiro – e descrevem com brutalidade – o desejo metafísico, obras anteriores, como *A Senhoria* e *Noites Brancas*, revelam em que medida os efeitos do comportamento mimético eram ignorados.

O narrador de *Noites Brancas* é um sonhador romântico dado a realizar passeios noturnos durante o verão de São Petersburgo. Numa de suas saídas, ele conhece e se deixa cativar pela adorável Nástienka, jovem que, muito embora esteja comprometida com um noivo ausente, continua encorajando seus cuidados. O narrador acaba por confessar seu amor, mas, longe de fazer valer a vantagem que tem, docilmente facilita o encontro de Nástienka com o noivo.

Ele lhe entrega mensagens da jovem e chega até mesmo a marcar o encontro de ambos. O próprio narrador a acompanha. No final do romance, Nástienka lhe escreve para comunicar que o casamento é iminente, mas também o encoraja a continuar sendo amigo tanto dela quanto do esposo.

As ações do narrador, como observa Girard, são apresentadas em termos "de generosidade, de devoção, de espírito de sacrifício",[32] mas o que de fato está em jogo nada tem a ver com essas qualidades. O narrador se sente atraído por Nástienka *precisamente porque* ela está prometida a outro. O comportamento, que parece paradoxal, de tentar conservar a jovem e o noivo juntos na verdade passa longe do paradoxo; caso o narrador a conquistasse de imediato, afinal, deixaria de ter um rival, isto é, um mediador que fomentasse seu desejo. Quando, ao final da história, afirma querer que seu amigo e marido sejam amigos, o que Nástienka faz é estimular e encorajar a rivalidade, garantindo assim o afeto de ambos. Dostoiévski não percebe que isso pouco tem a ver com sentimentos nobres porque, nesse estágio de sua vida, ele mesmo era vítima das ilusões românticas que afetam seu narrador.

Em *Dostoiévski: do Duplo à Unidade*, Girard recorda um episódio da vida do romancista que, ocorrido cerca de seis anos *após* a redação de *Noites Brancas*, confirma os limites de sua percepção. Em 1854, quando vivia em Semipalatinsk, Dostoiévski sentiu-se atraído por Mária Dmítrievna, esposa de um amigo próximo. Quando este amigo morreu, Dostoiévski pediu a viúva em casamento. Mária não recusou, porém se mudou para outra cidade ao mesmo tempo em que continuou estimulando o amor do escritor. Uma vez em sua nova casa, porém, ela se apaixonou por um jovem professor primário, Vergunov – paixão que confessou a Dostoiévski em uma de suas visitas. Ansiando, de início, por eliminar seu rival, Dostoiévski logo passou a defender a causa daquele homem, tornando-se

---

[32] Idem, *Dostoiévski: do Duplo à Unidade*, op. cit., p. 28.

seu amigo e defensor. Enquanto isso, diz ele, sua paixão por Mária beirava a loucura. No entanto, assim que a paixão entre Vergunov e Mária se abrandou, também a dele o fez. A contragosto, e fiel como era a seus compromissos, Dostoiévski casou-se com Mária tão logo percebeu que seu caminho estava livre. Vergunov agiu como vítima na cerimônia do casamento. A união resultante foi uma catástrofe. A relação chafurdou em reveses econômicos e na indiferença do autor, uma indiferença que, segundo Girard, originara-se no fato de Dostoiévski não ter quaisquer rivais que estimulassem seu desejo. Nas palavras de Girard: "Essa indiferença surgiu antes do casamento, a partir do momento em que teve certeza de que ninguém mais disputava com ele a posse de Mária Dmítrievna".[33]

Em 1870, época da redação de *O Eterno Marido*, experiências como a do desastroso casamento do autor com Mária Dmítrievna já haviam revelado a Dostoiévski muita coisa acerca do funcionamento do desejo mimético, de modo especial nos triângulos amorosos. *O Eterno Marido* lida exatamente com um triângulo assim, mas lança sobre ele uma luz diferente. Após a morte de sua esposa, Páviel Pávlovitch Trussótzki, um abastado provinciano, decide viajar a São Petersburgo no intuito de procurar os antigos amantes de sua esposa. Ele faz amizade com o mais recente deles, Bagaútov, que logo em seguida falece. Após comparecer a seu enterro, Trussótzki procura Viêltchaninov, que é tanto o narrador da história quanto outro ex-amante da esposa falecida. Não demora para que Trussótzki peça a seu novo amigo que vá com ele conhecer sua nova noiva. Relutantemente, Viêltchaninov concorda. No caminho, Trussótzki solicita que o outro escolha o anel de noivado que será oferecido a sua futura esposa. Quando ambos chegam a seu destino, o desastre acontece. Viêltchaninov reassume o papel de sedutor e encanta a jovem, que não mais se vê satisfeita com Trussótzki. A história, parece, repetir-se-á. A noiva, a exemplo da esposa que a precedeu, mostra-se pronta para cair nos braços do rival.

[33] Ibidem, p. 34.

Ao contrário de *Noites Brancas*, *O Eterno Marido* não é uma história saturada de sentimentos nobres que obscurecem o papel desempenhado pelo mediador e pelo obstáculo na formação e perpetuação da paixão sexual. Antes, Dostoiévski coloca em primeiro plano o mediador e sublinha a preeminência de seu papel na obsessão de Trussótzki por encontrar e se congraçar com os ex-amantes de sua esposa. Esses amantes são, na prática, mais importantes do que a esposa em si. O fato de terem sido capazes de seduzi-la dá testemunho do *donjuanismo* de cada um deles, do encanto que cada qual exerce, e é essa *essência superior* o que Trussótzki de fato busca. Como em Stendhal e em Proust, a imitação do mediador é na verdade um esforço para absorver a essência mesma de seu ser. Tão forte é a influência de Viêltchaninov sobre Trussótzki que este último é *incapaz* de desejar qualquer coisa ou pessoa sem a aprovação do outro. Viêltchaninov deve, então, não somente escolher a aliança, mas também visitar a noiva e demonstrar interesse por ela. Se o mediador não designasse os objetos de desejo, eles não teriam encanto algum.

Se *O Eterno Marido* nos oferece um brilhante retrato do desejo mimético nos envolvimentos sexuais, é em suas obras-primas que toda a gama do talento de Dostoiévski como psicólogo do desejo metafísico se faz evidente. A primeira dessas obras é, segundo Girard, *Memórias do Subsolo*, título que marca o momento em que o romancista deixa de ser um incauto romântico e se torna um lúcido analista do mal ontológico e de seus subterfúgios. O narrador da história, há muito considerado precursor do herói existencialista na ficção contemporânea, é na realidade um homem devorado pelo desejo metafísico. Como o Marcel de Proust, a percepção da própria insignificância o precipita numa busca frenética por mediadores. Ele acredita que a autossatisfação integral dos mediadores – a qual os coloca acima do lote de mortais comuns e torna-os, a seus olhos, *divinos* – será capaz de salvá-lo. Suas esperanças são inevitavelmente destruídas.

Seu primeiro mediador é um oficial do exército encontrado num salão de bilhar. Obstruindo inadvertidamente seu caminho, o narrador é erguido sem qualquer cerimônia e afastado pessoalmente do lugar que até então ocupava. A atitude do oficial é para o narrador um ultraje porque confirma que, aos olhos daquele, ele não passa de um ninguém, de um inconveniente a ser removido do caminho do mesmo modo como se removeria uma pedra. Na convincente observação do narrador: "Fui tratado como uma mosca".[34]

Em vez de deixar para trás o incidente, o narrador fica obcecado. Ele escreve uma carta ao oficial exigindo desculpas, mas essa retratação é secundária se comparada com aquilo que o narrador realmente quer:

> A carta foi escrita de modo que, se o oficial compreendesse um pouco sequer "o belo e o sublime", seguramente viria correndo à minha casa, para se atirar ao meu pescoço e oferecer a sua amizade. E como seria bom! Viveríamos tão bem, como amigos! Tão bem! Ele me defenderia com a imponência de sua posição; eu o tornaria mais nobre com a minha cultura [...].[35]

Como observa Girard, "[o] herói dostoievskiano (...) sonha em absorver, em assimilar o ser do mediador. Ele imagina uma síntese perfeita entre a força desse mediador e sua própria 'inteligência'. Ele quer tornar-se o Outro sem deixar de ser ele próprio".[36] O motivo desse desejo é igual tanto para o herói de Dostoiévski quanto para o Julien de Stendhal e para o Marcel de Proust, ainda que naquele se mostre mais saliente: "Para querer fundir-se assim na substância do

---

[34] Fiódor Dostoiévski, *Memórias do Subsolo*. Trad. Boris Schnaiderman. São Paulo, Editora 34, 2000, p. 63.
[35] Ibidem, p. 65.
[36] René Girard, *Mentira Romântica e Verdade Romanesca*, op. cit., p. 79.

Outro, é preciso experimentar para com sua própria substância uma repugnância invencível".[37]

Após o episódio com o oficial, o narrador é arrebatado por outro mediador, dessa vez um antigo colega de classe chamado Zverkov. Ao visitar três outros colegas, ele descobre que estão planejando uma festa de despedida para Zverkov, homem que têm em altíssima conta. Muito embora não partilhe dessa admiração – e na verdade considere Zverkov vulgar, grosso e superficial –, o narrador não resiste ao desejo dos três e se convida para o jantar. Saudado com cordialidade, mas também com frieza, por Zverkov, ele tem plena ciência de que para Zverkov sua pessoa é completamente insignificante, de que ele nada mais é do que um "inseto". A exemplo do que ocorrera com o oficial, a indiferença de Zverkov atrai o narrador. Arrastando-se aos pés de Zverkov e insultando-o num esforço para ser percebido, ele se humilha ao máximo a fim de ter acesso ao mediador. No final do jantar, quando os outros convidados, enojados diante de suas palhaçadas, sequer lhe dirigem mais a palavra, ele se submete à sua humilhação derradeira. A pedido de Zverkov, todos se encaminham para um bordel e o narrador os segue. Muito embora não sinta qualquer interesse por aquelas coisas, ele é incapaz de resistir ao desejo alheio.

O que diferencia o narrador de *Memórias do Subsolo* dos heróis de Stendhal e, em menor medida, de Proust, é sobretudo seu grau de absorção no mediador. O objeto do desejo designado pelo mediador ou não possui importância alguma, ou é perdido completamente de vista. Os desejos de Zverkov têm pouquíssima importância para o narrador, ao passo que o oficial não parece nutrir qualquer cobiça. Além disso, o narrador escolhe como mediadores precisamente aqueles indivíduos cuja postura de indiferença confirma sua falta de valor. Diríamos que ele é masoquista: sua vontade de autodestruir-se ratifica a dimensão *infernal* dos

[37] Ibidem.

estágios finais do mal ontológico. O narrador tornou-se incapaz de qualquer comunicação, de qualquer interação positiva com os outros. Todos os homens são obstáculos, o isolamento dele é completo. Como o próprio narrador afirma: "Eu sou sozinho, e eles são todos".[38] Girard resume a situação desta forma:

> A partir do masoquismo, fica inteiramente claro que o desejo metafísico tende à destruição completa da vida e do espírito. A procura persistente do *obstáculo* garante pouco a pouco a eliminação dos objetos acessíveis e dos bons mediadores. [...] O masoquista sente pelos seres que "querem seu bem" o nojo que sente por si mesmo; em compensação, ele se volta com paixão para os seres que parecem desprezar sua humilhante fraqueza e que por isso mesmo lhe revelam sua própria essência sobre-humana.[39]

O mal mimético que infecta o narrador de *Memórias do Subsolo* infecta também toda a comunidade em *Os Demônios*, e a destruição que resulta desse contágio é tanto social e política quanto espiritual. O romance é dominado pela figura de Nikolai Stavróguin, um jovem que, nas palavras de Girard, é "belo, rico, forte, inteligente e nobre".[40] No entanto, Stavróguin não quer nada: ele está "para além de qualquer desejo".[41] No mundo do desejo metafísico, ele é irresistivelmente atraente – uma *divindade* – aos olhos de todos. Abrindo mão tanto de seus esposos quanto de suas posições sociais, as mulheres se jogam em seu caminho, sendo por ele seduzidas com total indiferença. A lista de conquistas de Stavróguin inclui a mulher de seu amigo Chatov e a

---

[38] Ibidem, p. 293.
[39] Ibidem, p. 314.
[40] Ibidem, p. 191.
[41] Ibidem.

nobre Liza Drozdov. Um grupo de revolucionários locais, liderado por Stiepan Vierkhoviénski, deseja colocá-lo à frente da trama que articulam. Como era de se esperar, Stavróguin não sente entusiasmo algum. Qualquer que seja o motivo que leva os personagens a se envolverem com ele, os resultados são sempre os mesmos: destruição, assassinato e suicídio. Stavróguin é uma presença *diabólica*, e o culto a ele destinado constitui aquilo que Girard denomina "transcendência desviada", a qual possui consequências infernais.

O destino dos "escravos" enfim é partilhado também pelo senhor. Destituído de todo desejo, Stavróguin é reduzido a caprichos sem sentido. Ciente do próprio vazio, ele acaba por suicidar-se. Segundo Girard, Dostoiévski o utiliza para mostrar que é impossível haver uma vitória final, uma satisfação, no mundo do desejo mediado. Com efeito, a "cruz" de Nikolai é de todas a mais pesada (Girard sublinha que Stavróguin significa "carregador de ferro" em russo) porque seu "sucesso" não traz qualquer recompensa. O único triunfo possível é a renúncia completa ao desejo mimético e ao mal ontológico que o acompanha.

Psicologia Interdividual

A leitura que Girard faz dos grandes romancistas dos séculos XIX e XX, tanto em *Mentira Romântica* quanto em *Dostoiévski*, possibilitou-lhe formular uma nova definição da natureza do desejo e, a partir dela, também uma nova psicologia. Numa série de artigos publicados após 1963, tal como nos capítulos que compõem *A Violência e o Sagrado* e *Coisas Ocultas desde a Fundação do Mundo*, o autor articula explicitamente suas teorias psicológicas, as quais acabarão reunidas sob o título de "psicologia interdividual". Naturalmente, o ponto de partida dessa empreitada é a crítica da psicologia freudiana.

A Crítica a Freud

A crítica que Girard opõe aos pressupostos mais basilares de Freud o faz deslindar aqueles que são, segundo ele, os dois grandes "mitos" freudianos: Édipo e Narciso. Em primeiro lugar, Girard declara que o erro inicial de Freud consiste em tomar o apetite sexual como "único motor e base do processo psíquico".[42] A exemplo dos outros impulsos, o impulso sexual se encontra subordinado ao processo mimético, que desempenha um papel muito mais vital e decisivo nos processos psíquicos e nas ações humanas propriamente ditas. Em seguida, Girard rejeita a premissa freudiana de que o desejo é catéxico ou pautado pelo objeto. Como demonstram as leituras de Stendhal, Proust e Dostoiévski, Girard acredita que o papel crucial cabe ao mediador, que estimula o desejo individual e o direciona ao objeto em questão. Por fim, Girard rejeita a dualidade fundamental do desejo freudiano. Se Freud postula dois desejos e dois polos distintos – o edipiano e o narcisista –, Girard defende que há tão somente o desejo mimético.

O Complexo de Édipo

Em *O Ego e o Id* (1923), Freud oferece a seguinte definição do complexo de Édipo:

> Em idade muito precoce, o menino desenvolve uma catexia objetal por sua mãe [...]; com o pai, lida identificando-se com ele. Durante certo período, essas duas relações caminham lado a lado, até que os desejos sexuais do garoto pela mãe se tornam mais intensos e o pai passa a ser

---

[42] René Girard, *Things Hidden since the Foundation of the World*. London, Athlone, 1987, p. 345.

> percebido como obstáculo à sua realização. Daí o complexo de Édipo se origina. A identificação do menino com o pai assume, então, uma coloração hostil e converte-se no desejo do jovem de livrar-se deste último, a fim de que possa tomar seu lugar ao lado da mãe. Sua relação com o pai é doravante ambivalente [...].[43]

Nessa passagem, Freud enfatiza o desejo *autônomo* da criança pela mãe. Todos os outros desejos e todas as outras relações são profundamente afetados por esse desejo inicial, de modo particular pela identificação do menino com o pai. Para Girard, Freud está correto ao esboçar o desejo humano em configuração triangular, mas logo depois seu esquema se desvirtua. O desejo do filho pela mãe não é seu desejo inicial, mas somente uma *imitação* do desejo que o pai sente por ela. Uma vez que o desejo é mimético, a criança começa, com toda a naturalidade e inocência, a imitar o pai. No entanto, ao vê-la imitar o desejo do pai pela mãe, o *pai* reconhece a possível rivalidade e o possível conflito e intervém na relação do menino com ela. *Ele* distingue, no movimento do filho em direção à mãe, impulsos incestuosos e parricidas (ou ao menos o faz Freud, diz Girard, ao formular sua teoria).

Segundo Girard, o menino não é culpado por esses impulsos, mas na experiência traumática da rejeição pelo modelo ele começa a assimilar a natureza ambivalente de seu desejo. Seguindo o modelo de seu pai, o menino se acultura ao assimilar os costumes da comunidade, mas sua imitação do desejo do pai pela mãe também lhe revela o papel que o modelo desempenha enquanto obstáculo. Segundo Girard, esse é o *double bind* do próprio desejo mimético. Resumindo, em *A Violência e o Sagrado*, a diferença entre seu ponto de vista e a visão que Freud sustenta da situação edipiana, Girard escreve:

---

[43] Sigmund Freud, *The Standard Edition of the Complete Psychological Works*. Ed. e trad. James Strachey. London, Hogarth Press, 1953-66, vol. 19, p. 31-32 [Edição brasileira: Sigmund Freud, *Edição Standard Brasileira das Obras Psicológicas Completas de Sigmund Freud*. Trad. e ed. Jayme Salomão. Rio de Janeiro, Imago, 1996.]

O processo mimético afasta o desejo de qualquer objeto predeterminado, ao passo que o complexo de Édipo fixa o desejo no objeto maternal. O conceito mimético elimina todo conhecimento consciente do parricídio-incesto, quiçá até todo desejo por ele como tal; a proposição freudiana, por sua vez, baseia-se inteiramente numa consciência desse desejo.[44]

Narcisismo

Tais quais formuladas em "Sobre o Narcisismo", as teorias de Freud sobre o tema se concentram sobretudo na atração que o homem adulto sente pela chamada mulher narcisista. Segundo Freud, todos os meninos são narcisistas de nascença, mas à medida que crescem esse narcisismo é transferido para o objeto sexual. Como resultado, tem-se tanto a sobrevaloração do objeto quanto aquilo que Sarah Kofman descreve como o "empobrecimento libidinoso do ego".[45] Na mulher, ou ao menos na mulher narcisista, o processo se dá de outra forma. Sem ter aquela liberdade para escolher o objeto que a sociedade concede ao homem, seu amor-próprio não encontra escape e permanece intacto. Ela desenvolve uma autossuficiência que é negada ao homem que busca um objeto amoroso, e aquilo que ela deseja não é amar, mas ser amada. Segundo Freud, a mulher narcisista exerce uma atração poderosa sobre o homem. Ela é capaz de conservar precisamente aquilo que ele destinou aos objetos amorosos; seu narcisismo é uma poderosa recordação do paraíso perdido de que o homem desfrutara na infância. A mulher narcisista é inacessível, indiferente, autossuficiente e autossatisfatória – em suma, tudo aquilo que ele não é.

---

[44] René Girard, *Violence and the Sacred*. Baltimore, The Johns Hopkins University Press, 1977, p. 180.
[45] Sarah Kofman, "The Narcissistic Woman: Freud and Girard". *Diacritics*, 10, 3, 1980, p. 36.

A crítica que Girard tece ao narcisismo freudiano deriva de sua crença em que esse tipo de amor-próprio não existe. Antes, o elo entre o homem que deseja e a mulher dita narcisista nada mais é do que uma variação do processo mimético. A mulher narcisista ou "coquete" – como Girard a chama – reconhece que desejo atrai desejo. No intuito de fazer-se desejável, ela deve convencer os outros de que deseja a si própria. Desse modo, projeta aquela aura de autossuficiência que, segundo Freud, a torna irresistível. Em termos "girardianos", ela agora possui a "divindade" que atrai o desejo dos outros. Seu autodesejo, portanto, alimenta os desejos que gera, e assim o circuito se reenergiza continuamente. No centro, porém, não existe coisa alguma. O narcisismo, no final das contas, não passa de um blefe, e por isso Girard o denomina "pseudonarcisismo".

Psicologia Anormal e Desvio Sexual

O modelo mimético que permite a Girard criticar os fundamentos da psicologia freudiana também lhe permite desenvolver novas explicações para os estados psicológicos anormais e para os padrões de desvio sexual. Interessam-lhe de modo particular aqueles fenômenos que se revelam de forma extremamente dramática nas obras literárias que são analisadas em *Mentira Romântica e Verdade Romanesca* e em *Dostoiévski: do Duplo à Unidade*: o masoquismo, o sadismo e a homossexualidade.

Masoquismo

Em *Mentira Romântica e Verdade Romanesca*, Girard inicia sua análise do masoquismo com a seguinte anedota:

> Um homem parte à procura de um tesouro que acredita escondido sob uma pedra. Ele ergue

> um grande número de pedras, uma após a outra, mas não encontra nada. Cansa-se dessa vã operação mas não quer renunciar a ela, pois o tesouro é por demais valioso. O homem vai então se pôr em busca de uma pedra pesada demais para ser levantada; é nessa pedra que vai investir toda a sua esperança, é junto dela que vai desperdiçar as forças que lhe restam.[46]

A vítima do desejo metafísico imita os desejos alheios na esperança de que a satisfação desse desejo lhe traga autossatisfação e lhe possibilite tomar parte na divindade do outro. Dado que a divindade desse outro, o mediador, é ilusória, todas essas imitações só podem resultar em fracasso e decepção. Com o tempo, a vítima do desejo metafísico acaba por compreender isso, mas ainda não está disposta a desistir de sua busca, da imitação alheia: fazê-lo, afinal, seria renunciar à salvação. Desse modo, ela começa a buscar *apenas* aqueles mediadores que negam seu acesso ao objeto. A resistência do mediador, tal como seu desprezo por quem o imita, confirma tanto sua *superioridade* quanto as limitações do imitador. O abismo que separa o mediador do imitador permite que o imitador conserve a necessária ilusão de que a divindade ou transcendência existe e reside no outro. Paradoxalmente, é apenas por meio da humilhação e da derrota que esse imitador, esse *masoquista*, pode convencer-se de que a salvação ainda lhe é possível.

Girard observa que o juízo que o masoquista faz dos outros é também afetado pela visão distorcida que determina sua escolha de mediadores. O masoquista:

> vai se distanciar dos seres que têm por ele afeição e carinho; e, ao contrário, ele se voltará

---

[46] René Girard, *Mentira Romântica e Verdade Romanesca*, op. cit., p. 205.

avidamente àqueles que lhe demonstram, pelo desprezo que lhe manifestam, ou parecem lhe manifestar, não pertencer, como ele, à raça dos malditos. Aceitar a afeição daqueles que o desejam bem ou resistir ao juízo daqueles que o condenam permitiriam ao masoquista superar sua vileza. Fazê-lo seria comprometer o único esquema que, do ponto de vista do masoquista, torna possível sua salvação.[47]

Sadismo

O sádico é, nas palavras de Girard, a "reviravolta dialética" do masoquista. "Cansado de representar o papel de mártir", o sádico optou por "assumir-se enquanto algoz".[48] Para que isso aconteça, ele deve estar certo de que já encontrou satisfação e tornou-se uma divindade. O sádico julga agora desempenhar o papel do mediador, acreditando que uma tal representação, "paulatinamente, tornar-se-á realidade".[49] O sádico busca imitadores que o tomem como obstáculo. Os imitadores serão torturados na mesma medida em que o sádico se sentira molestado antes de assumir o papel de sádico. Na realidade, é a experiência prévia do sádico como vítima ou "mártir" o que sugere a ação a ser tomada. Girard observa que, nas *Memórias do Subsolo*, o narrador assimila, do tratamento que recebe das mãos de Zverkov e seus amigos, como tratar a prostituta que acaba por lhe fazer companhia:

> Depois do banquete em que ele aviltou-se, humilhou-se, acreditou-se torturado por verdugos medíocres, o homem do subsolo tortura de modo plenamente real a pobre prostituta

[47] Ibidem, p. 207.
[48] Ibidem, p. 213.
[49] Ibidem, p. 214.

que lhe cai nas mãos. Ele imita a conduta que pensa ter tido com ele o bando de Zverkov; ele aspira à divindade com a qual sua angústia revestiu esses medíocres comparsas no decorrer das cenas anteriores.[50]

Homossexualidade

A exemplo do masoquismo e do sadismo, a homossexualidade deriva de uma mórbida obsessão pelo mediador que acaba por eliminar qualquer interesse pelo objeto. Com efeito, para Girard, a homossexualidade é em essência uma *transferência* do desejo sexual, cujo foco passa do objeto ao mediador. O processo pelo qual o desejo heterossexual se torna desejo homossexual é bastante simples. O sujeito ou imitador desejante "só precisa se deixar fascinar pelo mais terrível de seus rivais. Desse modo, as condições que favorecem o deslocamento de um interesse sexual adequado na direção do rival serão satisfeitas".[51] Segue-se, daí, que a homossexualidade latente não existe e que a homossexualidade não é necessariamente o resultado de um acidente no amadurecimento psicossexual da criança. Por fim, não há diferença entre a homossexualidade masculina e a homossexualidade feminina. Como o masoquismo e o sadismo, ambas as formas resultam da intensificação e disfunção do processo mimético, que, para Girard, é o motor que compele e orienta todos os impulsos humanos.

As observações de Girard sobre a natureza do desejo nas grandes obras-primas examinadas em *Mentira Romântica e Verdade Romanesca* e *Doistoiévski: do Duplo à Unidade* o levaram a formular, em trabalhos posteriores, uma psicologia inteiramente nova

---

[50] Ibidem, p. 214-15.
[51] René Girard, *Things Hidden since the Foundation of the World*, op. cit., p. 340.

e contrária à psicologia de Freud. Essa "psicologia interdividual", porém, não passa de um esforço para lidar com as implicações do desejo mimético no presente. Se o desejo do homem é de fato mimético, quais seriam então suas origens? E que influência ele exerceria sobre o desenvolvimento humano e sobre a formulação e evolução das instituições culturais e sociais? Essas são as perguntas sobre as quais Girard se debruça em *A Violência e o Sagrado* e em *Coisas Ocultas desde a Fundação do Mundo*. Ao respondê-las, ele descobre o que talvez seja o traço mais impressionante de toda a sua empreitada intelectual: o mecanismo do bode expiatório. É essa descoberta, ademais, o que lhe permite reavaliar o significado dos ritos, dos rituais e, de modo ainda mais significativo, dos próprios mitos.

capítulo 2
violência sacrificial e o bode expiatório

Ao tentar avaliar a influência do desejo mimético sobre o desenvolvimento da cultura e das instituições sociais nas duas principais obras que publicou nos anos 1970, *A Violência e o Sagrado* (1972) e *Coisas Ocultas desde a Fundação do Mundo* (1978), Girard se viu obrigado a lidar desde o início com um problema enorme: o potencial destrutivo do desejo mimético. Se a imitação dos outros conduz inevitavelmente à rivalidade e ao conflito, e se todos os homens agem mimeticamente, a humanidade como um todo parece fadada a um círculo infindo de competição e violência. É difícil conceber, sob essas condições, tanto a sobrevivência humana quanto a gênese e o desenvolvimento da cultura.

Em *Coisas Ocultas desde a Fundação do Mundo*, Girard afirma que esse cenário de fato é típico da condição *humana*. Entre as espécies individuais de mamíferos, a imitação também predomina, permitindo que os jovens aprendam, por exemplo, como caçar e se defender; ao contrário dos homens, porém, os outros mamíferos possuem "freios instintivos" que inibem a mímesis. Em certas espécies, a imitação pode levar à rivalidade e ao conflito, mas tais conflitos *não* acarretam a morte de animais individuais. Nas palavras de Girard: "Os animais são capazes de rivalizar e combater sem chegar à morte porque as inibições instintivas garantem o controle das armas *naturais*, isto é, as garras e os dentes".[1] No

---

[1] René Girard, *Things Hidden since the Foundation of the World*, op. cit., p. 87.

caso dos homens, o uso primitivo de armas *artificiais* lhes permitiu superar esses freios instintivos e destruir uns aos outros com maior facilidade.

Nas outras espécies animais, as formas de domínio mantêm sob controle os efeitos destrutivos da imitação. Os membros mais fracos do grupo observam e imitam os membros mais fortes, mas essa imitação jamais culmina no conflito com o animal dominante porque tais membros jamais *competem* com ele por comida, água, etc. Desse modo, a "mímesis de apropriação" – rótulo pelo qual Girard a descreve – é suprimida no interior do grupo e a imitação se torna uma força de coesão, e não de dissensão.

Infelizmente, nada disso se aplica aos humanos. Nenhuma forma de domínio instintivo evita que os homens desafiem e destruam uns aos outros em busca de comida e parceiros. Como, então, o desenvolvimento da cultura e a organização da sociedade se fizeram possíveis? A resposta, segundo Girard, se encontra na própria natureza da violência.[2]

A Natureza da Violência

No início de *A Violência e o Sagrado*, Girard sublinha duas características fundamentais da violência humana. Em primeiro lugar, o fato de que os impulsos violentos, embora facilmente suscitados, não são subjugados com tanta facilidade:

---

[2] As ideias de Girard sobre o papel da mímesis no processo de hominização foram recentemente desenvolvidas em dois trabalhos de Paisley Livingston: *Models of Desire: René Girard and the Psychology of Mimesis* (Baltimore, Johns Hopkins, 1992) e "Girard and the Origin of Culture" (In: Francisco J. Varela e Jean-Pierre Dupuy, *Understanding Origins: Contemporary Views on the Origin of Life, Mind and Society*. Dodrecht, Kluwer Academic Publishers, 1992). Esses trabalhos também examinam os pontos fortes e fracos da hipótese girardiana à luz de obras recentes nos campos da teoria evolutiva, da psicologia e da antropologia.

> Uma vez instigado, o desejo da violência [...] perdura; ele não deve ser considerado um mero reflexo que se abranda com a supressão do estímulo inicial. [...] É mais difícil domar o desejo da violência do que suscitá-lo, em especial nas circunstâncias normais do comportamento social.[3] A violência, em outras palavras, deve encontrar uma válvula de escape.

Em segundo lugar, Girard assinala que, se a violência humana for incapaz de exaurir-se na criatura que inspirara sua fúria, ela encontrará uma vítima substituta. Ela não cometeu qualquer delito. Tudo o que faz é estar vulnerável e disponível. Girard menciona o exemplo de Ájax na *Ilíada*. Incapaz de descarregar sua ira sobre os líderes do exército grego que se recusaram a entregar-lhe as armas de Aquiles, Ájax massacra um rebanho de ovelhas.

Se animais como as ovelhas podem servir como vítimas substitutas para a violência humana, também outros homens podem fazê-lo. Num exemplo particularmente terrível citado em *A Violência e o Sagrado*, Medeia mata os próprios filhos, tomando-os como substitutos do marido infiel – Jasão – que desejava destruir.

Por mais terríveis que as represálias contra as vítimas inocentes sejam, elas também assinalam uma saída para o dilema criado pela violência humana. Se *uma* vítima ou *um* grupo de vítimas substitutas pode se tornar o foco de *todas* as hostilidades do grupo mais amplo, essa vítima ou esse grupo de vítimas desviará ou canalizará as dissensões internas para fora do grupo. Tendo isso ocorrido, a harmonia social se reestabelece e o desenvolvimento da cultura se torna possível. No intuito de compreender como essa substituição coletiva se dá, é necessário examinar com mais cuidado a crise violenta que se consolida no interior do grupo. Em *A*

---

[3] René Girard, *Violence and the Sacred*, op cit., p. 2.

Violência e o Sagrado, Girard dá à crise o nome de "crise sacrificial", uma vez que ela só pode ser solucionada por intermédio do sacrifício ou da expulsão de uma vítima substituta ou, em outras palavras, de um bode expiatório.

A Crise Sacrificial e o Bode Expiatório

Definida essencialmente como uma "crise de indiferenciação"[4] suscitada no interior do grupo ou sociedade por uma "ofensiva geral de violência contra a comunidade",[5] a crise sacrificial implica o colapso da hierarquia social e a perda das diferenciações no seio do grupo. Com a supressão das distinções sociais, os membros da comunidade perdem de vista quem e o que são: sem uma hierarquia que lhes mostre o lugar que ocupam – o seu "nicho" –, a identidade de cada um se estilhaça. No caos que se segue, todas as outras distinções também se vão. Bem e mal, certo e errado, racionalidade e irracionalidade: nada mais existe. Girard resume assim essa situação caótica:

> Nessas circunstâncias, não se poupa nada nem ninguém; o pensamento coerente sucumbe e as atividades racionais são abandonadas. Todas as formas de associação se dissolvem ou se tornam antagônicas; todos os valores, sejam eles espirituais ou materiais, desaparecem.[6]

Embora a perda de diferenciações na comunidade seja diretamente atribuída ao colapso da hierarquia social, o desejo mimético e a violência por ele gerada são os reais catalisadores da derrocada. Como observamos no capítulo anterior, o próprio processo mimético tende

---

[4] René Girard, *Violence and the Sacred*, op. cit., p. 49.
[5] Ibidem, p. 98.
[6] Ibidem, p. 91.

a corroer as diferenças que existem entre os indivíduos. Se alguém cobiça o que o outro quer, os dois passam a se assemelhar na identidade desse desejo. Uma vez desencadeada, a rivalidade mimética reduz ainda mais as diferenças entre ambos os indivíduos. O sujeito desejante e seu mediador tendem a se imitar cada vez mais em sua busca desenfreada pelo objeto, uma vez que cada qual presume que o outro possui aquilo que possibilitará sua posse.

Quando a rivalidade culmina na violência, a simetria fica ainda mais clara. À medida que se atacam, os antagonistas se tornam meras imagens especulares um do outro. A violência apaga as distinções que perduram entre eles. As diferenças de prestígio social, idade e sexo se vão ou se tornam insignificantes. Essencialmente indistinguíveis entre si, os antagonistas não passam, agora, de duplos violentos.

No ápice da crise, a sociedade muitas vezes alcança um estado de indiferenciação quase completo: os membros da comunidade parecem menos seres humanos do que moléculas idênticas que, numa chaleira, se chocam umas contra as outras repetidamente. Não obstante, diz Girard, é nesse estágio que uma solução para a crise costuma se apresentar.

Na realidade, é impossível haver um estado de indiferenciação completo nas comunidades humanas porque há sempre indivíduos excepcionais que são física, psicológica ou emocionalmente diferentes dos outros. Entre esses indivíduos se encontram os doentes mentais, os enfermos, os deficientes físicos e os deformados. Marginalizados já em tempos de normalidade, esses párias tendem a "polarizar" a violência em épocas de crise, a atrair as hostilidades da multidão, porque possuem os *sinais de vitimação* que os tornam facilmente identificáveis. Girard enfatiza que esses indivíduos marginais não *fizeram* nada que lhes merecesse a perseguição; eles não cometeram crimes ou ultrajes que os diferenciassem dos outros, mas ainda assim são vitimados. Por meio do desejo mimético, essas vítimas acabam se tornando o foco exclusivo de *todas* as energias hostis da comunidade. Do mesmo modo como os membros individuais do grupo imitam a escolha alheia de um objeto amoroso, por exemplo, eles também imitam a escolha alheia da vítima. Essa vítima leva a culpa por toda a confusão social e é tomada como a única responsável pelo desencadeamento da crise. Em suma, a vítima se torna o *bode expiatório* de sua comunidade e é sacrificada ou expulsa no intuito de aliviar a crise.

Em *A Violência e o Sagrado* e *Coisas Ocultas desde a Fundação do Mundo*, tal como em obras mais recentes, como *O Bode Expiatório*[7] e *A Rota Antiga dos Homens Perversos*,[8] Girard sublinha que nem todos os bodes expiatórios pertencem ao grupo dos incapacitados ou dos deficientes físicos e mentais. Se a crise sacrificial é incapaz de corroer por completo todas as distinções sociais, reis e outros membros da família real costumam dar bons bodes expiatórios.[9] Muito embora sejam membros integrantes da comunidade, suas posições elevadas os isolam dos grupos de homens comuns. Em tempos de revolta sacrificial, a distinção de que desfrutam age como um sinal de vitimação que polariza a violência da comunidade. Em *O Bode Expiatório*, Girard traz o exemplo de Maria Antonieta, cuja elevada posição de rainha,

---

[7] René Girard, *The Scapegoat*. Trad. Yvonne Freccero. Baltimore, The Johns Hopkins University Press, 1986. [Edição brasileira: René Girard, *O Bode Expiatório*. Trad. Ivo Storniolo. São Paulo, Paulus, 2004.]
[8] René Girard, *Job, the Victim of his People*. London, Athlone Press, 1987. [Edição brasileira: René Girard, *A Rota Antiga dos Homens Perversos*. Trad. Tiago Risi. São Paulo, Paulus, 2009.]
[9] A ideia de que se sacrificava o rei pelo bem da comunidade certamente não surge com Girard. Em textos clássicos da antropologia como *The Golden Bough*, de James G. Frazer [Edição brasileira: James G. Frazer, *O Ramo de Ouro*. São Paulo, Círculo do Livro, 1986.] e *The Hero*, do Lorde Raglan, o rei é sacrificado como parte do processo sazonal de renovação: no cenário de Frazer, ele substitui o deus da vegetação, enquanto no esquema de Raglan ele mesmo é um deus. Para Girard, ou o rei se destaca em virtude de sua posição periférica em tempos de crise sacrificial ou, em certos rituais africanos que serão examinados ainda neste capítulo, assume o papel da vítima substituta em reencenações das violências fundadoras que envolvem a figura do bode expiatório. Para um breve exame das teorias de Frazer e Raglan, ver a introdução de Robert Segal em *In Quest of the Hero*. Princeton, Princeton University Press, 1990, p. xi-xxvi.

assim como sua origem estrangeira, fizera dela um alvo fácil para a turba parisiense que buscava uma vítima a ser responsabilizada pelas mazelas da França.

Seguindo a mesma lógica, os membros proeminentes da comunidade que não necessariamente integram a família real também se transformam em bodes expiatórios quando da deflagração da crise sacrificial. Em *A Rota Antiga*, Girard defende que o Jó bíblico é um homem assim. Segundo ele, Jó não é vítima de Deus ou Satanás, mas apenas o bode expiatório de outros membros de sua própria comunidade.[10]

Em culturas mais amplas e etnicamente mais variadas, as minorias religiosas e étnicas costumam se tornar alvos de violência irracional durante tempos de inquietação e revolta. Muito embora possam estar inseridas na comunidade como um todo em termos econômicos e políticos, suas crenças religiosas e suas práticas culturais as isolam e evidenciam quando do início dos problemas. O antissemitismo, claro, é para nós um exemplo óbvio da conversão de uma minoria religiosa em bode expiatório. Outro exemplo que diz respeito tanto à religião quanto à etnia é a perseguição de muçulmanos na Índia e a vitimação de hindus no Paquistão.[11] Como observa Girard, ao longo da história esses grupos serviram como "reservas de bodes expiatórios" a que se recorria quando os membros da comunidade buscavam uma válvula de escape comum para suas hostilidades e agressões.[12]

Muito embora as vítimas sejam, em todas essas categorias de bode expiatório, membros marginais da comunidade, elas continuam participando dela. Essa posição marginal facilita seu

---

[10] O Capítulo 4 abordará de modo mais detalhado a análise que Girard faz do Livro de Jó.
[11] René Girard, *The Scapegoat*, op. cit., p. 18.
[12] Para um breve e excelente exame da perseguição de minorias religiosas, ver o ensaio "Violência e Representação". In: René Girard, *To Double Business Bound*. Baltimore, The Johns Hopkins University Press, 1988.

destacamento e dificulta uma represália,[13] mas a participação no grupo, mesmo em sentido periférico, permanece necessária para que as vítimas se convertam naquilo que Girard denomina "bons condutores" da violência. Se a vítima está completamente fora do grupo, é muito difícil culpá-la por suas *dissensões internas*. As acusações lançadas contra a vítima parecerão tão estranhas que simplesmente não serão aceitas. Por conseguinte, o uso de um estrangeiro como bode expiatório tem menos chances de escoar as tensões coletivas do que a perseguição de um indivíduo, ou de um conjunto de indivíduos, que partilhe de alguns traços do grupo mais amplo. Ao menos no começo, o nazismo atacou os judeus *germânicos*, que, apesar de seu judaísmo, possuíam a mesma herança cultural dos outros alemães e falavam a mesma língua. Conquanto fosse rainha e tivesse origem austríaca, Maria Antonieta era membro da família real *francesa*.

O Mecanismo do Bode Expiatório e seus Efeitos

Para que se compreenda o mecanismo do bode expiatório, Girard declara ser necessário examinar apenas a natureza da violência e o processo mimético. O bode expiatório desempenha o papel de vítima substituta para *todos* os membros da comunidade. Além disso, essa canalização da violência pode ser atribuída ao desejo mimético. Ao imitarem uns aos outros, os membros da comunidade copiam a violência alheia e tomam como objeto de sua violência o foco para o qual as hostilidades do modelo se dirigem. Ao início desse processo segue-se uma reação em cadeia; logo, *todos* os membros da comunidade estarão se valendo de uma mesma válvula de escape para suas energias hostis – o bode expiatório.

---

[13] Se a vítima possui vínculos estreitos com qualquer facção ou grupo da comunidade, se a vítima está profundamente inserida nela, a perseguição provavelmente suscitará reações retaliativas e o ciclo de violência terá continuidade.

Durante a perseguição, o bode expiatório passa por uma série de transformações negativas aos olhos da turba. A vítima é muitas vezes acusada de crimes horríveis e violentos, como o parricídio, o regicídio, o estupro, o incesto e o bestialismo. Outras transgressões incluem delitos religiosos, como a profanação da hóstia. Como observa Girard, "[todos] esses crimes parecem fundamentais. Eles atacam o fundamento mesmo da ordem cultural, isto é, a família e as diferenças hierárquicas, sem as quais a ordem social não existiria".[14] Em outras palavras, o bode expiatório é acusado de cometer precisamente aqueles crimes que, contribuindo para a perda de distinções na comunidade, precipitariam a crise sacrificial.

O objetivo dessas acusações é "acabar com o abismo entre a insignificância do indivíduo e a grandeza do corpo social".[15] Se o bode expiatório deve causar um impacto tão profundo em toda a comunidade, suas ações precisam revelar um grau de maldade e destruição que em muito excede o do cidadão comum. Com efeito, o bode expiatório deve estar "à altura" da crise que suscita.

Outro tipo de transformação costuma ocorrer quando a vítima pertence a uma minoria étnica, racial ou religiosa. Os atributos físicos associados a essa minoria são exagerados para que se enfatize como a vítima é diferente e para que se polarizem as energias da comunidade como um todo. Girard observa que essa estratégia é utilizada em cartuns racistas, mas também pode ser empregada em meios como pôsteres e filmes propagandísticos. Durante a Segunda Guerra Mundial, tanto os nazistas quanto os antissemitas de outros países descreviam os judeus como indivíduos dotados de cabelos longos e oleosos, barbas irregulares e narizes excessivamente grandes.[16]

---

[14] René Girard, *The Scapegoat*, op. cit., p. 15.
[15] Ibidem.
[16] Para um exemplo dessas caricaturas odiosas, ver a fotografia exposta na entrada da exibição antissemita "O Judeu e a França", realizada na cidade de Paris em setembro de 1941. David Pryce-Jones, *Paris in the Third Reich*. New York, H. H. Rinehart and Winston, 1981, p. 139.

Nas sociedades primitivas, e em certas ocasiões também nas sociedades modernas, quando o bode expiatório é morto ou expulso a ação costuma ser realizada não pelas mãos de um só indivíduo, e sim pela comunidade toda. Isso é necessário para garantir a unanimidade da violência da turba e para evitar que os perseguidores se fragmentem ou dividam – possibilidade que poderia fazer a violência perdurar. Desse modo, recorre-se "a métodos coletivos de infligir a morte, como o apedrejamento coletivo, a precipitação de um precipício, ou a crucifixão".[17] Seja ativamente – pela participação no apedrejamento da vítima, por exemplo – ou passivamente – ao não intervir para salvá-la –, todos os membros da comunidade estão envolvidos no homicídio.

Quando o bode expiatório é sacrificado e quando à sua remoção se seguem o retorno da ordem e o abrandamento das tensões na comunidade, é provável que um tipo completamente distinto de transformação ocorra. Como resultado do processo mimético, o bode expiatório passa agora a ser percebido como salvador. A vítima já sacrificada, originalmente culpada pelo surto de violência que contaminara a comunidade, é então enaltecida por ter-lhe dado fim. Outrora maldita por ser a fonte do caos, ela é agora venerada como fonte de harmonia social. Em essência, o bode expiatório se torna um oximoro: é tanto uma bênção quanto uma maldição. Girard observa que, na Grécia clássica, essa condição paradoxal era precisamente a condição dos *pharmakoi*, aqueles indivíduos utilizados como vítimas sacrificiais quando a comunidade se via ameaçada por alguma calamidade:

> Por um lado, ele [o *pharmakós*] é uma figura triste, um objeto de desprezo oprimido pela culpa; é alvo de todos os tipos de humilhação, de insultos e, claro, de surtos de violência. Por outro lado, vemo-lo rodeado de uma aura de

---

[17] René Girard, *Shakespeare: Teatro da Inveja*. Trad. Pedro Sette-Câmara. São Paulo, É Realizações, 2010, p. 398. Exemplos mais recentes incluiriam os linchamentos feitos pelo Ku Klux Klan.

veneração quase religiosa; ele se tornou uma espécie de objeto de culto.[18]

As metamorfoses por que passa a vítima aos olhos da turba fazem parte, segundo Girard, de um processo mais amplo, um processo que permite que a multidão, atribuindo a própria violência a uma fonte exterior, se livre da responsabilidade que tem por ela. Esse processo é no início realizado pelo estabelecimento de uma distinção entre dois tipos de violência diferentes. O bode expiatório é vilificado por levar à comunidade o contágio da violência denominada "má" ou "impura". Essa violência "corrompe, divide, desintegra e indiferencia", sendo lançada para fora do grupo mediante a morte ou a expulsão do bode expiatório. Inspirada mimeticamente, a violência unânime e sacrificial que a multidão direciona ao bode expiatório tão logo ele é designado e acusado de crimes como regicídio e incesto é a violência "boa" ou "pura", uma violência que "cura, une e reconcilia".[19]

Essa "violência pura" é *justificada* por princípios morais superiores e talvez até *santificada* pelos próprios deuses. Em *A Rota Antiga*, Girard sublinha que os atormentadores de Jó abusam dele e o insultam não em defesa própria, e sim em nome do deus que supostamente fora ofendido por seus crimes. Em ambos os casos, os perseguidores estão mais uma vez a caminho de se afastar da própria violência atribuindo sua necessidade e origem a uma fonte superior e transcendente. A violência da multidão é assim *santificada*; os membros da turba não se veem como indivíduos alvoroçados, e sim como "guerreiros celestes" que vingam seu deus. Por fim, quando o sacrifício fica para trás e passa a integrar a memória coletiva das gerações subsequentes, ambas as formas de violência são atribuídas à vítima, que agora é deificada. Em sua essência, a violência se desloca para o sagrado.

---

[18] René Girard, *Violence and the Sacred*, op. cit., p. 95.
[19] Idem, *Shakespeare: Teatro da Inveja*, op. cit., p. 404.

O mecanismo do bode expiatório permite, portanto, que a comunidade em crise se livre da própria violência por meio de um assassinato coletivo e, ao mesmo tempo, se reabilite ao atribuir essa violência a fontes externas. Além disso, a eficácia desse processo está em grande medida atrelada ao papel crucial que ele desempenhou, e continua a desempenhar, nos afazeres humanos. Para Girard, o mecanismo do bode expiatório não é um acontecimento ocasional ou insignificante na história do homem, e sim o "princípio gerador" que jaz no âmago de todo desenvolvimento cultural e social.

Evidências do Mecanismo do Bode Expiatório

Girard defende, em *A Violência e o Sagrado*, que há evidências do mecanismo do bode expiatório em toda parte: em obras-primas literárias, nos ritos e rituais dos povos primitivos[20] e, por fim, nos próprios mitos. O grau em que o bode expiatório manifesta a si mesmo e sua relação com esses diversos textos e atividades pode variar,[21] mas o papel crucial que ele desempenha em sua inspiração ou constituição não pode ser colocado em xeque. Na literatura, o mecanismo do bode expiatório se mostra especialmente importante na elaboração do gênero trágico, dos gregos a Shakespeare; no entanto, ele também desempenha um papel crucial – e é dramaticamente representado – em obras mais modernas, como no romance *Viagem ao Fim da Noite* (1932), de Louis-Ferdinand Céline.[22]

---

[20] A prova antropológica clássica do uso do bode expiatório entre os povos primitivos se encontra em James Frazer, *The Golden Bough*. London, Macmillan, 1922, vol. 1, Capítulos 24 ss. Ao mesmo tempo em que menciona exemplos fornecidos por Frazer, Girard não concorda com as interpretações que ele dá a esse material. Ver, de modo particular, René Girard, *Violence and the Sacred*, op. cit., p. 317-18.

[21] A relação do bode expiatório com textos míticos e outros textos será examinada de modo mais detalhado nos Capítulos 4 e 5.

[22] [Edição brasileira: Louis-Férdinand Céline, *Viagem ao Fim da Noite*. Trad. Rosa Freire d'Aguiar. São Paulo, Companhia das Letras, 2009.]

O Mecanismo do Bode Expiatório na Literatura

Em *A Violência e o Sagrado*, Girard afirma que a tragédia está "diretamente vinculada à violência; ela é a filha da crise sacrificial".[23] A tragédia representa no palco a rivalidade e o conflito miméticos, a perda das diferenças e o colapso da hierarquia no seio da comunidade; seus efeitos artísticos e dramáticos mais poderosos advêm do sacrifício ou da expulsão do bode expiatório. Com efeito, diz Girard, a catarse nada mais é do que a sensação vitalizadora e unitiva que a multidão experimenta diante do sacrifício da vítima, da destruição do herói trágico.[24]

Sófocles

De todas as análises que *A Violência e o Sagrado* faz do mecanismo do bode expiatório na literatura, nenhuma é mais instigante ou controversa do que a de Édipo Rei, de Sófocles. Segundo Girard, a peça diz respeito a uma crise sacrificial que desencadeia "a busca febril de um bode expiatório".[25] A peste que infecta a cidade de Tebas anuncia simbolicamente a difusão da violência, a perda de diferenciações e, de modo geral, a situação calamitosa em que a comunidade então se encontra. Ela também externaliza e *santifica* a violência ao vinculá-la a uma fonte supra-humana e divina.[26] Quando, no início da peça, Édipo declara que encontrará o indivíduo que o oráculo afirma ser o responsável pelo desastre – isto é,

---

[23] René Girard, *Violence and the Sacred*, op. cit., p. 65.
[24] Para uma análise completa do papel que, segundo o esquema girardiano, o bode expiatório desempenha na tragédia, ver o capítulo "A Aborrecida Vingança de Hamlet". In: René Girard, *Shakespeare: Teatro da Inveja*, op. cit., p. 499.
[25] René Girard, *Violence and the Sacred*, op. cit., p. 78.
[26] Para um exame mais amplo da peste como metáfora da crise sacrificial nos textos literários, ver "A Peste na Literatura e o Mito". In: René Girard, *To Double Business Bound*, op. cit.

o criminoso que matara o rei Laio –, o que ele na verdade faz é dar início à caça de um bode expiatório. A verdadeira culpa e a verdadeira inocência não estão tanto em questão; elas apenas determinam quem pode ser responsabilizado pela crise. Como veremos, a vítima acaba sendo o próprio Édipo porque ele possui os sinais de vitimação que polarizam, contra ele, toda a violência coletiva.

Que a comunidade está sofrendo os espasmos da crise sacrificial, que ela está vivenciando uma perda de diferenciações e uma onda de violência, é algo que fica claro nos diálogos do rei com o velho profeta Tirésias e, depois, com seu cunhado Creonte. Esses três homens acreditam que estão acima do motim e que são capazes de domar a violência, mas no final acabam, "cada qual, por sucumbir a ela".[27] Édipo acusa primeiro Tirésias e depois Creonte de serem os responsáveis pela crise, e ambos por sua vez o imitam e procuram "colocar nele a culpa".[28] Nas palavras de Girard: "O que diferencia Édipo de seus adversários é apenas o fato de ser Édipo quem inicia a disputa, desencadeando assim a trama trágica".[29] A troca de

---

[27] René Girard, *Violence and the Sacred*, op. cit., p. 69.
[28] Ibidem, p. 78. A afirmação de Girard está um pouco equivocada, uma vez que apenas Tirésias responde à acusação de Édipo com uma contra-acusação direta:

Édipo:
Já nada fica implícito – motiva-me
a fúria: arquitetaste o assassinato,
melhor, o cometeste, embora com
as mãos de um outro. Se pudesses ver,
diria ser obra de um autor somente.

Tirésias:
Verdade? Pois então assume os termos
do teu comunicado: de hoje em diante,
não fales mais comigo nem com outrem,
pois com teu miasma contaminas Tebas.

Quando diante de uma acusação semelhante, tudo o que Creonte faz é acusar Édipo de ser um "mau governo". Ver Sófocles, *Édipo Rei*. Trad. Trajano Vieira. São Paulo, Perspectiva, 2001, p. 53 e 67.
[29] René Girard, *Violence and the Sacred*, op. cit., p. 69.

acusações – expressa em *stychomythia*, isto é, versos que se alternam num diálogo-conflito – se resume a uma troca de golpes em que a espada foi substituída pela palavra. A violência reveste até mesmo a linguagem da peça, e os antagonistas se tornam meros duplos violentos. As distinções sociais não mais existem; elas perderam sua influência, o que se torna claro quando lemos Tirésias acusar o rei do mais odioso dos crimes e Creonte desafiar sua sabedoria e bondade. Ambos perderam o respeito pelo rei. Sua posição real não significa nada.

Quando, ao final da obra-prima de Sófocles, Édipo é condenado por todos pela morte de Laio e pelos problemas que afetavam Tebas, nenhuma prova *sólida* é apresentada. O pastor que sabe a resposta jamais confirma se a morte de Laio fora causada por um ou por vários homens.[30] Se vários homens fossem responsáveis, Édipo não poderia ser o assassino. Ao deixar a questão em aberto, diz Girard, Sófocles insinua que Édipo pode muito bem ser inocente, o que faria dele apenas o bode expiatório de uma comunidade que se vê no turbilhão de uma crise sacrificial. Com efeito, Édipo traz consigo todas as marcas, todos os *sinais de vitimação*, do bode expiatório. Édipo é rei; como seu nome sugere, é limitado por seus pés "inchados"; além disso, chegara a Tebas em circunstâncias muito incomuns. Fora ele, forasteiro, quem aniquilara a Esfinge.

Quais são os crimes de Édipo? Ele é acusado de matar Laio, que parece ser seu pai; é acusado de casar-se com sua mãe, Jocasta, e dar-lhe filhos. É acusado de parricídio, regicídio e incesto. Como,

---

[30] Para um exame dessa ambiguidade em *Édipo Rei* e de sua importância para a interpretação que lhe dá Girard, ver Sandor Goodhart, "*Leistas Ephaske*: Oedipus and Laius' Many Murderers". *Diacritics*, 8, 1, primavera de 1978, p. 55-71. Crucial para a leitura que Girard faz da peça, a questão de se a morte de Laio foi causada por um ou vários homens costuma ser tratada superficialmente ou ignorada por completo nas obras-padrão sobre a tragédia grega. Em *Greek Tragedy* (New York, Hill and Wang, 1960), Gilbert Norwood observa apenas que a questão nunca é resolvida na peça (p. 149). H. D. F. Kitto jamais levanta a questão em sua análise de *Édipo Rei* (*Greek Tragedy*. Garden City, Doubleday, 1950, p. 142).

porém, assinala Girard em *O Bode Expiatório*, esses são crimes que a multidão *comumente* atribui à vítima no intuito de colocá-la "à altura" da crise e responsabilizá-la pelos tipos de ofensa que destroem as diferenciações da comunidade. Girard conclui que os crimes de Édipo lhe são atribuídos *post factum*, isto é, após sua designação como bode expiatório, com o objetivo de justificar uma perseguição. Em sua tragédia, Sófocles não deixa isso claro, mas faz com que as acusações de parricídio e incesto integrem a troca mais ampla de incriminações e incivilidades entre Édipo e seus inimigos. As acusações finalmente se "fixam" em Édipo porque ele é o bode expiatório mais adequado, dotado como é dos sinais de vitimação mais evidentes.

No final de *Édipo Rei*, o próprio Édipo aceita sua culpa. Ele abraça os crimes de que os perseguidores o acusam e, ao fazê-lo, aceita também a perspectiva que eles desejam impor aos acontecimentos passados. Édipo sucumbe ao desejo mimético da turba, aderindo à violência unânime que ela lhe dirige e aceitando a própria condenação. No processo, perde-se de vista sua transformação em bode expiatório. Não há ninguém que possa contestar a versão da história contada pelo grupo. É por isso, crê Girard, que os leitores de *Édipo Rei* foram incapazes de ver um bode expiatório na figura do rei de Tebas; antes, eles o tomaram como o perpetrador trágico do mais horrendo de todos os crimes.[31]

---

[31] A leitura que Girard faz de *Édipo Rei* foi contestada por uma série de críticos. Em "Girard on the Greeks / The Greeks on Girard", F. T. Griffiths afirma que, muito embora as teorias de Girard acerca do bode expiatório sejam esclarecedoras quando aplicadas a obras como *Oresteia*, de Ésquilo, elas só podem ser aplicadas à obra-prima de Sófocles por meio de uma "notável artimanha interpretativa" (*Berkshire Review*, 14, 1979, p. 23). Griffiths observa que as simetrias do conflito, essenciais como são ao mecanismo do bode expiatório, surgem em *Édipo Rei* de modo muito menos saliente e impositivo do que em outras tragédias. Griffiths também defende que a hermenêutica da formação do bode expiatório não nasce com Girard, e sim com os próprios gregos. Em artigo mais recente, Pietro Pucci declara que a leitura girardiana da peça se esquiva de diferenças importantes, incluindo aquelas que afastam Édipo de Tirésias mesmo no ponto mais alto da crise sacrificial, quando todas as distinções já deveriam ter sido aniquiladas. Ver "The Tragic *Pharmakos* of the *Oedipus Rex*". *Helios*, 17, 1, 1990, p. 41-51.

Uma prova derradeira dá credibilidade à teoria girardiana de que Édipo é um bode expiatório. No entanto, ela não se encontra em *Édipo Rei*, mas em *Édipo em Colono*, tratamento dramático que Sófocles dá aos últimos dias de vida do rei exilado. Em *A Violência e o Sagrado*, Girard observa que no início da peça os cidadãos de Colono veem em Édipo a mesma figura maculada, o mesmo criminoso que os tebanos haviam perseguido e expulsado. Ao final, porém, tanto os cidadãos de Colono quanto os cidadãos de Tebas passam a competir pela futura posse do corpo do rei.

O que precipitou essa reviravolta? Segundo Girard:

> De início, Édipo estava associado aos aspectos maléficos da crise. Ele não possuía qualquer qualidade positiva. Se seu exílio era algo "bom", era-o em sentido puramente negativo, do mesmo modo como a amputação de um membro gangrenado é "bom" para um corpo aflito. Em *Édipo em Colono*, o escopo da peça se ampliou. Tendo mergulhado a comunidade na disputa, a vítima substituta restaura a paz e a ordem após sua partida.[32]

Em suma, quando Édipo, após ter sido visto como o mais iníquo dos homens, é enfim sacrificado, ele se torna um salvador. O processo expiatório chega assim a seu termo.

A leitura que Girard faz da tragédia de Sófocles levanta questões interessantes. Que relação há entre a peça e o mito propriamente dito? E por que o mito não traz qualquer evidência do mecanismo expiatório que parece operar em *Édipo Rei*? O relato mítico, afinal, não deixa dúvidas quanto à culpa de Édipo; ele jamais levanta o espectro da violência coletiva, concebendo como possível a existência

---

[32] René Girard, *Violence and the Sacred*, op. cit., p. 85.

de vários culpados pelo assassinato de Laio ou a existência de um bode expiatório. Estas parecem ser inovações do dramaturgo.

Com efeito, diz Girard, a peça de Sófocles desconstrói parte do mito ao levantar a possibilidade de Édipo não ter culpa pela morte de Laio e ser tão somente um bode expiatório para a turba sanguinária. Se isso de fato acontece, porém, por que então Sófocles não foi até o fim? Por que não expôs tanto a violência que jaz no âmago da história quanto a inocência da vítima trágica? Como já pudemos observar, Girard afirma que a tragédia deriva e perpetua o mecanismo do bode expiatório de tal maneira que acaba por obter seus efeitos mais poderosos da vitimação do herói ou da heroína. Grande dramaturgo que era, Sófocles certamente sabia que revelar por completo os subterfúgios da violência coletiva seria o mesmo que destruir a pedra angular sobre a qual a arte trágica se fundamentava.

E o que dizer do mito? Por que o mito de Édipo não traz indícios do mecanismo expiatório e da violência coletiva? Como veremos no capítulo seguinte, a resposta de Girard remete ao fato de a mitologia como um todo resultar da violência coletiva e desenvolver-se de modo a ocultar suas marcas. Assim, no mito, Édipo surge não como a vítima de uma crise mimética, e sim como o perpetrador malfadado de crimes inomináveis.

Eurípides

Em *A Violência e o Sagrado*, Girard afirma que a tragédia grega revela, em parte, não apenas o mecanismo expiatório que gera os mitos, mas também a violência coletiva que jaz no âmago de ritos e rituais importantes. *As Bacantes de Eurípides*, por exemplo, obra que lida com o culto a Dioniso tal qual exemplificado no mito, evidencia a violência da turba e a perda de diferenciações de forma muito mais explícita do que *Édipo Rei*. Afinal, a bacanal mesma "perpetua um aspecto essencial da crise sacrificial: a destruição das diferenças".[33]

Segundo Girard, "*As Bacantes* têm como tema um festival que dá errado".[34] Aquilo que se inicia como uma celebração idílica por parte das mulheres de Tebas se transforma num "pesadelo sanguinário" em que "as mulheres em delírio se lançam indiscriminadamente contra homens e animais selvagens"[35] e o conjunto de cidadãos como um todo acaba por sucumbir à loucura. A supressão dionisíaca das distinções sociais, sexuais e etárias, a qual está em pleno acordo com a noção de celebrações harmoniosas e libertadoras, logo se converte numa "forma particularmente virulenta de indiferenciação".[36] Mesmo a distinção entre o divino e o humano se apaga, uma vez que Penteu, rei de Tebas, e o próprio deus Dioniso se tornam indistinguíveis. Ambos são figuras ambivalentes e representam os "duplos inimigos" da tragédia. Girard assinala que o Dioniso das mênades é "o defensor das leis humanas e divinas, o guardião ciumento da legalidade".[37] Ao mesmo tempo, é também o desordeiro subversivo da tragédia. Penteu se apresenta como o defensor conservador da ordem em seu desejo de desarraigar o caos que oprime sua cidade, mas também ele sucumbe à violência ao vestir-se como bacante.[38]

A crise sacrificial da peça é solucionada quando, designado por Dioniso, Penteu é literalmente despedaçado pelas bacantes. Ele se torna o bode expiatório, cuja destruição canaliza para fora da comunidade a violência. O fato de ele não ser essencialmente diferente de Dioniso confirma, segundo Girard, a verdadeira arbitrariedade de sua seleção. O desmembramento súbito e terrível de Penteu pelos

---

[33] Ibidem, p. 127.
[34] Ibidem.
[35] Op. cit., p. 126.
[36] Ibidem, p. 127.
[37] Ibidem, p. 128.
[38] Ibidem. Para evidências adicionais da dissolução das barreiras entre o humano e o divino nas *Bacantes*, ver *Violence and the Sacred*, op. cit., p. 128.

celebrantes desarmados sugere, além disso, que seu assassinato está de acordo com a violência coletiva e espontânea que caracteriza as crises miméticas em geral.

Girard sublinha que, na peça, há ainda outra forma do mecanismo do bode expiatório. Numa crise sacrificial, *todos* os membros da comunidade – homens e mulheres, jovens e velhos – se deixam contaminar pela violência, muito embora seja mais provável que os homens adultos, em virtude do papel que desempenham na comunidade, venham a se tornar seus principais perpetradores. Nas *Bacantes*, contudo, a fúria homicida é propriedade quase exclusiva das mulheres. Essa transferência da violência para elas, diz Girard, isenta os homens adultos, isto é, "aqueles que mais precisam esquecer seu papel na crise por serem, em grande medida, os principais responsáveis por ela.[39] Além disso, as mulheres tradicionalmente ocupavam posições subordinadas na hierarquia social; essa marginalidade, portanto, fazia delas vítimas adequadas, passíveis de serem responsabilizadas pela violência.

Girard conclui que, nas *Bacantes*, Eurípides segue o exemplo de Sófocles e acaba por se afastar das verdades cruciais que expusera apenas parcialmente. Em lugar de enfatizar a inocência de Penteu e as origens *humanas* da violência, em lugar de desmascarar o deus Dioniso, que, no final das contas, nada mais é do que a sacralização dessa violência mesma, a tragédia reabilita o deus e justifica sua intervenção numa comunidade que fora incapaz de demonstrar-lhe respeito, legitimando assim o sacrifício da vítima designada por ele. O sacrifício, afinal, restaura a ordem, e ao fazê-lo permite que Dioniso se distancie e retome seu papel benevolente.

Assim como *Édipo Rei*, *As Bacantes* expõem, ainda que indiretamente, tanto a indiferenciação violenta quanto as práticas do mecanismo do bode expiatório, mas mostra-se incapaz de remover

---

[39] Ibidem, p. 139.

por completo o pilar que sustenta a ordem social e a própria tragédia. As duas peças abraçam a violência e apontam energicamente para sua verdadeira origem, mas no final acabam por expulsá-la. Ao tornar "alheia" a violência, ao torná-la sagrada, elas garantem sua perpetuação.

Shakespeare

Se, como insiste Girard em *A Violência e o Sagrado*, a violência sacrificial e o mecanismo do bode expiatório se encontram no âmago da tragédia, sua presença deveria ser identificada não apenas na obra de trágicos gregos, como Sófocles e Eurípides, mas também nas peças de outros autores do gênero.[40] Em *A Rota Antiga dos Homens Perversos*, Girard examina, por exemplo, o assassinato coletivo que se dá em *Britânico e Fedra*, de Jean Racine.[41] No entanto, é nas tragédias de Shakespeare que, segundo ele, se encontram os exemplos mais espetaculares da violência mimética e do mecanismo expiatório no teatro europeu dos séculos XVI e XVII. Com efeito, para Girard, "o aspecto mais fundamental da dramaturgia shakespeariana [é] a indiferenciação conflitiva"[42] e é certamente por essa razão que ele dedicou todo um livro ao autor – *Shakespeare: Teatro da Inveja*.

Entre as tragédias que Girard discute à exaustão está *Júlio César*. Ele não partilha da visão, comumente admitida, de que essa peça é sobretudo um drama político, de que Shakespeare expõe nela

---

[40] No ensaio "Girard on the Greeks' / The Greeks on Girard", Griffiths afirma que, de todas as obras da tragédia grega, é na *Oresteia*, de Ésquilo, que as teorias girardianas do desejo mimético e do bode expiatório se aplicam de maneira mais adequada. Ver F. T. Griffiths, "Girard on the Greeks' / The Greeks on Girard". *Berkshire Review*, 14, 1979, p. 24-29.
[41] Ver o Capítulo 7 da obra *A Rota Antiga dos Homens Perversos*. Em *Mimesis Conflictiva: Ficción Literaria y Violencia en Cervantes y Calderón*, Cesáreo Bandera também aplica o modelo girardiano a *La Vida es Sueño*, obra-prima de Calderón escrita no século XVII.
[42] René Girard, *Shakespeare: Teatro da Inveja*, op. cit., p. 375.

uma filosofia política ou de que ele esteja tomando partido nas disputas políticas do período elisabetano dramatizadas em seus textos. Shakespeare não está nem do lado de Bruto e da República, nem do lado de Marco Antônio, Júlio Cesar e o Império. Segundo a perspectiva de Girard, o verdadeiro tema da peça é a violência mimética, o dano que ela causa à ordem social e cultural e, enfim, a forma como o mecanismo do bode expiatório soluciona a crise. O que aflige Roma é uma crise de indiferenciação, e somente a morte e a derradeira apoteose de Júlio César são capazes de restaurar a ordem e reestabelecer a hierarquia social, ainda que numa forma diferente.

Que Roma esteja padecendo de uma crise de indiferenciação é algo que se torna claro já na primeira cena da peça. Dois tribunos criticam populares por aparecerem no Fórum sem algo que sinalize suas ocupações. A falta de sinais serve para indiferenciá-los, para fazê-los parecer menos um grupo de civis do que uma turba. Ademais, eles ostentam roupas de festa quando não é dia de festa, aparecendo para aplaudir o triunfo de César quando, segundo os tribunos, deveriam lamentá-lo. Eles estão no lugar errado, na hora errada e pelo motivo errado, fazendo o que não deveriam fazer. Aquele é claramente um mundo em que as diferenciações foram suprimidas.

O que ocasionara essa crise? A resposta jaz na motivação dos conspiradores liderados por Cássio e Bruto, que planejam assassinar César. Segundo Girard, esses homens são motivados menos pela ambição política do que pelo desejo mimético. Com efeito, cada qual adere à conspiração por estar infectado pelo desejo dos outros conspiradores de matar César:

> [a] interação mimética nessa peça, [...] em vez de estar relacionada à escolha de objetos desejáveis, está relacionada à escolha de antagonistas. A razão disso é o estágio avançado da crise à qual a peça pertence; os rivais não estão mais

> interessados nos objetos uns dos outros. Antes, estão tão obcecados uns com os outros como obstáculos e rivais que o assassinato se tornou sua principal preocupação.[43]

Embora seja Cássio quem instigue a conspiração, é Bruto quem acaba por assumir a liderança. Para Bruto, César representa uma ameaça à República que ele afirma defender, mas é também muito mais do que isso. César tornou-se para Bruto um obstáculo intransponível.

> Ele é tanto o rival odiado quanto o modelo amado, o guia incomparável, o mestre insuperável. Quanto mais Bruto reverencia César, mais o odeia também; seu rancor político e sua rivalidade mimética são a mesma coisa, logicamente.[44]

Apesar de sua hostilidade contra os modos imperiosos de César, Bruto não consegue deixar de imitá-lo em sua forma de lidar com os outros:

> Como líder de seu partido, Bruto se parece cada vez mais com seu modelo; ele fica cada vez mais majestático e autoritário; antes e depois do assassinato, ele rejeita todas as sugestões e decide tudo por si mesmo.[45]

Quando decide que César deve ser morto ou "sacrificado" pelo bem da República, Bruto revela um conhecimento da natureza da violência e da função do sacrifício que em muito ultrapassa o de Édipo. Ele reconhece a diferença entre a violência "boa" e a

---

[43] Ibidem, p. 354.
[44] Ibidem, p. 359.
[45] Ibidem, p. 359-60.

violência "má", entre a violência "pura" e "impura"; ele acha que, para ser o assassinato fundador que curará o tropeço da República, a violência cometida contra César deve ser a "violência pura" dos sacrificadores justos. Caso se assemelhe à violência arbitrária e destrutiva que contamina a comunidade, a morte de César, em lugar de resolver, perpetuará a crise. Girard observa que Bruto pede a seus colegas conspiradores que ajam "corajosamente" como "sacrificadores" e "purificadores", que "cortem" César como "prato para os deuses". Eles não devem se tornar "carniceiros" que "desmembram" suas vítimas.[46] Se agirem como "carniceiros", sua violência não será a violência sagrada do sacrificador, e sim a violência perversa da turba.

Ao chegar o momento do sacrifício, porém, os conspiradores, incluindo Bruto, perdem de vista essa distinção crucial. Eles banham suas armas no sangue de César, chamando a atenção, assim, para sua carnificina homicida. Em vez de se distanciarem da violência "má" que desejam purificar, eles se deixam contaminar, simbolicamente, por ela.

A esperança de que a morte de César unirá a comunidade e eliminará a violência, porém, não se esvai até os discursos de Bruto e Marco Antônio no Fórum. Se Bruto for capaz de convencer a multidão a abraçar o crime do conspirador, sua violência se tornará a violência unânime da comunidade como um todo, o que levaria à resolução da violência pela morte da vítima. Se a turba rejeitar o pedido de Bruto – o que na verdade acontece –, o assassinato de César nada mais será do que um mero ato de violência, ainda que espetacular; a crise, nesse caso, apenas se intensificaria. O assassinato brutal do poeta Cina, espectador inocente destacado pela turba, confirma que o assassinato de César apenas desencadeou uma nova onda de violência. Após os discursos, os populares romanos se

---

[46] Ibidem, p. 401. As passagens retiradas de *Júlio César* se encontram no Ato II, cena 1, versos 162-80.

dividem em dois grupos ou "conspirações": de um lado, reúnem-se ao redor das figuras de Bruto e Cássio; do outro, de Marco Antônio e Otávio César. As duas partes nada mais são do que "duplos" enormes e violentos que competem pelo poder, e o confronto entre ambas em Filipos é tratado por Shakespeare não "como um encontro militar banal, mas como o clímax epifânico da crise mimética".[47]

No olho do furacão se encontra o próprio Júlio César, que se torna o alvo das intenções homicidas dos conspiradores. Júlio César se torna o bode expiatório porque possui os sinais de vitimação que, em tempos de crise, polarizam a violência. César possui uma série de debilidades; é fisicamente fraco e padece de enfermidades mil, incluindo uma péssima audição. Sofre também de epilepsia. Além disso, observa Girard:

> Tudo que César faz, tudo que sabemos dele como indivíduo público ou privado, incluindo a esterilidade de sua esposa – que a mente popular logo atribui a um mau-olhado do marido –, parece fazer dele um homem marcado para a vitimação. Num dado momento, ele oferece seu pescoço à multidão, num gesto reminiscente de um rei sagrado que se voluntariasse para o papel de vítima sacrificial.[48]

Os próprios conspiradores não são indiferentes às debilidades de César. Com efeito, em alguns casos, seu interesse por tais debilidades beiram a obsessão. Cássio insiste em recordar uma competição de nado que travara contra César e na qual este se mostrara muito inferior a ele, que precisou salvá-lo do afogamento. Cássio e Casca não cansam de se referir à "monstruosidade" de César no intuito de enfatizar suas fraquezas e peculiaridades.

---

[47] Ibidem, p. 372-73.
[48] Ibidem, p. 388.

A prova derradeira de que César é um bode expiatório, porém, nada tem a ver com suas debilidades; antes, ela diz respeito à sua inocência. Muito embora tramem a morte de César por acreditarem que ele representa uma ameaça à República, os conspiradores são forçados a admitir que ele não fez *nada* que justificasse essa acusação. Em suma, César não *merece* morrer. E, como afirma Girard, é Bruto, o republicano mais sensato e leal entre todos os conspiradores, a reconhecê-lo.[49]

Se César é o bode expiatório perfeito para a aflição mimética que acomete Roma, por que sua morte não soluciona a crise de maneira automática e imediata? Como observamos, após a morte de César, Bruto não consegue convencer os populares romanos a abraçarem essa morte e a converterem a violência cometida contra ele em algo unânime. A divisão dos cidadãos em dois grupos hostis perpetua o conflito, e nenhum dos lados é capaz de alcançar qualquer unanimidade. Quando do suicídio de Bruto, ele é reintegrado postumamente à comunidade de Roma, recebendo das mãos de Otávio César, seu antigo inimigo, honras militares completas. Num só golpe, todas as diferenças entre ele e Júlio César se esvaem, uma vez que ambos se sacrificaram em prol da *pax romana*. Juntos, eles se tornam o que Girard descreve como um "deus bifronte", ao redor do qual os populares se unem e a partir do qual uma nova ordem nasce. Bruto, é claro, é a parte menos relevante dessa divindade, mas é uma divindade mesmo assim: sua morte, assim como a de César, é necessária para o reestabelecimento da ordem.

A ironia está no fato de que a ordem associada e possibilitada pela morte e deificação de César e Bruto é precisamente a mesma ordem contra a qual Bruto lutara. Como sublinha Girard, a apoteose de Bruto lhe pareceria "a máxima zombaria, a suprema traição", uma vez que isso faria dele "um membro coadjuvante no projeto que ele tentou impedir desesperadamente: a criação de uma nova monarquia". Girard conclui:

---

[49] Girard não fornece uma referência precisa a essa declaração de Bruto.

> Mas o verdadeiro Bruto não importa mais; uma figura mítica tomou seu lugar numa estrutura de significado que está acabando de emergir. De acordo com essa nova visão, o imperador romano é tanto um monarca absoluto quanto o protetor oficial da República, seu único herdeiro legítimo. O assassinato de César se tornou a violência fundadora do Império Romano.[50]

Muito embora *Júlio César* apresente um processo mais complexo do mecanismo do bode expiatório, a obra-prima de Shakespeare segue fielmente o paradigma trágico que Girard esboça ao examinar *Édipo Rei* e *As Bacantes*. Uma comunidade acometida pela violência e no meio de uma crise de indiferenciação soluciona suas dificuldades mediante o sacrifício de uma vítima inocente condenada não por seus crimes, e sim por aqueles traços distintivos que a tornam facilmente destacável. Na esteira de seu sacrifício, a ordem é restaurada e a vítima, outrora a mais vil das criaturas, se torna um deus.

Júlio César difere das tragédias gregas porque o líder dos conspiradores *entende* o mecanismo sacrificial e tenta explorá-lo no intuito de restaurar a República vacilante. A percepção de Bruto é na verdade um desenvolvimento significativo, um desenvolvimento que será compreendido de maneira mais adequada no Capítulo 4, em que serão discutidas as visões de Girard sobre o papel dos Evangelhos na história.

Céline

Vem do célebre romance *Viagem ao Fim da Noite*, publicado por Louis-Ferdinand Céline, em 1932, nosso último exemplo literário

---

[50] René Girard, *Shakespeare: Teatro da Inveja*, op. cit., p. 375.

do mecanismo do bode expiatório. O episódio em questão não se concentra numa cidade-estado ou num império, e tampouco segue o paradigma sacrificial que Girard identifica em cada detalhe da tragédia; não obstante, ele representa um exemplo impressionante do mecanismo expiatório e seus efeitos, dessa vez em contexto moderno e desde uma perspectiva que não é explorada nem em *Édipo Rei*, nem em *Júlio César*. A visão dos acontecimentos é a visão da *vítima*, isto é, de Ferdinand Bardamu, narrador do romance.

Enquanto estava num navio a vapor que seguia da França para a África, Bardamu chega aos poucos à conclusão, inquietadora e assustadora, de que suscitara de algum modo a hostilidade unânime de seus colegas de navio. Curioso por natureza, e receando os desdobramentos daquela situação, ele tenta descobrir que ofensa cometera e de que forma seu delito poderia inspirar um ódio tão difundido e intenso. O que o personagem descobre é assaz desconcertante. Seu "crime", por assim dizer, é o de ser o único passageiro a bordo que pagou pelo próprio bilhete. Quanto à desconfiança e à violência pouco reprimida que compõem a atmosfera do navio, pode-se atribuí-las não a uma transgressão por parte do narrador, e sim ao calor e ao tédio sufocantes que sobrepujam os passageiros à medida que a embarcação navega sobre águas tropicais. Ainda assim, todos os que sucumbiram àquele "desespero vil" – tanto os membros da tripulação quanto os passageiros – tomam Bardamu como responsável.

À medida que o navio continua sua viagem, a crise se intensifica. Bardamu descobre que histórias escandalosas sobre ele circulavam entre os passageiros, os quais pareciam ansiosos por dar-lhes crédito. Em primeiro lugar, ele é acusado de proxenetismo e de pederastia. A esses delitos, somam-se o vício em cocaína e a espionagem. Todas essas acusações são absolutamente infundadas, até mesmo absurdas; ainda assim, todos as aceitam. Como percebe Ferdinand, ele havia não apenas se tornado o maior grosseirão do navio, mas também o único: "No final, ninguém duvidava de que eu era o principal patife a bordo, o mais intolerável – na verdade, o único que ali se encontrava".[51] Num momento de iluminação, ele compreende o papel que está sendo forçado a desempenhar:

> Isento de qualquer culpa, eu havia sido escalado para o indispensável papel do "vilão odioso e repulsivo", escória da raça humana, alguém cuja presença tem sido registrada desde há muitos séculos e que é também conhecida como Deus e o Diabo, mas que durante sua passagem nesta terra é tão polimorfo e evasivo que acaba por fugir à compreensão de todos.[52]

Para seu horror, ele logo compreende o destino de párias assim: "Um sacrifício! E era eu a vítima".[53]

Certa noite, após o jantar, Bardamu é confrontado por um oficial da colônia que agia como líder declarado dos atormentadores. Cercado pelos companheiros do soldado, e portanto incapaz de fugir, Bardamu encontra uma estratégia que pode salvar sua vida. Quando lhe pedem para explicar seu comportamento "ultrajante", Ferdinand nega as alegações lançadas contra ele e insiste em que não é um forasteiro monstruoso, e sim um francês normal e patriota como todos os que estão a bordo. Para provar o que diz, ele afirma ser um veterano da Grande Guerra e grita "*Vive la France!*". Seus atormentadores se aplacam por um momento, mas Bardamu reconhece que esse alívio não perdurará por muito tempo. Após se juntar aos outros para beber, ele sai despercebido, sobe num escaler e segue em segurança para a costa africana mais próxima.

---

[51] Louis-Ferdinand Céline, *Journey to the End of the Night*. Trad. Ralph Mannheim. New York, New Directions, 1983, p. 97.
[52] Ibidem.
[53] Ibidem, p. 100.

Muito embora nenhum sacrifício final ocorra, esse episódio contém claramente os ingredientes de uma crise sacrificial que procura resolver-se por meio da designação e imolação de um bode expiatório. Quando o navio a vapor alcança as águas quentes e tropicais da costa africana, o desconforto progressivo daqueles que estão a bordo aumenta dramaticamente as tensões.[54] Os alojamentos contíguos do navio só servem para intensificar a crise. Se não for encontrada uma válvula de escape para essas tensões, elas poderão eclodir numa difusão de violência que reduzirá a comunidade a um estado de caos completo. No final das contas, Bardamu é o bode expiatório perfeito porque, ao contrário dos outros passageiros, havia comprado o próprio bilhete. Indagações são formuladas acerca dos motivos de ele estar trocando a Europa pelas colônias. Além disso, como o próprio Bardamu admite, ele possui uma "cara suja". Na atmosfera abafada da embarcação, essas marcas de diferença e marginalidade, inocentes em si mesmas, bastam para polarizar a violência contra o desafortunado passageiro. Esses são os *sinais de vitimação* de Bardamu.

Tão logo Bardamu é destacado, não demora para que todos os que estão a bordo, imitando a violência alheia, se oponham a ele e desejem destruí-lo. Os crimes que lhe são imputados se multiplicam. Muito embora não incluam o regicídio e o incesto, trata-se de crimes que por definição constituem uma ameaça à ordem social e ao sistema de diferenciação que sustenta a comunidade. Tal qual o incesto, a pederastia é uma forma de desvio sexual frequentemente tratada como violação da normalidade das relações sociais. O proxenetismo é tido como uma das vocações mais vis e repreensíveis,

---

[54] Em "Generative Scapegoating", Girard declara que outras causas além da rivalidade mimética podem precipitar a crise sacrificial e a busca de um bode expiatório. Essas causas incluem "eclosões de intoxicação alimentar, determinada epidemia, o pânico causado por outro fator, ou mesmo fator algum". René Girard, "Generative Scapegoating". In: Robert G. Hamerton-Kelly (org.), *Violent Origins: Walter Burkert, René Girard, and Jonathan Z. Smith on Ritual Killing and Cultural Formation.* Stanford, Stanford University Press, 1987, p. 98. Aqui, a crise é desencadeada pela inquietação e pelo desconforto, crescendo à medida que os efeitos do desejo mimético se tornam salientes e perigosos.

estando por si só vinculado a práticas sexuais que costumam ser proscritas. A espionagem, tal qual o regicídio, constitui uma ameaça à estabilidade política da comunidade. O vício em drogas também é considerado sinistro e foge do comportamento social aceito. Todos esses crimes e transgressões certamente bastam para justificar a perseguição de Bardamu e para converter em violência "pura" e sacrificial a violência dos que estão a bordo. É por isso que aqueles que o atormentam estão prontos para aceitá-los, muito embora não pareçam fundamentados na realidade.

Ao convencer os circunstantes, ainda que temporariamente, de que não é marginal, de que em nada difere deles, Bardamu evita no final do episódio o destino derradeiro do bode expiatório. Ele compreende, em grau ainda maior do que o Bruto de *Júlio César*, como a dinâmica sacrificial funciona. Ao contrário de Bruto, porém, Bardamu consegue manipulá-la para seus próprios objetivos.

Em outros episódios do romance, Bardamu justificará a perseguição alheia recordando-se da própria vitimação. Infelizmente, nem mesmo Céline se furtou a empregar essa estratégia. A fim de justificar seu ódio pelos judeus, esse notório antissemita, exaltador de Hitler, insistia em que fora vitimado por eles. Segundo Girard, essa estratégia é muito comum no mundo moderno, em que os perseguidores na verdade buscam o papel de vítima a fim de justificar a perseguição a que eles mesmos submetem os chamados atormentadores.[55]

Da tragédia grega ao romance moderno, o mecanismo do bode expiatório desempenha um papel crucial nos esforços da humanidade para lidar com o caos social e a violência incontrolável. O grupo social ameaçado pode ser uma cidade-estado, um império ou apenas um grupo de passageiros e tripulantes a bordo de

---

[55] Ao explicar o mecanismo psicológico que pode resultar nesses fenômenos, Girard escreve que "nos sentimos tentados a transformar em nossos próprios bodes expiatórios aqueles que nos parecem fabricá-los". René Girard, "Generative Scapegoating", op. cit., p. 78.

um navio a vapor: a estratégia empregada para restaurar a ordem é sempre a mesma. Além disso, o próprio processo costuma se tornar, nas obras aqui examinadas, cada vez mais autoevidente e, enfim, menos eficiente. A condenação de Édipo, que no final é ratificada pelo próprio bode expiatório, restaura a ordem e santifica a vítima. O sacrifício de Júlio César acaba por alcançar a mesma finalidade, mas não sem antes complementar essa imolação com a morte do homem que sancionara tal sacrifício: Bruto. Bardamu impede o próprio sacrifício porque entende, muito mais que Bruto, o processo diante do qual se encontra. Ele sabe que os bodes expiatórios existem há tanto tempo quanto "Deus e o diabo". Muito embora sejam conhecidos por todos, é difícil categorizá-los e defini-los em virtude de seu caráter "polimorfo". A marginalidade, afinal, jamais é definida da mesma forma em duas comunidades diferentes.

Nas três obras literárias examinadas aqui, parece haver uma relação inversa entre a eficácia das práticas expiatórias e o grau em que o processo é compreendido. Quanto mais a arbitrariedade do processo expiatório é compreendida, menor é a probabilidade de o sacrifício alcançar os objetivos desejados. Em termos um pouco diferentes: o mecanismo do bode expiatório "se torna mais e mais eficaz à medida que há cada vez menos conhecimento".[56] *Em Viagem ao Fim da Noite*, o sacrifício frustrado na verdade chama a nossa atenção para a falência, mais ampla, das práticas sacrificiais no mundo moderno. Para os nazistas, os judeus – tal como as classes inimigas para os revolucionários modernos – jamais passam por um processo de santificação porque sua perseguição e erradicação jamais se dão por completo. As vítimas se multiplicam à medida que o escopo dessas perseguições crescem, mas uma erradicação catártica da violência não ocorre. O mecanismo não restaura mais a ordem; ele apenas cria mais bodes expiatórios. O porquê de isso acontecer será examinado nos capítulos subsequentes.

[56] Ibidem, p. 94.

O Mecanismo do Bode Expiatório em Ritos e Rituais Primitivos

Muito embora as grandes obras literárias por nós examinadas provem que o mecanismo expiatório desempenha um papel não somente significativo, mas também decisivo nas práticas sociais e culturais do Ocidente, elas não confirmam a universalidade do fenômeno. Utilizar conclusões obtidas a partir da tragédia grega e da tragédia shakespeariana a fim de formular declarações genéricas sobre a história da humanidade seria participar de um etnocentrismo que Girard evita escrupulosamente. A universalidade do processo expiatório deve ser verificada de maneira direta. Desse modo, suscitam particular interesse os ritos e rituais dos povos primitivos, uma vez que tais atividades ainda estão intimamente ligadas à origem da cultura. Segundo Girard, a partir delas obtemos provas ulteriores da violência fundadora.

Em *A Violência e o Sagrado*, Girard menciona algumas dessas atividades; três delas nós examinaremos aqui: os rituais que envolvem sacrifício animal entre os dincas, da região africana do Alto Nilo; os rituais vinculados ao rei tribal nas monarquias sagradas da África; e o canibalismo ritual dos índios tupinambás, do litoral do Brasil.

Ao definir o que é ritual, Girard escreve que "seu objeto é a representação adequada do mecanismo da vítima substituta: ele tem como função perpetuar ou renovar os efeitos desse mecanismo, isto é, manter a violência *fora* da comunidade".[57] O sacrifício ritual de uma vaca ou de um bezerro parece estar de acordo com essa definição. Recorrendo a evidências registradas em *Divinity and Experience*, de Godfrey Lienhardt, Girard observa que, no início da cerimônia, "o ritmo perseverante das entoações corais" captura gradualmente a atenção da turba dispersa, reunindo-a. À medida

---

[57] René Girard, *Violence and the Sacred*, op. cit., p. 92.

que o ritmo prossegue, os participantes se tornam cada vez mais agitados, até que tal agitação passa a ser expressa em violências verbais e físicas. Esses gestos podem ser dirigidos a outros membros do grupo, caso em que não refletem qualquer hostilidade real; com maior frequência, porém, direcionam-se a um animal sacrificial que fora amarrado nas proximidades. Nesse caso, tais gestos são um tanto reais. O animal é insultado e espancado, em especial nas genitálias. Muitas vezes, a cerimônia termina com uma corrida em massa na direção da vítima e com seu subsequente abatimento. Após a morte, observa Girard, "o desprezo, a hostilidade e a crueldade dirigidos ao animal [...] são substituídos [...] por uma demonstração de veneração ritualística".[58]

Girard acredita que, no ritual dinca, o sacrifício do animal é uma representação do assassinato fundador de uma vítima *humana*. A morte do animal serve ao mesmo objetivo: livrar a comunidade da violência. O fato de ele ser fustigado nos genitais remete aos bodes expiatórios humanos, que muitas vezes são acusados de crimes sexuais para que sua perseguição se justifique. A cerimônia propriamente dita, com sua violência frenética e, ao menos nos estágios iniciais, *arbitrária*, recria a crise sacrificial. A veneração do animal após sua morte recorda a sacralização da vítima humana, cuja imolação torna uma volta à ordem possível.

Os rituais que envolvem o rei nas monarquias sagradas da África continental não exigem a morte sacrificial do monarca, mas ainda assim recordam, em grande parte de seus outros aspectos, os assassinatos fundadores e seus efeitos. O rei, que desempenha o papel do bode expiatório, "deve cometer um ato incestuoso real ou simbólico em determinadas ocasiões solenes – de modo especial em sua entronização ou durante os ritos periódicos de renovação.[59] O ato do incesto:

---

[58] Ibidem, p. 98.
[59] Ibidem, p. 104.

> é parte de um procedimento ritualístico geral
> que prescreve que o rei deve cometer outras
> transgressões antes de assumir o cargo. Por
> exemplo, ele deve comer certos alimentos proi-
> bidos e cometer certos atos de violência. Em al-
> guns casos, é literalmente banhado em sangue
> e forçado a ingerir misturas cujos ingredientes
> (vísceras sangrentas e refugos de todos os tipos)
> indicam seu caráter maléfico.[60]

Ao fazê-lo cometer o maior número de crimes possível, esses rituais desejam transformar o rei no mais abjeto dos homens. Ele acaba, assim, por corporificar a própria impureza. O rei "não toma nada como sagrado e [...] assume sem temer toda forma de húbris".[61] Em cerimônias semelhantes dadas em Ruanda, o rei e sua rainha são amarrados como cativos. Um touro e uma vaca são então trazidos e espancados até a morte no lugar do casal real. Em seguida, o rei verte o sangue do touro sobre si mesmo.

Para Girard, esses rituais são representações claras de episódios que, mediante o mecanismo do bode expiatório, tornaram possível a consolidação da comunidade. As transgressões do rei justificam sua perseguição, ao passo que a cerimônia de entronização recapitula a crise sacrificial e sua resolução, na qual as tensões da comunidade são descarregadas na vítima. O massacre do touro em Ruanda torna possível a unção do rei com o sangue sagrado da violência sacrificial. Após a cerimônia, o monarca, outrora responsabilizado pelas desgraças da comunidade, se torna o salvador. Girard conclui:

> Cada rei africano é um novo Édipo, obrigado a
> levar a cabo seu próprio mito do início ao fim,
> uma vez que a teoria ritualística encontra nessa

[60] Ibidem, p. 104-05.
[61] Ibidem, p. 105.

representação as formas de renovar uma ordem cultural que se vê constantemente às margens da destruição.[62]

O último ritual a ser examinado à luz das teorias girardianas do bode expiatório e da violência fundadora diz respeito ao canibalismo realizado pelos índios tupinambás no litoral do Brasil. Durante as guerras intertribais, os cativos são conduzidos de volta às tribos de seus inimigos. Esses cativos, que no final serão mortos e comidos, passam por uma série de preparações rituais, das quais algumas trazem grandes surpresas. Às vezes, como é de se esperar, eles são agredidos física e verbalmente, mas há ocasiões em que são venerados. Sua satisfação sexual é propiciada, sendo possível, inclusive, que casem com membros de algumas famílias. São, desse modo, integrados à comunidade.

Pouco antes da morte do cativo, a ele é dada a oportunidade de escapar, mas apenas para ser rapidamente recapturado. Em seguida, é impedido de se alimentar e forçado a roubar comida para sobreviver. Do mesmo modo, é estimulado a cometer outros crimes. A exemplo dos monarcas africanos, o cativo é forçado a desempenhar o papel do transgressor perverso, justificando assim sua perseguição. Após sua morte, a comunidade passa a ver a vítima como um benfeitor sagrado. Sua carne, comida avidamente por aqueles que a mataram, é agora considerada "fonte de paz, força e fecundidade".[63]

---

[62] Ibidem, p. 106. Em *Sacrifice in Africa* (Bloomington, Indiana University Press, 1985), Luc de Heusch contesta vigorosamente a interpretação que Girard dá aos rituais sacrificiais que envolvem reis tribais africanos. Mencionando o exemplo dos suázis, de Heusch afirma que Girard exagera a importância do sacrifício substituto e "obscurece, assim, seu papel [...] [na] definição da majestade como instituição simbólica" (p. 107). De Heusch continua: "Ele [Girard] é incapaz de especificar que o sacrifício substituto do rei não é senão um episódio entre muitos outros no ritual grandioso e vasto em que o rei suázi figura como mestre do sol e dos ritmos cósmicos" (p. 107). Essa crítica integra uma rejeição mais ampla da aplicabilidade da hipótese do mecanismo expiatório às culturas primitivas. Segundo de Heusch, a hermenêutica girardiana deriva por completo de um "pânico nuclear" inerente à cultura ocidental moderna, e por isso só pode gerar resultados equivocados quando aplicada a culturas para as quais Hiroshima não significa nada.
[63] Ibidem, p. 276.

Como se vê, os detalhes do canibalismo tupinambá são facilmente situáveis no esquema sacrifical de Girard. A vítima é inicialmente integrada à comunidade, de modo a tornar-se um bom "condutor de violência" – caso contrário, seu sacrifício não alcançará o que deseja. Do mesmo modo, é violada e venerada porque, a exemplo da vítima original cujo sacrifício representa, ela é um objeto de desprezo e, depois, adulação. Da fuga à morte, o bode expiatório passa de transgressor a salvador, absorvendo nesse processo as energias hostis da comunidade. Seu sacrifício reafirma a ordem estabelecida, recapitulando assim a violência fundadora que a tornara possível.

A exemplo das grandes obras literárias de Sófocles, Shakespeare e Céline, esses rituais africanos e sul-americanos fornecem evidências impressionantes do papel que o mecanismo do bode expiatório desempenha na gênese *e* na regeneração da ordem social e da cultura. Resta ainda examinar, porém, um último grupo de provas cruciais: os próprios mitos. Sua gênese, evolução e "desmistificação" formam o tema do próximo capítulo.

capítulo 3
o mito

Em seu estudo da obra de Claude Lévi-Strauss, o antropólogo Edmund Leach afirma que a maioria das definições de mito se encaixa numa destas duas categorias: ou o mito é "uma história falaciosa, uma história sobre o passado que sabemos ser falsa", ou se trata da "formulação de um mistério religioso", caso em que seria "divinamente verdadeiro para aqueles que creem, mas um conto de fadas para quem não o faz".[1]

A definição de mito de René Girard não se encaixa integralmente em nenhuma dessas categorias. Ao mesmo tempo em que não acredita que os mitos sejam registros precisos de acontecimentos passados, Girard afirma que eles têm origem em acontecimentos reais ou históricos e que, no fundo, não passam de representações distorcidas de tais ocorrências. Seu ponto de vista, portanto, é amplamente comparável ao de figuras como Edward Tylor e James Frazer, para

---

[1] Edmund Leach, *Lévi-Strauss*. London, Fontana Press, 1973, p. 54. Muitos teóricos do mito consideram as categorias de Leach extremamente redutoras e simplistas, dado o grande número de definições de mito e o grande número de teorias referentes a suas origens, funções e conteúdos já formuladas, em especial após o Iluminismo. Outros especialistas julgam imprudente e fútil todo e qualquer esforço para definir o mito de maneira abrangente, dada a diversidade das culturas e circunstâncias que o geram. Para uma tentativa mais abrangente e completa de classificar as definições de mito, ver Lauri Honko, "The Problem of Defining Myth". In: Alan Dundes (org.), *Sacred Narrative: Readings in the Theory of Myth*. Berkeley, University of California Press, 1984, p. 41-52. Para uma crítica da ideia de que é possível, e até mesmo desejável, definir abrangentemente o mito, ver a introdução de *The Nature of Greek Myth*, de G. S. Kirk (Middlesex, Penguin Books, 1974, p. 13-29).

quem os mitos são reflexos distorcidos de fenômenos naturais, e Carl Jung e Sigmund Freud, que acreditam que os mitos revelam, indiretamente, aspectos essenciais do comportamento humano.[2] Do mesmo modo, Girard acompanharia Leach na afirmação de que cada mito é a "formulação de um mistério religioso", mas também se oporia veementemente à ideia de que eles não passam de "contos de fada". Segundo Girard, a propensão de muitos pesquisadores modernos a tratá-los como ficções puras sem qualquer fundamento na realidade dá grande estímulo a uma leitura equivocada e genérica dos mitos e a uma incompreensão crucial de suas origens.

De acordo com Girard, "todos os mitos [...] têm suas raízes em atos de violência reais cometidos contra vítimas reais".[3] Esses atos de violência são atos de violência sacrificial e coletiva contra vítimas inocentes; a ordem cultural ou nasce delas, ou é por elas renovada. Em poucas palavras, o assassinato fundador que está na origem da cultura é "o mecanismo que gera toda mitologia";[4] trata-se de "uma máquina de fabricar mitos".[5] O "projeto" da mitologia, por sua vez, "é recordar as crises e o assassinato fundador, as sequências, dadas no âmbito dos acontecimentos, que constituíram ou reconstituíram a ordem cultural".[6] Não fosse esse o caso, afirma Girard, "[por que] os mitos representariam com tanta frequência a violência coletiva [...]?". E "[p]or que a violência coletiva de todos contra um seria tão evidente na mitologia?".[7]

---

[2] As semelhanças entre as ideias de Girard e Freud acerca do mito serão examinadas mais adiante, neste mesmo capítulo.
[3] René Girard, *The Scapegoat*. Trad. Yvonne Freccero. Baltimore, The Johns Hopkins University Press, 1986, p. 25.
[4] René Girard, *Things Hidden since the Foundation of the World*. London, Athlone, 1987, p. 105. [René Girard, *Coisas Ocultas desde a Fundação do Mundo*. Trad. Martha Conceição Gambini. São Paulo, Paz e Terra, 2009.]
[5] Aqui vale consultar *Le Bouc Émissaire* (p. 76) no original, pois o assassinato fundador é descrito como uma *machine à fabriquer les mythes*. A tradução inglesa em *The Scapegoat* não é literal.
[6] René Girard, *Things Hidden since the Foundation of the World*, op. cit., 1987, p. 120.
[7] Ibidem, p. 112. A concepção de mito de Girard é de natureza claramente etiológica: para ele, os mitos lidam fundamentalmente com as origens culturais e sociais. Girard observa,

O Conteúdo do Mito

Ao justificar a afirmação de que os mitos nascem de atos de violência unânime cometidos contra vítimas inocentes, Girard sublinha, em primeiro lugar, que os mitos frequentemente retratam com maior ou menor precisão os acontecimentos e as figuras associadas à imolação de um bode expiatório. O início da maioria dos mitos, por exemplo, costuma recordar o estado de indiferenciação, isto é, a perda de diferenciações que tipifica a crise sacrificial. As rivalidades miméticas apagam todas as distinções:

> Dia e noite se confundem; céu e terra se comunicam; deuses caminham entres os homens e homens caminham entre deuses. Entre deus, homem e animal selvagem há poucas diferenças. Sol e lua são gêmeos; eles lutam constantemente entre si e não podem ser diferenciados um do outro.[8]

Ademais, o acontecimento central da maioria dos mitos é a imolação ou o "linchamento [mais] ou menos explícito" de uma vítima. Exemplos disso abundam no mundo da mitologia, e sobre eles nos debruçaremos ao final deste capítulo.

Por fim, os personagens centrais do mito são muitas vezes seres humanos excepcionais, criaturas monstruosas ou deidades absolutas,

---

em defesa de suas ideias, que a própria palavra "etiológico" deriva do grego *aitos, aitia*, cujo significado original, no dicionário, não é "causa" ou "origem", e sim "réu, culpado, acusado, delinquente" (René Girard, "Origins: A View from the Literature". In: Francisco J. Varela; Jean Pierre Dupuy (org.), *Understanding Origins*. Dordrecht / Boston, Kluwer Academic Publishers, 1992, p. 38). Na medida em que afirmam que os mitos dizem respeito às origens, as ideias de Girard são amplamente comparáveis àquelas de Mircea Eliade, para quem os mitos "reproduzem a era criadora, o tempo anterior à história em que as coisas se desenvolveram e foram colocadas em ordem" (G. S. Kirk, *The Nature of Myth*. Middlesex, Penguin Books, 1974, p. 25).
[8] René Girard, *The Scapegoat*, op. cit., p. 30.

notáveis por suas debilidades físicas, por suas deformidades e por suas transgressões morais; em determinadas ocasiões, notabilizam-se também por uma beleza física extraordinária:

> A mitologia mundial abunda de coxos, de cegos e inválidos, ou ainda de pessoas acometidas pela peste. Assim como os heróis em desgraça, há também aqueles que são excepcionalmente belos e isentos de toda mácula.[9]

Em vários aspectos, a presença dessas criaturas assinala a existência do mecanismo expiatório e dos acontecimentos que o cercam. O monstruoso, em primeiro lugar, a incongruente combinação de deus, homem e animal selvagem, aponta para a destruição da diferença e para as distorções perceptivas associadas à reciprocidade conflitiva:

> À medida que se faz célere, a reciprocidade conflitiva não apenas dá a impressão de haver um comportamento idêntico entre os antagonistas, mas também desintegra a percepção e se torna vertiginosa. Os monstros resultam, sem dúvida alguma, da fragmentação perceptiva, de uma decomposição que dá lugar a uma combinação nova e que não leva em consideração a especificidade natural.[10]

Em segundo lugar, o número incomum de deficientes físicos, de pés tortos e de pessoas acometidas por outras enfermidades na mitologia ressalta a importância dos *sinais de vitimação* – aqueles traços distintivos que, em tempos de crise, convertem o indivíduo em alvo das hostilidades da multidão. O pé torto de Édipo, por exemplo, contribui significativamente para que ele seja tomado como vítima.

---

[9] Ibidem, p. 31-32.
[10] Ibidem, p. 33.

Os "pecados" atribuídos à vítima – o incesto e o parricídio, por exemplo – são mencionados a fim de justificar a perseguição, a qual é tomada como a perseguição de um anulador de diferenças. Como observado no capítulo anterior, a grandiosidade desses crimes ajuda a aproximar a insignificância do indivíduo acusado da magnitude da crise pela qual ele é considerado responsável.

É preciso traçar uma distinção importante entre os defeitos físicos e os defeitos morais dos monstros míticos – uma distinção que os próprios mitos muitas vezes obscurecem. Segundo Girard, os defeitos ou deformidades físicas correspondem a características humanas reais: eles têm origem na realidade, nos atos originais de perseguição de que os próprios mitos surgem. Os defeitos morais, por sua vez, são ficções que os perseguidores atribuem à vítima para justificar sua perseguição e para isentarem a si mesmos de qualquer culpa. Ao atentar tanto para a distinção entre os defeitos morais e os defeitos físicos quanto para suas diferentes origens, a teoria do mito de Girard permite, em princípio, que se separe o real do imaginário, o fato da ficção – separação que a maior parte das teorias do mito é incapaz de fazer, como bem indica a taxonomia de Leach.[11]

Por fim, a presença de monstros e de outras criaturas excepcionais confirma que o mito lida com extremos, os quais estão de acordo com as polarizações verificadas em qualquer crise, de modo particular na sacrificial. Nesse caso, a polarização mais significativa – na verdade, a polarização final, que abarca todas as outras – é aquela que volta a multidão contra a vítima. Nas palavras de Girard, a "diversidade de oposições" acabará dando lugar ao "padrão do *todos contra um*".[12]

Se a "hipótese vitimária" de Girard explica tão bem a maioria dos traços essenciais dos mitos, por que razão, poderíamos nos

---

[11] Para uma análise adicional da mistura de fato e ficção na mitologia, tal como de sua separação a partir do pensamento de Girard, ver o Apêndice deste volume.
[12] René Girard, *To Double Business Bound*. Baltimore, The Johns Hopkins University Press, 1988, p. 165.

perguntar, os primeiros mitólogos não reconheceram a importância dos atos reais de violência unânime na mitologia mundial? Em *O Bode Expiatório*, Girard afirma que a natureza monstruosa ou extraordinária do herói mítico "é geralmente percebida como a prova definitiva do caráter absolutamente fictício e imaginário da mitologia".[13] Como resultado, as representações das perseguições no mito são tratadas como meras fantasias violentas, possuindo tanto fundamento na realidade quanto os monstros míticos propriamente ditos. A hipótese vitimária de Girard, portanto, explica em parte por que muitas teorias do mito pressupõem, como assinala Leach, que os acontecimentos relatados são fictícios.

Uma segunda razão para o desconhecimento das origens reais e violentas dos mitos diz respeito à aura de reverência que em geral os circunda. Girard afirma que, por tendermos a ver os mitos como ficções elevadas e poéticas, e que são de algum modo superiores às realidades banais da história, e por conhecermos tão pouco as culturas que os geraram, somos incapazes de aplicar-lhes os princípios rigorosos de análise que empregamos ao lidar com textos históricos. O resultado desse "respeito cerimonioso", segundo Girard, é nossa incapacidade de perceber a que os mitos de fato dizem respeito.[14]

Ao defender essa posição em *O Bode Expiatório*, Girard se propõe a oferecer um exemplo que permita destituir um mito de sua aura e recontá-lo de modo que recue "vários degraus na escada social". Seu objetivo é demonstrar como o "esqueleto" da história está de acordo com a hipótese vitimária. Não é de surpreender que o mito escolhido seja aquele de Édipo. Girard transforma o rei tebano num plebeu coxo recém-chegado a uma aldeia medieval europeia (O porquê de Girard escolher essa época e lugar ficará claro no início do capítulo seguinte, que examinará os "textos de perseguição"):

---

[13] René Girard, *The Scapegoat*, op. cit., p. 34.
[14] Essas posições são também examinadas, de maneira mais minuciosa, no Apêndice.

> As colheitas são ruins, as vacas abortam; ninguém se entende mais. Dir-se-ia que lançaram uma maldição sobre a aldeia. Foi o coxo, está claro, que realizou o golpe. Ele chegou um dia, não se sabe de onde, e se instalou como se estivesse em casa. Até se permitiu esposar a herdeira mais vistosa da aldeia e lhe fazer dois filhos. Parece que entre eles tudo corre às mil maravilhas! Suspeitam que o estrangeiro tenha provocado o mal para o primeiro esposo de sua mulher, uma espécie de potentado local, desaparecido em circunstâncias misteriosas e um pouco demasiado depressa retomado em um e outro papel pelo recém-chegado. Um belo dia os rapazes da aldeia se fartaram; tomaram seus forcados e forçaram o inquietante personagem a fugir.[15]

Girard afirma que essa versão mais plebeia do mito de Édipo não apenas acentua a violenta transformação do coxo em bode expiatório e não apenas situa esse acontecimento no centro da história, mas também nos permite definir com mais facilidade o que é plausível em termos factuais e o que não é. As enfermidades do coxo o diferenciam claramente dos outros aldeões e permitem que ele seja destacado com mais facilidade em épocas de crise. É provável, portanto, que tenham fundamento na realidade. As transgressões da vítima, por sua vez, muito provavelmente são forjadas pelos perseguidores, que precisam justificar sua hostilidade e, por fim, também sua violência.[16]

---

[15] René Girard, *O Bode Expiatório*, op. cit., p. 41.
[16] Poder-se-ia dizer que mesmo na nova versão do mito os aldeões agem sobretudo por inveja: também eles gostariam de esposar a herdeira da cidade. Essa leitura certamente enfatizaria o papel do desejo mimético nessa nova versão, mas não sublinharia o que Girard julga crucial nessa versão modernizada de Édipo: a importância dos sinais de vitimação.

Partindo dessa nova versão do mito de Édipo, Girard conclui que uma "mudança de cenário basta para redirecionar o intérprete a uma leitura que ele rejeita indignadamente quando o texto lhe é apresentado em sua 'verdadeira' forma mitológica".[17] Uma "leve modificação do texto" revela a "única desmistificação verdadeiramente radical [do mito] que está ao nosso alcance".[18]

A razão final e mais significativa a explicar por que as origens violentas do mito foram até hoje ignoradas diz respeito à evolução dos próprios mitos. Longe de apresentarem formas estáticas e imutáveis, os mitos se alteram com o passar do tempo numa evolução que é "orientada pela decisão de eliminar qualquer representação da violência". Muitas vezes, declara Girard,[19] o papel dos perseguidores no crime é diminuído ou suprimido por completo. Enquanto isso, por ter solucionado a crise, a vítima é sacralizada e transformada, ex *post facto*, em figura salvadora. É essa transformação que explica a beleza física e a perfeição moral que muitas vezes tipificam os heróis míticos.

Nos estágios finais da evolução dos mitos, frequentemente se perde de vista o assassinato fundador. A narrativa mítica se torna o relato mais ou menos benigno, por exemplo, de uma *deidade* perversa que é afugentada, e não morta, pela multidão que a *deidade* mesma persegue, rouba ou maltrata de ainda outras formas. Desse modo, a violência da multidão – e do próprio mito, no final das contas – é desarmada, descentralizada ou dispersada. O bode expiatório, assim como seus atormentadores, ou desaparece, ou se torna irreconhecível.

Mas por que essas transformações ou transfigurações acontecem? A resposta, segundo Girard, jaz no fato de, nos mitos, assim como

---

[17] René Girard, *The Scapegoat*, op. cit., p. 29
[18] Ibidem, p. 30. No Apêndice, Girard realiza uma operação semelhante em sua análise do mito venda, procurando assim tornar seus aspectos persecutórios mais evidentes. O uso dessa técnica nesse texto mais recente sugere que tais "transposições temporais" estão se tornando parte integrante de sua estratégia interpretativa dos mitos.
[19] Ibidem, p. 76.

em outros artefatos e instituições culturais, os homens evitarem o reconhecimento da própria violência, em especial do papel que ela desempenhou na gênese da cultura. Aceitar que somos responsáveis pelo uso de bodes expiatórios seria reconhecer as origens arbitrárias e violentas das instituições culturais e da própria sociedade. Enquanto puderem acreditar que se livraram da própria violência – atribuindo-a, como frequentemente ocorre nos mitos, a fontes externas como deuses e outras criaturas sobre-humanas –, os homens continuarão a dar como certa sua inocência. Uma vez que os mitos são invariavelmente relatados desde a *perspectiva dos perseguidores* (como foi eliminada, a vítima não tem voz), segue-se que eles acabam por justificar a violência sacrificial e, depois, por disfarçá-la e suprimi-la por completo. Em *A Rota Antiga dos Homens Perversos*, Girard chama esse processo de "cristalização mítica".

Apesar da hostilidade de Girard com relação ao pensamento freudiano como um todo,[20] o processo de cristalização mítica encontra ecos na teoria freudiana do mito, em especial na elaboração que lhe dá Otto Rank, antigo discípulo de Freud. Em *O Mito do Nascimento do Herói*,[21] Rank afirma, valendo-se de Édipo e outros mitos semelhantes, que o herói mítico é heroico precisamente porque ousa matar o pai; desse modo, ele satisfaz um dos anseios mais fundamentais da criança. O mito, porém, faz com que a tentativa de matar o pai pareça ser uma busca por poder, e assim o assassinato do pai por parte do herói é apresentado como algo ao menos parcialmente justificado: Édipo, por exemplo, mata Laio porque Laio o atacara na estrada – e isso sem falarmos de seu nascimento. No palco, ademais, Édipo sequer sabe que Laio é seu pai e que fora o destino que o condenara a cometer seu terrível crime. O desejo de matar o pai para possuir a mãe é um desejo inconsciente porque seu desvelamento causaria horror e repulsa. É bastante natural, portanto, que os homens não queiram encarar esse desejo de frente. Como escreve Freud na *Interpretação dos Sonhos*:

---

[20] Ver Capítulo 1.
[21] Otto Rank, *The Myth of The Birth of the Hero*. Grove Press, 2010.

A exemplo de Édipo, vivemos sem conhecer esses desejos que à moralidade repugnam e que nos foram impostos pela Natureza; e, após terem nos sido revelados, é possível que todos procuremos fechar os olhos às cenas de nossa infância.[22]

Girard, é claro, rejeita as motivações que Freud atribui a Édipo, e sua leitura do que está em questão no mito é inteiramente divergente. Não obstante, para ambos (assim como para Rank) o mito distorce com eficácia tanto aquilo que de fato ocorreu quanto as motivações que estão por trás do que é representado, entregando assim uma versão mais palatável a seu público. No esquema de Girard, a "culpa" de Édipo é confirmada e sua conversão em bode expiatório, apagada; no esquema freudiano, o verdadeiro motivo do herói é camuflado e o assassinato de Laio, justificado pelas tentativas do próprio Laio de matar seu filho.[23]

Origens da Teoria: A Crítica a Lévi-Strauss

Até o momento, nosso exame apresentou em termos gerais as ideias de Girard sobre a origem, a definição e a evolução do mito.

---

[22] Sigmund Freud, *The Interpretation of Dreams*. Trad. James Strachey. New York, Avon Books, 1965, p. 297. [Edição brasileira: Sigmund Freud, *A Interpretação dos Sonhos*. São Paulo, L&PM, 2013.]

[23] Girard está ciente das semelhanças que existem, nesse aspecto, entre seu pensamento e o pensamento de Freud. No Apêndice, ele observa que, em *Moisés e o Monoteísmo*, Freud examina as "múltiplas tentativas de apagar os traços do assassinato coletivo", comparando então esse processo com o processo de cristalização mítica. Obviamente, as ideias de Freud acerca da natureza, da frequência e da motivação do assassinato coletivo são radicalmente diferentes das de Girard.
Para um exame excelente e breve de *O Mito do Nascimento do Herói*, ver a introdução de Robert Segal a *In Quest of the Hero*. Princeton, Princeton University Press, 1990, p. xii-xvi. Para o exame que Freud faz do mito de Édipo e da peça de Sófocles, ver *The Interpretation of Dreams*, p. 294-98, e *Introductory Lectures on Psycho-Analysis*. Ed. e trad. James Strachey. New York, Norton, 1966, p. 410-12.

O que devemos agora examinar é a forma como ele chegou à sua teoria. Do mesmo modo, é preciso exemplificar as interpretações que Girard dá a alguns mitos específicos. Um ponto de partida conveniente para realizarmos esses dois objetivos é a crítica que o autor tece à teoria do mito formulada pelo estruturalista Claude Lévi-Strauss. Girard a elabora sobretudo no ensaio "Diferenciação e Reciprocidade em Lévi-Strauss e na Teoria Contemporânea",[24] e num capítulo de *Coisas Ocultas desde a Fundação do Mundo* intitulado "Os Mitos: O Linchamento Fundador Camuflado"; ele se concentra em dois mitos analisados também em Totemismo Hoje[25] – um advindo dos índios ojibwas, da América do Norte, e o outro advindo da Tikopia, no Oceano Pacífico. São estes os dois mitos, tais quais descritos por Lévi-Strauss:

O Mito Ojibwa

Um mito explica que estes cinco clãs "primitivos" remontam a seis seres sobrenaturais antropomorfos, saídos do oceano para misturarem-se aos homens. Um deles tinha os olhos cobertos e não ousava olhar os índios, se bem que demonstrasse grande desejo em fazê-lo. Incapaz de controlar-se, levantou afinal o véu e seu olhar caiu sobre um homem que morreu instantaneamente como que fulminado. Pois, apesar das disposições amigáveis do visitante, seu olhar era forte demais. Seus companheiros obrigaram-no pois a voltar ao fundo dos mares. Os outros cinco permaneceram entre os índios e foram causa de muitas bênçãos para eles. Estes

---

[24] René Girard, "Differentiation and Undifferentiation in Lévi-Strauss ans Current Critical Theory". In: Murray Krieger; L. S. Dembo (ed.) *Directions for Criticism*. Madison, University of Wisconsin Press, 1977, p. 59-64.
[25] Claude Lévi-Strauss, *Totemismo Hoje*. Trad. Malcolm Bruce Corrie. Petrópolis, Vozes, 1975.

estão na origem dos grandes clãs ou totens: peixe, grou, mergulhão, urso, alce ou marta.[26]

O Mito Tikopiano

Há muito tempo os deuses não se distinguiam dos homens, e eram, sobre a terra, os representantes diretos dos clãs. Ora, aconteceu que um deus estrangeiro, Tikarau, foi visitar Tikopia e os deuses do país lhe prepararam um esplêndido festim; mas antes organizaram provas de força e de velocidade para se medirem com seu hóspede. Em plena corrida, este fingiu tropeçar e afirmou que havia se machucado. Mas, enquanto fingia coxear, pulou na direção do alimento amontoado e levou-o para as colinas. A família dos deuses lançou-se em seu encalço; desta vez Tikarau caiu realmente, de sorte que os deuses dos clãs puderam reaver, um, um coco, outro um taro, o terceiro um fruta-pão, e os últimos um inhame... Tikarau conseguiu atingir o céu com a maioria do festim, mas os quatro alimentos vegetais foram salvos pelos homens.[27]

Girard afirma que, segundo Lévi-Strauss, ambos os mitos dizem respeito sobretudo à passagem, dada por meio da *eliminação radical* de uma parte do todo originário, de um estado de indiferenciação a um estado de diferenciação. O campo original – ou "domínio mítico", nas palavras de Girard – é um *continuum* congestionado desde o início, o qual então se "desobstrui" e se torna descontínuo com a remoção da parte extirpada, espacializando assim a

---

[26] Ibidem, p. 28-29.
[27] Ibidem, p. 34.

diferença. O estado indiferenciado corresponde à Natureza, que acaba por dar lugar a seu oposto diferenciado: a Cultura. O estabelecimento da diferença expressa o pensamento humano, uma vez que a mente pensa dialeticamente e projeta suas oposições binárias no mundo. A "parte" eliminada em ambos os mitos é o deus ofensivo, mas em nenhum dos casos esse deus, ou as circunstâncias de sua expulsão, possui qualquer significado por si só. Para Lévi-Strauss, em suma, cada mito é integralmente uma expressão do "nascimento e desenvolvimento do pensamento diferencial".[28] Os personagens e acontecimentos específicos do mito – os "elementos propriamente dramáticos", nas palavras de Girard – não possuem "qualquer interesse intrínseco" para Lévi-Strauss, visto que não têm qualquer fundamento na realidade. Eles não passam de obstáculos. Sua eliminação do sistema torna a articulação do significado possível.

Aos olhos de Girard, a contribuição de Lévi-Strauss para o estudo da mitologia consiste no reconhecimento da importância das categorias básicas do diferenciado e do indiferenciado no mito. Uma vez realizada essa descoberta fundamental, porém, Lévi-Strauss se mostra incapaz de explorá-la. Afinal, ao igualar "a diferenciação no mito ao processo do 'pensamento humano'",[29] ele eleva as duas categorias ao plano do que Girard denomina "absolutos metafísicos". Lévi-Strauss não as aplica ao conteúdo propriamente dito, isto é, aos "elementos dramáticos" do mito; ele lida com a estrutura, não com a trama, perdendo de vista, portanto, o significado ou o sentido do diferenciado e do indiferenciado em mitos particulares. Desse modo, crê Girard, a análise de Lévi-Strauss permanece irremediavelmente abstrata.

Lévi-Strauss também se engana ao afirmar que a diferença se estabelece, no mito, pela eliminação radical de uma parte do todo

---

[28] René Girard, *Things Hidden since the Foundation of the World*, op. cit., p. 109.
[29] René Girard, *To Double Business Bound*, op. cit., p. 163.

original. Girard observa que tanto no mito ojibwa quanto no mito tikopiano o deus eliminado *não* é uma parte da totalidade original: ele vem de *fora*. No mito ojibwa, o deus expulso por seu crime sai do mar no início da narrativa e não integra a comunidade humana; Tikarau, no mito tikopiano, é também um estrangeiro, e desse modo não faz parte do grupo que inicialmente o acolhe. Em ambos os mitos, o congestionamento excessivo do campo original não é abrandado pela eliminação do deus, uma vez que o deus eliminado não fazia parte desse campo; assim, "o esquema topológico de Lévi--Strauss entra em colapso".[30]

A interpretação que Girard dá a esses dois mitos tem início com a aplicação das categorias do diferenciado e do indiferenciado estabelecidas por Lévi-Strauss. No entanto, ele o faz no seio de seus contextos narrativos. No início de ambos os mitos, os deuses se misturam com os homens; não há nenhuma distinção real ou significativa entre o humano e o divino. Essa condição é interrompida pela transgressão de um deus específico, o deus que acabará por ser eliminado. Com sua partida, um estado de diferenciação se consolida, tendo consequências extremamente benéficas. No mito ojibwa, os deuses que obrigam o ofensor a voltar para o oceano se instalam entre os humanos e se tornam parte de sua comunidade. Essa presença é considerada uma bênção, e dela "se originaram os cinco grandes clãs ou totens".[31] No mito tikopiano, os alimentos que Tikaru deixa para trás também possibilitam a diferenciação, uma vez que formam a base do sistema totêmico.

---

[30] René Girard, *Things Hidden since the Foundation of the World*, op. cit., p. 111.
[31] Embora Girard não seja explícito nesse ponto, pode-se presumir que, ao originarem os cinco grandes clãs, os cinco deuses remanescentes de alguma forma "transmitem" à comunidade as bênçãos suscitadas pela erradicação do deus ofensor. Além disso, eles devem ter sido sacralizados no processo, visto que nos acontecimentos reais a que o mito alude não havia deuses, é claro, mas somente homens.
Vale notar, nessa conjuntura, que a transformação dos homens em deuses durante o processo de "cristalização mítica" sugere que, de modo geral, a teoria do mito de Girard pode ser classificada de evemerista. Segundo essa teoria, "os deuses mitológicos eram pessoas históricas outrora deificadas" (Hanko, p. 63).

Tanto para Girard quanto para Lévi-Strauss, a transição da indiferenciação para a diferenciação é efetuada por intermédio de uma "eliminação radical", mas para Girard nos dois mitos os deuses exilados não são apenas partes de um todo abstrato. Antes, eles são significantes que se referem a vítimas reais, a bodes expiatórios cujo sacrifício torna a restauração da ordem possível. Ambos os mitos, crê Girard, são relatos transfigurados de assassinatos fundadores, nos quais os traços da violência comunal foram parcial ou completamente camuflados. Nesse processo, a crise sacrificial é ocultada e o bode expiatório, retratado como uma divindade.

Não obstante, diz Girard, as evidências da violência coletiva a que cada mito deve sua origem podem ser identificadas pelo observador cauteloso. A perda de diferenciações, o estado de indiferenciação que prevalece desde o início no mito ojibwa e no mito tikopiano, indica que as comunidades ali representadas estão sentindo os espasmos de uma crise sacrificial. No mito de Tikopia, as rivalidades e os conflitos miméticos se manifestam nas "competições de força e velocidade" organizadas logo após a chegada de Tikarau.[32]

Em ambos os mitos, a "eliminação radical" se dá como consequência da polarização da comunidade contra a vítima. A "oposição binária", aqui, não é apenas parte de uma operação intelectual ou abstrata, e sim *a* oposição fundamental de que a ordem cultural nasce. (Se, para Lévi-Strauss, a oposição é a projeção das operações da mente *sobre* o mundo, para Girard, na verdade, a oposição existe *nele*.) No mito ojibwa, os outros cinco deuses do mar, futuros pilares da comunidade, se voltam contra seu parceiro e o forçam a voltar para as águas. Tikarau é expulso, depois de seu roubo, por toda a "família de deuses", que então se beneficiam do alimento por ele deixado quando de sua fuga.

---

[32] Girard não faz alusão a qualquer evidência da rivalidade mimética em seu exame do mito ojibwa. Ao que tudo indica, essa evidência já fora suprimida pelo processo de "cristalização mítica".

Tanto Tikarau quanto o deus do oceano do mito ojibwa ostentam os sinais de vitimação do bode expiatório. A exemplo de Édipo, Tikarau coxeia – nesse caso, como resultado de uma queda acidental ocorrida durante a competição.[33] O deus ojibwa possui um "olho mau" que o isola tanto dos homens quanto dos outros deuses. Ambas as divindades são representadas por forasteiros cujas origens permanecem, na melhor das hipóteses, vagas. Do mesmo modo, ambas as divindades são culpadas de crimes atrozes. No mito ojibwa, o deus do oceano mata um índio somente ao fixar nele o olhar, ao passo que Tikarau é "tido como responsável pelo roubo de todo o sistema cultural".[34] Em suma, os dois deuses são vistos como os únicos culpados por todas as desgraças que acometem a comunidade.

A leitura de Girard pode ser contestada com base na inexistência de qualquer evidência *concreta* de que esses deuses são bodes expiatórios, uma vez que não há indício direto algum, em ambos os mitos, de que a vítima fora levada à morte. Além disso, não há evidência de *qualquer* violência cometida contra as duas deidades. A única violência que ocorre nos dois casos é a morte do índio no mito ojibwa, a qual se dá como consequência do olhar fatal do deus. De que forma essas duas narrativas, tão destituídas de violência, podem ter a violência como seu verdadeiro tema?

A resposta de Girard é a de que ambos os mitos já passaram por um processo de "cristalização mítica". A estrutura do cenário persecutório permanece intacta – a passagem da indiferenciação para a diferenciação, a "eliminação radical" de uma figura marginal ou de um estrangeiro que ostenta os sinais de vitimação –, mas os traços

---

[33] Embora Girard não sublinhe a relevância do "acidente" de Tikarau, o fato respalda, creio, sua interpretação do mito. O andar claudicante de Tikarau, seu sinal de vitimação, é atribuído a uma queda ocorrida durante a competição, mas Girard o explora como parte de uma estratégia que visava o roubo da comunidade. Desse modo, trata-se não apenas de uma forma de destacar o deus, mas também de uma prova real de sua perversidade.
[34] René Girard, *Things Hidden since the Foundation of the World*, op. cit., p. 106.

de violência propriamente ditos foram suprimidos. No mito, a vítima já é um salvador divino *desde o início*, quando na realidade seu prestígio só foi conferido *muito tempo depois* da perseguição. Desse modo, a cronologia circular do mito ajuda a apagar a violência ao remover, desde o princípio, a condição de vítima do sujeito.

Girard também observa que, no caso do mito tikopiano, outras versões do destino de Tikarau corroboram a interpretação sacrificial. Em *Tikopia Ritual and Belief*,[35] o antropólogo Raymond Firth fornece um relato mais detalhado do final do mito: segundo ele, Tikarau é perseguido por uma colina até a beira de um precipício, mas, sendo um atau, isto é, um deus, ele acaba por fugir de seus perseguidores pelo ar. Ainda que não tenha fim com um ato de violência sacrificial, para Girard essa versão insinua, fortemente, sua existência. Em suas palavras:

> Em muitas sociedades desprovidas de sistema judicial, o acontecimento que não é tanto descrito, mas indubitavelmente insinuado pela queda de Tikarau, constitui a forma favorita de pena de morte – desde, é claro, que se tenha uma topografia adequada. O prisioneiro é conduzido pelos declives que culminam no penhasco; a comunidade, formando um arco, avança lentamente, bloqueando qualquer caminho de fuga que não aquele que conduz ao precipício. Em nove de dez casos, o pânico forçará o desgraçado a lançar-se ao vazio sem que seja necessário tocar um dedo nele. A famosa Rocha Tarpeia é apenas um dos muitos exemplos desse mesmo costume. A vantagem do procedimento, no plano religioso, está no fato de toda a comunidade participar da execução e ninguém

---

[35] Raymond Firth, *Tikopia Ritual and Belief*. London, Routledge, 2012.

ficar exposto à "contaminação", ou a um contato, com a vítima. Essa mesma vantagem é verificada em outros tipos de execução capital nas sociedades arcaicas.[36]

O exame dos mitos ojibwa e tikopiano em *Coisas Ocultas desde a Fundação do Mundo* permite que Girard diferencie com clareza (e em vários aspectos) suas próprias ideias sobre o mito das ideias sustentadas por Lévi-Strauss. Esse exame, porém, deixa de considerar diversos aspectos da teoria do estruturalista que tornam possíveis ainda novas distinções. Em *Mito e Significado*, Lévi-Strauss atribui aos mitos o que pode ser chamado de papel social, o qual teria como objetivo "assegurar que, o mais cedo possível – uma proximidade completa é obviamente impossível –, o futuro continuará fiel ao passado".[37] O fato de Girard não examinar esse aspecto da teoria de Lévi-Strauss é de fato curioso, uma vez que lhe permitiria ressaltar, em seu esquema, a função instrutiva, mais ambivalente e menos positiva que o mito desempenha na sociedade. O mito pode evocar a violência fundadora aos olhos de Girard, mas não pode ser considerado uma advertência contra sua repetição porque se desenvolve de tal maneira que acaba por ocultar os traços daquela violência mesma. Ao mesmo tempo, ele claramente não pode ser tomado como um chamado direto à sua renovação, visto que expor o mecanismo expiatório seria destruir sua eficácia.

Girard também deixa de sublinhar que, para Lévi-Strauss, os mitos são essencialmente estáticos, partes de um sistema fechado em que "os mesmos elementos míticos se combinam sem cessar".[38] Segundo Girard, esses mesmos "elementos míticos" de fato recorrem, mas, a exemplo do próprio mito, também acabam por se desenvolver com

---

[36] René Girard, *Things Hidden since the Foundation of the World*, op. cit., p. 107-08.
[37] Claude Lévi-Strauss, *Myth and Meaning*. New York, Schocken Books, 1979, p. 43. [Edição portuguesa: Claude Lévi-Strauss, *Mito e Significado*. Lisboa, Edições 70, 2012.]
[38] Ibidem, p. 40.

o passar do tempo. Nesse sentido, e ao contrário do que afirma o esquema de Lévi-Strauss, eles não estão isolados da história.³⁹

O exame dos mitos ojibwa e tikopiano por Girard diz muito sobre o método de análise que ele emprega ao lidar com mitos específicos. Girard primeiro localiza os traços comuns associados aos fenômenos expiatórios: a perda de diferenças, a atribuição à vítima de crimes repreensíveis e particularmente antissociais, a presença de "sinais de vitimação" e, por fim, os traços da própria violência. Em seguida, ele examina como, na transmissão do mito, esses "estereótipos da perseguição" foram apagados ou "tratados" no intuito de camuflar o ato de violência que o gerara. Tendo realizado essa última tarefa, Girard muitas vezes se refere a várias versões diferentes do mito em questão, uma vez que, juntas, essas variações lhe parecem respaldar uma leitura sacrificial.⁴⁰ No mito tikopiano, por exemplo, o relato mais específico da expulsão de Tikarau, fornecido por Raymond Firth, insinua mais a existência de um assassinato coletivo do que a versão apresentada por Lévi-Strauss em Totemismo Hoje.

Num ensaio recente intitulado "Origins: A View from the Literature",⁴¹ Girard compara suas intepretações sacrificiais dos mitos à crítica derridiana das origens e ao desvelamento à lógica do suplemento. Girard observa que, para Derrida, na história da filosofia, o

---

³⁹ Em *O Bode Expiatório* (René Girard, *The Scapegoat*, op. cit., p. 73-74), Girard afirma a existência de uma "*história* da mitologia", esclarecendo com isso que os elementos míticos jamais voltam a se combinar para reverter sua propensão a afastar-se da representação da violência: uma vez apagado do mito o assassinato fundador, suas versões subsequentes jamais voltarão a desvelá-lo. Na mesma passagem, Girard também comenta a redistribuição e a recombinação dos elementos do mito no esquema estruturalista. Ele compara essa redistribuição a um prestidigitador que está sempre reembaralhando e redistribuindo as mesmas cartas. O que o estruturalista jamais percebe, declara ele, é que a carta que representa a violência desapareceu.
⁴⁰ Para Lévi-Strauss, por sua vez, todas as versões são tão somente formas distintas de afirmar a mesma coisa, e não peças diferentes de um quebra-cabeça cuja verdadeira imagem é mais bem compreendida quando todas as partes estão em seu devido lugar.
⁴¹ René Girard, "Origins: A View from the Literature". In: Francisco J. Varela; Jean-Pierre Dupuy, *Understanding Origins: Contemporary Views on the Origin of Life, Mind and Society*. Dodrecht, Kluwer Academic Publishers, 1992, p. 27-42.

discurso verbal sempre foi considerado "lógica, cronológica e hierarquicamente" superior à escrita, uma vez que a fala parece ser "pura, autônoma, espontânea e autossuficiente" e a escrita é, em essência, suplementar, acrescida *post factum* e desde fora. A crítica de Derrida, porém, demonstra que essa linha de raciocínio é falsa. Em determinado momento, a escrita, em lugar de secundária, se revela crucial à consolidação do próprio discurso verbal. Ela é um "suplemento" que torna a "origem" – o discurso verbal – possível ao mesmo tempo em que solapa sua condição de "origem", isto é, de algo puro, autônomo e autossuficiente. O paradoxo, observa Girard, jaz no fato de que "a origem secundária [a escrita] é de extrema importância para a formulação da lógica oficial [o discurso verbal] que a rejeita".[42]

No mito – e Girard mais uma vez escolhe o exemplo de Tikarau –, o deus ofensor age, com relação à comunidade, de modo muito semelhante ao modo como o suplemento se relaciona com a origem. A sociedade parece existir e funcionar pelo menos de forma adequada antes do aparecimento do deus, uma vez que o acolhe de bom grado. Ao mesmo tempo, contudo, ela deve também expulsá-lo a fim de consolidar-se verdadeiramente, visto que as instituições sociais e culturais só parecem florescer como resultado dessa expulsão. Girard conclui:

> A origem original não parece adequada, dado que, para fazer da sociedade o que ela de fato é, aceita a contribuição adicional e aparentemente negativa do estrangeiro indesejado. A segunda origem é aquilo de que o mito realmente trata e suplanta a origem primeira.[43]

Lendo-o à luz da "lógica do suplemento" de Derrida, Girard conclui que o mito de Tikarau confirma a primazia do bode expiatório

---

[42] Ibidem, p. 28.
[43] Ibidem, p. 29.

tanto na compreensão da formação social quanto no deciframento dos paradoxos associados às origens. Em vez de contestar a hipótese do bode expiatório, a leitura "desconstrucionista" proposta por Girard confirma, portanto, sua viabilidade enquanto meio de decodificar o mito.[44]

Lendo a Mitologia Mundial: O Bode Expiatório

Em *O Bode Expiatório*, Girard interpreta uma série de mitos de todo o mundo no intuito de validar a afirmação de que os mitos se originam em – e indiretamente recapitulam – atos de violência unânime cometidos contra bodes expiatórios. Examinarei várias dessas leituras antes de passar, no próximo capítulo, ao último traço crítico da teoria girardiana da mitologia: a degradação e morte do mito no mundo judaico-cristão.

Rômulo, Remo e a Fundação de Roma

Ao se debruçar, em *O Bode Expiatório*, sobre os mitos de Rômulo, Remo e a fundação de Roma, Girard procura demonstrar como as origens da sociedade romana jazem em atos de violência coletiva que estão implícitos em algumas versões desses mitos, mas não em outras. Girard examina, em primeiro lugar, os relatos que dizem respeito à morte de Rômulo. Lívio registra uma lenda em que Rômulo

---

[44] Girard reconhece que sua leitura desconstrucionisa do mito de Tikarau é esquemática, e aqui tudo o que fiz foi tentar reproduzir os pontos essenciais do raciocínio. Os que se interessarem por uma leitura completa e detalhada das relações que prevalecem entre o pensamento de Girard e a desconstrução derridiana devem consultar Andrew McKenna, *Violence and Difference: Girard, Derrida, and Deconstruction*. Urbana, University of Illinois Press, 1992. Ver, de modo especial, os Capítulos 1-3.

desaparece numa "nuvem espessa" diante da assembleia romana e é proclamado deus. O historiador observa, porém, que os "céticos" questionavam a validade desse relato. Eles "afirmavam, serenamente, que o rei fora despedaçado pelos Pais com suas próprias mãos".[45] Plutarco também relata várias versões da morte de Rômulo, das quais três trazem, como enfatiza Girard, um assassinato coletivo:

> Um deles afirma que Rômulo foi sufocado no leito por seus inimigos; outro, que foi despedaçado pelos senadores no templo de Vulcano. Outra versão diz ainda que o assassinato ocorreu no Pântano da Cabra, durante uma grande tempestade [...].[46]

Girard defende que as versões da morte de Rômulo em que ele morre nas mãos da turba são as versões mais primitivas e "verdadeiras". A versão em que Rômulo desaparece numa "nuvem espessa" e é imediatamente transformado em deus é posterior. Os traços da violência já foram apagados e a sacralização da vítima já ocorrera. Girard acredita que, quando colocadas na ordem correta, as diferentes versões da morte de Rômulo confirmam sua teoria da evolução do mito; a história do falecimento de Rômulo passou pelo processo de "cristalização mítica".

Girard afirma que a lógica sacrificial usada no tratamento dos diferentes relatos da morte de Rômulo também revela uma estrutura que esclarece as versões contraditórias da morte de Remo. Dois relatos são examinados, ambos citados por Tito Lívio. Na versão mais comumente aceita, um Rômulo irado mata seu irmão gêmeo quando Remo viola zombeteiramente o contorno da cidade de Roma traçado no chão por seu irmão. A segunda versão do mito, porém, envolve um assassinato coletivo. Nele, Rômulo e Remo discutem sobre

---

[45] Titus Livius, *The History of Rome*. Cambridge, Mass., Harvard University Press, 1935, vol. 1, p. 16. [Edição brasileira: Tito Lívio, *A História de Roma*. Belo Horizonte, Crisálida, 2008.]
[46] René Girard, *The Scapegoat*, op. cit., p. 89.

quem governará a cidade que os dois planejam construir. Quando os áugures divinos se mostram incapazes de solucionar o problema, os irmãos e seus seguidores chegam às vias de fato. Durante a rixa, Remo é morto.

Girard vê esse conflito como um conflito de natureza essencialmente mimética. Os dois homens desejam o mesmo objeto, e a violência gerada por essa rivalidade contamina toda a comunidade. Apenas o assassinato coletivo de um bode expiatório é capaz de solucionar a crise. A morte de Remo, defende Girard, alcança esse objetivo. A segunda versão do mito é para ele a versão original, uma vez que explica a fundação de Roma a partir de uma crise sacrificial, e particularmente mimética, que é resolvida por intermédio do assassinato coletivo. A versão mais aceita, na qual não há quaisquer sinais de violência grupal, é mais recente. Ela foi "tratada" pelos futuros transmissores do mito a fim de que o gosto desagradável da violência unânime fosse suprimido.

Girard afirma que outros mitos que não aparentam ter relação com o assassinato coletivo também foram alterados para que fossem suprimidas as evidências incriminadoras da violência unânime. Não obstante, vestígios do crime ou referências oblíquas a ele permanecem. Girard menciona o exemplo do mito de Zeus e os curetes. Perseguido por seu pai, Cronos, que deseja devorá-lo, o pequeno Zeus é protegido pelos curetes, que formam um círculo ao seu redor. No intuito de abafar o som do choro do bebê, os guerreiros chocavam suas lanças umas contra as outras. O som das lanças, é claro, assusta a criança. Quanto mais alto ela chora, com mais força aqueles batem suas armas. No final das contas, os esforços dos guerreiros são bem-sucedidos e o bebê é salvo.

O círculo de guerreiros, o ruído das armas e o choro do bebê são indícios, segundo Girard, de um assassinato coletivo que estaria na base do mito. Originalmente, a história da defesa de Zeus pelos curetes era o relato da imolação da criança; a trama foi alterada para camuflar a evidência da violência coletiva. Girard especula que deve ter existido uma versão anterior do mito que confirmaria sua teoria, mas reconhece que essa versão não chegou até nós.

Girard admite que sua leitura do mito de Zeus e dos curetes poderia carecer de credibilidade em alguns meios, em especial por não haver qualquer assassinato coletivo na versão disponível e não existir nenhuma versão anterior capaz de evocar diretamente sua ocorrência. Esforçando-se para contornar essa dificuldade, Girard sugere que seu raciocínio a favor da transfiguração do mito dos curetes poderia encontrar respaldo na presença de um mito homólogo sob "sua própria categoria geral",[47] um mito em que a violência coletiva fosse claramente dirigida a um deus infante. Um mito assim existe na história dos titãs e Dioniso, descrita por Girard da seguinte maneira:

> A fim de atrair o jovem Dioniso a seu círculo, os titãs sacodem uma espécie de guizo. Fascinado pelos objetos [sic] brilhantes, a criança avança em sua direção, quando então o círculo monstruoso se fecha ao seu redor. Todos juntos, os titãs assassinam Dioniso; em seguida, cozinham-no e o comem.[48]

Segundo Girard, as semelhanças entre os dois mitos sugerem que no fundo eles não passam de "transformações um do outro". Desse modo, o mito dos curetes seria uma transfiguração do mito dos titãs em que o processo de cristalização mítica não apenas apagou o assassinato coletivo e converteu os assassinos em salvadores, mas também alterou por completo as próprias *dramatis personae*. Essa leitura confirma tanto a capacidade radical e verdadeiramente diabólica que a violência coletiva tem de disfarçar a si mesma no esquema girardiano, quanto a propensão de Girard a tratar, na

---

[47] Ao que parece, Girard está se referindo aqui a outro mito grego.
[48] René Girard, *The Scapegoat*, op. cit., p. 72-73.

busca de evidências que respaldem sua teoria, mitos inteiramente diferentes como versões uns dos outros.

Ao examinar mitos que não pertencem à tradição greco-romana, Girard também lida com relatos em que, segundo ele, o processo de cristalização mítica distorce o assassinato fundador ou o apaga por completo. No mito escandinavo de Balder, por exemplo, o assassinato coletivo é apresentado como um jogo. O golpe fatal é desferido com inocência. A responsabilidade pelo crime é atribuída a um indivíduo nefando e ninguém mais. Balder é o melhor dos deuses, e, num esforço para garantir seu bem-estar, seus companheiros pedem à sua mãe que desenvolva uma forma de protegê-lo. Ela exige que todos os objetos animados e inanimados jurem que não lhe farão mal, mas acaba não solicitando que um broto de visco profira o juramento. Em seguida, durante um jogo em que os companheiros de Balder o atacam de brincadeira – ataques aos quais ele é imune, claro –, o *trickster* Loki se mostra descontente. Disfarçando-se de uma velha senhora, ele procura a mãe de Balder e descobre o segredo do visco. Loki então engana o irmão cego de Balder, Hoder, e o convence a atacar o deus com o broto, o que ocasiona sua morte.

Segundo Girard, os subterfúgios da violência coletiva nesse mito são facilmente decifráveis porque se adequam de modo muito claro a um esquema que disfarça essa mesma violência e exonera os perpetradores. O assassinato coletivo que deu origem ao mito é apresentado como um jogo inocente, ao mesmo tempo em que os deuses que atacavam jocosamente Balder surgem no papel de seus protetores. Na realidade, declara Girard, foram eles que originalmente o assassinaram. A exemplo do que ocorreu com os curetes na mitologia grega, esses deuses se convertem em seus opostos. Hoder, o irmão que desfere o golpe fatal, é inocentado porque fora enganado por Loki e porque era cego: ao assassinar o irmão, é a mão de Loki que o guia até o alvo. É Loki quem, no final das contas, passa a ser responsabilizado por todo o crime. Ele se torna o "único receptáculo", o bode expiatório, da violência dos verdadeiros homicidas.

Assim como outros mitos submetidos a um processo de cristalização mítica, o mito de Balder provavelmente teve, segundo Girard, uma versão anterior em que o assassinato coletivo era mais explícito. Girard declara, porém, que essa versão primitiva não é essencial para que se prove sua hipótese, uma vez que o peso esmagador das evidências insinua que os mitos de *todas* as culturas passam por distorções semelhantes. Os padrões, crê ele, são consistentes demais para serem ignorados.

Um último mito examinado em *O Bode Expiatório* diz respeito à etiologia asteca do Sol e da Lua. De acordo com ele, os deuses se reuniram em Teotihuacan a fim de determinar quem "iluminaria o mundo" lançando-se contra o fogo. O deus Tecciztecatl se voluntaria, mas o conselho acaba por decidir que uma segunda vítima também seria necessária. Não havendo quem se oferecesse, todos os deuses escolhem então Nanauatzin, que é leproso. Quando, à meia-noite, o momento do sacrifício enfim chega, o voluntário Tecciztecatl fica com medo de atirar-se às chamas. Nanauatzin, porém, não sofre do mesmo pavor, e após seu salto Tecciztecatl segue seu exemplo. Nanauatzin se torna assim o Sol, e Tecciztecatl, a Lua.

A maioria dos etnólogos acredita que esse mito se estrutura ao redor da ideia do sacrifício voluntário, em especial no caso de Tecciztecatl. Para Girard, contudo, o mito na verdade envolve uma crise sacrificial solucionada por meio da imolação de um bode expiatório unanimemente designado. A escuridão que prevalece no momento do sacrifício representa o estado primordial de indiferenciação, caos e violência que tipifica a crise sacrificial. O deus responsável pelo surgimento do dia, pela criação da ordem no universo, não é Tecciztecatl, o voluntário original, e sim Nanauatzin, que é destacado e supliciado por seus companheiros. Além disso, sua seleção pode ser atribuída não a um crime real, mas à sua lepra. Como o pé torto de Édipo, a enfermidade de Nanauatzin o isola dos outros e, portanto, serve também como sinal de vitimação.

Girard conclui sua análise do mito examinando a função do desejo mimético, o qual predomina em toda e qualquer situação sacrificial e controla a ação dos deuses. As deidades astecas imitam uns aos outros quando designam Nanauatzin como vítima sacrificial. Posteriormente, Tecciztecatl não consegue atirar-se às chamas *até* que tenha um modelo a imitar: ele só o faz quando é capaz de seguir o exemplo de Nanauatzin. Seu destino, no mito, é portanto menos glorioso do que o do outro deus. Afinal, é apenas a vítima da violência unânime quem acaba por receber os créditos pela salvação da comunidade e pela viabilização da ordem.

Grande parte das análises específicas que Girard traz em *O Bode Expiatório* não segue nos mínimos detalhes o esquema geral que ele esboça para explicar a gênese e a evolução do mito. Inconsistências e lacunas aparecem. Em nenhuma versão do mito que traz a morte de Remo, por exemplo, os sinais de vitimação estão presentes. De que modo, então, o personagem é destacado? No mito de Balder, a cegueira de Hoder poderia servir como sinal de vitimação tanto quanto poderia servir como forma de inocentá-lo pelos crimes que comete. No mito que envolve os curetes, Girard especula sobre a existência de uma versão anterior que justificaria sua leitura do relato sobrevivente, defendendo em seguida que o mito dos titãs e Dioniso deve ser essa versão primitiva. No entanto, apenas homologias estruturais parecem vincular ambas as narrativas. Ao examinar o mito de Balder, Girard também especula sobre a existência de uma versão anterior, mas é incapaz de confirmá-la. Quando há versões diferentes que respaldam a intepretação de Girard – como no caso dos mitos de Rômulo e Remo –, nenhuma evidência textual ou histórica é apresentada para ratificar a ordem cronológica que ele propõe.

Não obstante os empecilhos encontrados na análise de mitos específicos, a teoria da cristalização mítica de Girard nos fornece uma instigante explicação dos *padrões* consistentes que verificamos em mitos de culturas muito distintas. Temos com ela uma teoria que, se válida, explicaria claros exemplos mitológicos de violência coletiva e nos ofereceria uma forma de decifrar outros mitos em que a situação apresentada é mais ambígua. A teoria de Girard também constitui um empenho sério e original para reabilitar o mito enquanto fonte autêntica de conhecimento das origens humanas.

Qualquer esforço definitivo para estimar a validade da teoria girardiana é dificultado por dois fatores importantes. Em primeiro lugar, o tipo de análise que Girard propõe só foi aplicado a um número limitado de textos e tradições míticas. Ademais, os tipos de mito analisados em *O Bode Expiatório* não são mais gerados, ao menos não na cultura ocidental. Ainda assim, a morte do mito no contexto judaico-cristão, tal como o surgimento subsequente daquilo que Girard chama de "textos de perseguição", serve como um adequado ponto de partida para suas análises dos textos bíblicos, antídotos por excelência contra a violência humana.

capítulo 4
a Bíblia: antídoto contra a violência

A interpretação que René Girard dá à Bíblia e o papel crucial que atribui a ela na história da cultura ocidental são, sem dúvida alguma, os traços mais controversos de toda a sua trajetória intelectual. Em *Coisas Ocultas desde a Fundação do Mundo*, Girard afirma que nossa capacidade de fragmentar e analisar "mecanismos culturais" como o do bode expiatório, tal como nossa capacidade de desmistificar o papel da violência sacrificial no estabelecimento ou reestabelecimento da ordem, se deve à "influência formidavelmente determinante" dos textos bíblicos.[1] A Bíblia, em suma, oferece-nos um conhecimento real das relações humanas. Ela não é um texto a ser dissecado com os instrumentos críticos modernos; trata-se, antes, do próprio escalpelo que talha as concepções ilusórias da *vieille modernité*,[2] ou seja, da velha modernidade, e chega às verdades fundamentais da condição humana.

Qual é a essência da revelação bíblica?[3] Ela se concentra numa mudança – ou numa inversão, para sermos mais precisos – de

---

[1] René Girard, *Things Hidden since the Foundation of the World*. London, Athlone, 1987, p. 138. [René Girard, *Coisas Ocultas desde a Fundação do Mundo*. Trad. Martha Conceição Gambini. São Paulo, Paz e Terra, 2009.]

[2] Ver a entrevista concedida por Girard a Philippe Muray: "Quand les Choses Commenceront...". *Tel Quel*, 78, 1978, p. 48. A crítica que Girard opõe à modernidade e às incompreensões a que ela se sujeita ao fazer da Bíblia um bode expiatório será examinada brevemente ao final deste capítulo e no Capítulo 5.

[3] Em *The Bible, Violence and The Sacred* (San Francisco, Harper Collins, 1991), James Williams observa que revelação é "um termo-chave, pois Girard vê na Bíblia a revelação

perspectiva. As origens violentas da cultura, de modo particular os atos de violência fundadora e sacrificial, são vistas do ponto de vista da vítima, e não do perseguidor. Como afirma Andrew McKenna, o que é "revelado" não "vem do alto, mas de baixo, do chão",[4] isto é, das próprias vítimas. Aos olhos delas, o castigo – a violência dos perseguidores – mostra-se completamente arbitrário. Os perseguidores mesmos, esses "íntegros defensores da ordem", são expostos na condição de uma turba vingativa que sente os espasmos da crise mimética e está atrás de um bode expiatório. A inocência da vítima é confirmada.

Do Mito aos "Textos de Perseguição"

Um ponto de partida conveniente para medirmos o impacto da revelação bíblica pode ser encontrado naquilo que Girard chama de "textos de perseguição". No mundo judaico-cristão, diz Girard, são eles que substituem os mitos quando estes morrem. Além disso, esses textos representam uma fase intermediária entre os mitos e um estágio mais recente, no qual a "demitização radical" se torna possível. Eles nos trazem registros de violências coletivas que demonstram em parte, e apenas em parte, que a perseguição é arbitrária. A vítima, por exemplo, não foi sacralizada ou "passou apenas por uma vaga tentativa de sacralização".[5] Indícios da histeria da turba, de sua ânsia frenética por uma vítima, de sua violência, costumam ser verificados também. Em outras palavras, o processo de cristalização mítica ainda se encontra incompleto e a violência ainda não conseguiu se refugiar no sagrado.[6]

---

ou o desvelamento de um Deus que não quer vítimas, um Deus que é desvelado na ação daqueles que tomam partido delas" (p. 12).
[4] Andrew McKenna, "Biblical Structuralism: Testing the Victimary Hypotheses". *Helios*, 17, 1, 1990, p. 71.
[5] René Girard, *Things Hidden since the Foundation of the World*, op. cit., p. 127.
[6] Para um breve e excelente exame da relação entre os textos de perseguição e os mitos, tal como do motivo por que o surgimento daqueles exige o desaparecimento destes, ver Girard, "Quand ces Choses Commenceront...", op. cit., p. 48.

Girard encontra exemplos de textos de perseguição nos registros medievais de violência antissemita, nos registros da Inquisição e nos registros dos julgamentos das bruxas.[7] Nesses textos, judeus ou outros grupos são culpados pelas desgraças que acometem a comunidade. Eles são acusados dos crimes mais atrozes, os quais supostamente justificam sua perseguição. Não chegam, porém, a ser deificados ou sacralizados após o termo da crise.

Em *O Bode Expiatório*, Girard analisa o que julga ser um excelente exemplo de texto de perseguição: o *Julgamento do Rei de Navarra*, de Guillaume de Machaut. O poema lida, em parte, com uma série de acontecimentos catastróficos que Girard condensa da seguinte maneira:

> Há sinais no céu. As pessoas são atingidas por uma chuva de pedras. Cidades inteiras são destruídas por raios. Homens morrem em grande quantidade na cidade em que Guillaume vive (ele não revela seu nome). Algumas dessas mortes resultam da iniquidade dos judeus e de seus cúmplices cristãos. Como aquelas pessoas causavam tantas perdas à população local? Elas envenenavam os rios que forneciam água potável. A justiça dos céus retificou essas maldades revelando os malfeitores à população, que então massacrou a todos. No entanto, as pessoas continuaram a morrer em quantidade ainda maior. Num certo dia de primavera, então, Guillaume escutou música nas ruas e homens e mulheres dando risadas. Tudo havia terminado e a poesia cortês poderia recomeçar.[8]

---

[7] René Girard, *Things Hidden since the Foundation of the World*, op. cit., p. 127.
[8] René Girard, *The Scapegoat*. Trad. Yvonne Freccero. Baltimore, The Johns Hopkins University Press, 1986, p. 1.

Como assinala Girard, os acontecimentos catastróficos e as inúmeras mortes descritas por Machaut parecem ser reais e atribuíveis à peste negra que destruía o norte da França mais ou menos na época em que o poema foi escrito. De modo semelhante, o massacre dos judeus e seus cúmplices provavelmente foi baseado numa ocorrência verídica. Para o leitor moderno, porém, tanto os crimes atrozes dos judeus quanto a inspiração divina que os fez serem perseguidos pela multidão são fabricações, distorções em que o poeta mesmo assim acredita.

A exemplo daqueles que estão a seu redor, Machaut partilha da histeria. Ele aceita cegamente as acusações contra os judeus e acolhe sua perseguição. Não obstante, seu próprio texto confirma a futilidade dela, uma vez que o massacre dos judeus não impede que outras pessoas venham a morrer. Abraçando a perspectiva dos perseguidores, porém, Machaut não reconsidera sua explicação dos acontecimentos; ele continua achando que os judeus são culpados.

Segundo Girard, o que Machaut registra é uma crise sacrificial em que o processo expiatório, aplicado como uma espécie de vacina, não "funciona". Ele não produz os efeitos benéficos desejados, e assim a cristalização mítica não acontece. Em vez de serem sacralizados como salvadores da comunidade, os judeus continuam sendo "porcos traidores e vis".[9] Ao contrário do que acontece com muitos dos mitos examinados anteriormente, a violência da turba não é aqui apagada, ao mesmo tempo em que as tentativas de justificá-la, atribuindo-a a uma fonte divina, não aumentam sua eficácia. A "justiça dos céus" pode ter revelado os "malfeitores" à população, mas o homicídio que disso resulta não solucionou a crise. O texto, em suma, está repleto de contradições e expõe a arbitrariedade da violência que procura justificar. Os esforços de Machaut para *mitificar* os acontecimentos descritos não dão em nada.

[9] Ibidem, p. 2.

Por que a violência sacrificial e o uso de bodes expiatórios não funcionam no *Julgamento do Rei de Navarra*? E por que Machaut é incapaz de mitificar os acontecimentos descritos? Como resposta, Girard afirma que, ao defender a perspectiva da vítima e, assim, expor a arbitrariedade do mecanismo expiatório, a Bíblia solapou de uma vez por todas a eficácia dessas práticas. O uso de bodes expiatórios ainda ocorre, claro, mas já não garante mais a harmonia social nem disfarça com sucesso seu próprio funcionamento. Guillaume e seus contemporâneos podem perseguir os judeus em nome da justiça divina, mas essa perseguição não soluciona a crise e os judeus não são santificados, uma vez que suas mortes não dão fim às desgraças que acometem a comunidade.

Se os próprios acontecimentos dão testemunho da ineficácia do mecanismo do bode expiatório e se a revelação bíblica comprometeu a perspectiva dos perseguidores – a perspectiva mitológica *par excellence* –, então o fracasso de Guillaume como criador de mitos é compreensível. Além disso, seu fracasso é sintoma de um declínio e desaparecimento mais generalizado do mito em contexto judaico-cristão, no qual a vítima e a violência que a destrói são dessacralizadas. O mito, portanto, é a baixa trazida pela revelação judaico-cristã, e o mesmo fim têm as práticas sacrificiais que originalmente fundaram a ordem social e cultural. Uma forma nova e não sacrificial de formar comunidades humanas deve ser descoberta, e também essa iniciativa, segundo Girard, pode ser encontrada na Bíblia, de modo particular nos Evangelhos.[10]

A "verdade" bíblica – a revelação da perspectiva da vítima e o subsequente desmascaramento da violência sacrificial e mimética

---

[10] Machaut se deixa enganar pelo mecanismo expiatório que descreve, muito embora viva num mundo arraigado no cristianismo. Nessas circunstâncias, parece que também ele deveria interpretar melhor a perseguição aos judeus. Uma resposta lógica a essa objeção estaria no fato de o poeta viver numa sociedade em que a superstição ainda representava uma força muito poderosa, o que também influenciaria sua atitude. Girard, porém, não se debruça sobre esse problema.

– não aparece claramente em todos os livros da Bíblia. Para Girard, a revelação plena só ocorre nos Evangelhos. Não obstante, a dessacralização da violência sacrificial já está em curso na Bíblia hebraica. A Bíblia hebraica toma uma "mitologia preexistente" em que a perseguição da vítima é justificada e a "subverte" ou desmistifica, relatando os mitos em questão desde a perspectiva da vítima. Em *Coisas Ocultas desde a Fundação do Mundo*, Girard examina, à luz de suas afirmações, vários desses "mitos bíblicos"[11] recontados, incluindo a história de Caim e Abel, a história de José e seus onze irmãos e a história do Êxodo. Em *A Rota Antiga dos Homens Perversos*, ele apresenta uma leitura "não sacrificial" do livro de Jó.

Caim e Abel

A história de Caim e Abel é conhecida pela maioria dos leitores. Caim, com ciúmes do prestígio de que seu irmão desfrutava aos olhos de Iahweh, assassina Abel e é interpelado pelo mesmo Iahweh em virtude de seu crime. Mesmo banido da presença de Iahweh e condenado a vagar pela terra, Caim é protegido daqueles que o atacariam por uma marca que promete vingar sete vezes quem o assassinasse. Após seu crime e banimento, ele se instala numa terra "a leste do Éden" e funda a comunidade caimita que carrega seu nome.

Girard observa que a história de Caim e Abel se assemelha a uma série de mitos que seriam analisados em *O Bode Expiatório* – de modo especial, àquele de Rômulo e Remo. O fratricídio é um ato de violência fundadora e diferenciadora que torna o estabelecimento da ordem, de uma nova comunidade, possível. Assim como a morte de Abel acaba por culminar na fundação da comunidade

---

[11] A expressão "mito bíblico" é um pouco confusa, dado que os mitos são por definição contados da perspectiva dos perseguidores, ao passo que os textos bíblicos são relatados do ponto de vista da vítima. Um "mito bíblico", na linguagem de Girard, é portanto um mito desmitificado.

caimita, a morte de Remo conduz, de modo ainda mais espetacular, à fundação de Roma.

Ao mesmo tempo, Girard observa certas diferenças entre os dois casos. Ao contrário de Remo, que ultrapassa os limites da cidade e, portanto, viola sua integridade, Abel jamais é apresentado como transgressor na narrativa bíblica. De maneira ainda mais significativa, Caim nunca é canonizado ou justificado por seu crime, ao passo que Rômulo se torna o "sacrificador e Sumo Sacerdote" que "encarna, de uma só vez, o poder romano sob todas as suas formas".[12] Caim continua sendo um "assassino vulgar", e o fato de seu crime inaugurar "o primeiro desenvolvimento cultural" não faz dele um inocente. A "condenação do assassinato precede todas as outras considerações. 'Onde está teu irmão Abel?'".[13] Como reação a esse assassinato fundador, Iahweh proíbe todos os assassinatos ao colocar a marca de Caim sobre o criminoso original.

Não obstante, o crime de Caim faz nascer uma comunidade próspera e produtiva, e caso a narrativa bíblica terminasse aqui a violência do protagonista talvez parecesse justificada. A Bíblia, contudo, continua com dois episódios que, aos olhos de Girard, são de enorme importância. O primeiro deles traz as declarações vingativas de Lamec, um dos descendentes de Caim:

> Lamec disse às suas mulheres: "Ada e Sela, ouvi minha voz, mulheres de Lamec, escutai minha palavra: Eu matei um homem por uma ferida, uma criança por uma contusão. É que Caim é vingado sete vezes, mas Lamec, setenta e sete vezes!"[14]

O segundo diz respeito aos Nefilim e ao dilúvio:

---

[12] René Girard, *Things Hidden since the Foundation of the World*, op. cit., p. 146-47.
[13] Ibidem, p. 147.
[14] Gênesis 4,23-24.

> Quando os homens começaram a ser numerosos sobre a face da terra, e lhes nasceram filhas, os filhos de Deus viram que as filhas dos homens eram belas e tomaram como mulheres todas as que lhes agradaram. Iahweh disse: "Meu espírito não permanecerá no homem, pois ele é carne; não viverá mais que cento e vinte anos". Ora, naquele tempo (e também depois), quando os filhos de Deus se uniam às filhas dos homens e estas lhes davam filhos, os Nefilim habitavam sobre a terra; estes homens famosos foram os heróis dos tempos antigos.
>
> Iahweh viu que a maldade do homem era grande sobre a terra, e que era continuamente mau todo desígnio de seu coração. E disse Iahweh: "Farei desaparecer da superfície do solo os homens que criei – e com os homens os animais, os répteis e as aves do céu – porque me arrependo de os ter feito".[15]

Segundo Girard, os acontecimentos desencadeados pelo assassinato de Abel revelam que "a cultura nascida da violência deve voltar à violência".[16] Culminando inicialmente no "florescimento da cultura" e na prosperidade coletiva, a longo prazo o assassinato de Abel por Caim se mostra incapaz de conter a violência, que "agora ultrapassa todos os limites".[17] Lamec, já um assassino, promete orgulhosamente vingar 77 vezes qualquer agressor, o que representa um crescimento exponencial da vingança sétupla assegurada a Caim.

O retorno da violência traz consigo a perda das distinções, e assim toda a comunidade acaba por mergulhar num caos de

---

[15] Gênesis 6,1-7.
[16] René Girard, *Things Hidden since the Foundation of the World*, op. cit., p. 148.
[17] James Williams, *The Bible, Violence and The Sacred*, op. cit., p. 38.

indiferenciação. Deuses se mesclam com homens e geram uma prole monstruosa: os Nefilim. Girard afirma que o dilúvio é a "conclusão fatal de um processo que traz de volta a violência da qual originalmente se libertara graças aos benefícios temporários do assassinato fundador".[18]

A história de Caim e Abel dessacraliza as origens violentas da cultura, revelando primeiro a inocência de Abel, vítima original, e demonstrando, em seguida, que a violência de Caim não erradica a violência, mas apenas adia seu retorno mais apocalíptico. Segundo Girard, Abel é tão somente o primeiro de uma longa série de vítimas vingadas. Em *Coisas Ocultas desde a Fundação do Mundo*, o autor volta sua atenção para José.

José

Tal qual no caso de Caim e Abel, a história de José traz mais uma vez um crime cometido contra uma vítima inocente. Agora, porém, a natureza coletiva do delito fica clara desde o princípio do relato bíblico. José não é vítima de um único irmão, mas de nove irmãos que unem forças contra ele.

O caçula José é o filho predileto de Jacó, que em prova de sua afeição oferece-lhe uma "túnica com longas mangas". Culpado, na pior das hipóteses, de insensibilidade, ele suscita a inveja de seus irmãos ao relatar-lhes dois sonhos que tivera.[19] No primeiro, os irmãos estão atando feixes; o de José se levanta e o dos outros o rodeiam, prostrando-se. No segundo, José vê "o sol, a lua e onze estrelas" curvando-se à sua frente. Os irmãos decidem assassiná-lo, mas um

---

[18] René Girard, *Things Hidden since the Foundation of the World*, op. cit., p. 149.
[19] Williams observa que as narrativas do Gênesis "já haviam fornecido mais do que meras insinuações de conflito na família" (James Williams, *The Bible, Violence and The Sacred*, op. cit., p. 54). Desse modo, o terreno já estava preparado para a perseguição de José.

deles, Rúben, acaba por dissuadi-los da ideia e por convencê-los a aprisionar José numa cisterna do deserto, de onde planeja libertá-lo quando os irmãos partirem. Um deles, Judá, aconselha os outros a não matarem o irmão, mas a vendê-lo aos ismaelitas. Nesse ínterim, um grupo de mercadores madianitas liberta José da cisterna e o negocia com mercadores ismaelitas, que então o levam para o Egito. Quando Rúben retorna para a cisterna a fim de buscar José, descobre que este desaparecera. Os irmãos então resolvem tomar a túnica que haviam retirado de José, mergulham-na no sangue de um bode e levam-na a seu pai, que é convencido de que seu filho predileto fora devorado por um animal feroz.

No Egito, José é vendido a Putifar, que o trata como filho. A esposa de Putifar procura seduzi-lo, e ao fugir de suas investidas ele deixa para trás sua túnica. A fim de vingar-se, ela acusa José de tentar seduzi-la e oferece a peça de roupa como prova. Irado, Putifar prende José.

Girard afirma que, a exemplo da história de Caim e Abel, a narrativa de José e seus irmãos revela um ato de violência fundadora que, ao menos em parte, foi "desmitificada" mediante a "inversão da relação entre a vítima e a comunidade perseguidora".[20] Se narrada de um ponto de vista puramente mitológico, os próprios irmãos de José seriam, primeiro, vítimas de um "herói malévolo" e da desordem que ele gera e, em seguida, os beneficiários de seu sacrifício. Para Girard, "resquícios" dessa perspectiva mitológica se fazem evidentes tanto nos sonhos de autoridade quanto no ciúme suscitado nos irmãos. Os sonhos também servem para incriminar o herói porque assinalam uma atitude presunçosa por parte de José, ao mesmo tempo em que o turbilhão que eles inspiram evoca o caos da crise sacrificial. Segundo Girard, o sangue do bode na túnica de José é outra prova, ainda que indireta, do assassinato fundador que originalmente inspirara a narrativa.

---

[20] Ibidem, p. 151.

O empenho de Rúben e Judá para salvar José da violência dos outros irmãos constitui, aos olhos de Girard, um esforço para "reabilitar a vítima às custas de seus irmãos".[21] Os dois reconhecem a inocência básica de José ao pedirem que sua vida seja poupada.[22]

As aventuras de José no Egito também provam que uma perspectiva desmitificante age na narrativa. Quando a esposa de Putifar culpa José de seduzi-la, sua acusação se resume a uma acusação de incesto, uma vez que José, de acordo com Girard, é tratado por Putifar de maneira extremamente paternal. Como o mito de Édipo sugere, o crime de incesto é muitas vezes atribuído ao bode expiatório para que seu sacrifício seja justificado. O relato bíblico, contudo, não deixa dúvidas de que José é inocente, e sua prisão torna-se um castigo claramente injusto.

Do ponto de vista de Girard, o indício mais convincente de que uma perspectiva desmitificante age na história de José jaz no fato de que o herói jamais transcende a dimensão humana. Ele não passa por um processo de sacralização, e portanto a violência por ele sofrida não é nem santificada, nem justificada. O herói continua sendo uma vítima inteiramente humana.[23]

O processo de desmitificação presente no livro do Gênesis também marca presença no Êxodo. Da perspectiva do perseguidor, Moisés e os judeus, mais numerosos, ameaçam o domínio egípcio, de modo que sua escravização e expulsão tornam possível o retorno à ordem. Moisés é tido como culpado pela crise sacrificial porque é responsável pelas Dez Pragas. Além disso, a situação no Egito é dominada pelas

---

[21] Ibidem, p. 152.
[22] Segundo Williams, as tentativas de Rúben e Judá "revelam que os irmãos não formam uma turba linchadora unânime e que, em alguma medida, eles estão cientes de que a violência do grupo está errada" (James Williams, *The Bible, Violence and The Sacred*, op. cit., 1991, p. 55).
[23] Williams declara que os acontecimentos subsequentes na história de José e seus irmãos também confirmam a leitura não sacrificial de Girard. Fato mais significativo, José, seus irmãos e seu pai se reúnem e a crise familiar é solucionada (Ibidem, p. 57-59).

rivalidades miméticas. Temos a rivalidade entre egípcios e judeus, entre o faraó e Moisés, entre Moisés e os magos da corte, entre Deus e o faraó e, posteriormente, entre Moisés e Israel.[24] O clima é claramente oportuno para a designação de um bode expiatório. A narrativa bíblica, porém, se concentra nas vítimas, e não nos perseguidores, e assim a ênfase final do Êxodo recai não no retorno à ordem no Egito, e sim na criação "de um novo tipo de comunidade".

Iniciado nos livros do Gênesis e do Êxodo, o processo de revelação e defesa da vítima tem continuidade nos outros livros do Antigo Testamento. De todas as vítimas defendidas, a mais notável, segundo Girard, é certamente Jó.

Jó

Girard inicia sua exegese da história de Jó tecendo comentários sobre o que em sua opinião é um aspecto crucial da narrativa. Ele insiste em que o Jó do prólogo – a vítima por excelência de Deus e do Diabo – e o Jó dos diálogos propriamente ditos não são a mesma pessoa. A confusão de ambos impediu que todos os intérpretes anteriores – "os antigos tanto quanto os modernos, os ateus, os protestantes, os católicos e os judeus"[25] – reconhecessem a verdadeira natureza do lamento de Jó e, de modo particular, a causa de seu sofrimento, tal qual expresso nos diálogos. Essa causa, crê Girard, não é divina, mas humana. O Jó da poesia não é a vítima de "Deus, do diabo, do azar, do destino, da condição humana ou do clericalismo", e sim de "nós mesmos". Os diálogos revelam que Jó é usado como bode expiatório pelos outros membros de sua comunidade, uma comunidade que por si só está – não por coincidência – no turbilhão de uma crise sacrificial.

---

[24] Para um exame dessas rivalidades e uma leitura girardiana mais detalhada do Êxodo, ver ibidem, p. 73-88.
[25] René Girard, *Job, the Victim of his People*. London, Athlone Press, 1987, p. 3.

Girard justifica a afirmação de que Jó é um bode expiatório, um "indivíduo inocente que polariza o ódio universal,[26] contestando a ideia de que a vítima de alguma forma merece a punição que lhe é dada. Em sua defesa, Jó insiste em que nada fez para merecer seu sofrimento extremo. Com efeito, declara Girard, nos diálogos nenhuma resposta direta é fornecida que explique por que Jó se tornara a "ovelha negra" de sua comunidade. Uma série de acusações é formulada por seus supostos amigos, mas nenhuma se sustenta diante das vigorosas negações de Jó. Ao contrário de Édipo, o herói bíblico não sucumbe nem aceita as acusações que lhe são lançadas pelos acusadores. O Livro de Jó, porém, não é um mito ou um texto de perseguição. Trata-se, antes, de um texto bíblico, cujo traço característico é proclamar a inocência da vítima ao mesmo tempo em que repudia as denúncias formuladas contra ela.

Se, de acordo com o que declara Girard, os diálogos de fato confirmam que Jó é inocente de todo crime ou transgressão que justificasse sua perseguição, o que gerou a situação em que ele se encontra? Por que ele passou de "ídolo" a "vítima" de seu povo? O que explica a unanimidade entre os que antes o adoravam e a unanimidade entre os que então passaram a odiá-lo, tal como a abrupta passagem de um estágio para o outro? Em suma, por que Jó tomou, ainda que sem qualquer intenção, "a rota antiga dos homens perversos"?

Girard fornece como resposta o desejo mimético. Membro augusto da comunidade antes de sua queda, Jó inspirava admiração e respeito no início e inveja e ódio depois. Mediador dos desejos alheios, ele inicialmente servia como modelo, mas seguindo a lógica do processo mimético acabou por tornar-se rival e obstáculo. A mudança do modelo amado para o obstáculo detestado é repentina e pode ocorrer a qualquer momento, uma vez que ambos estão simultaneamente inscritos na estrutura do próprio desejo.

---

[26] Ibidem, p. 5.

Em virtude de sua posição privilegiada, Jó tanto desencadeia uma crise mimética quanto se torna o bode expiatório que, ao ser sacrificado, parece trazer sua solução. Uma vez iniciado o processo mimético, ademais, as distorções associadas à cristalização também começam a agir. Segundo Girard, os acusadores não vilificam Jó em benefício próprio, mas atribuem suas censuras a uma fonte divina. Desse modo, seus insultos se justificam como parte daquilo que Girard diz ser sua "missão sobrenatural". Tal qual os perseguidores de Édipo, o que eles na verdade fazem é "sacralizar a própria violência", e nesse processo transformam a si mesmos em "guerreiros celestes". Em vez, porém, de servirem ao verdadeiro Deus, eles servem ao "símbolo, socialmente transcendente, da estrutura geradora que age na dinâmica da mímesis, da vitimação, do sacrifício e do mecanismo expiatório".[27] Estão de tal maneira envolvidos em sua "fúria sagrada" que acabam esquecendo as negações de Jó. Não obstante, essas negações permitem que o leitor evite as distorções da ótica dos perseguidores e compreenda a verdade. Jó é inocente, ao mesmo tempo em que seus acusadores não são os servos de Deus, mas os porta-vozes de uma turba sanguinária.

Às vezes, declara Girard, os perseguidores mudam de estratégia. Em vez de insultarem Jó, eles imploram para que ele consinta às acusações que lhe são atribuídas. Também nesse caso, porém, uma perspectiva mitificante está tentando se impor. Os perseguidores nada mais desejam do que reescrever a história de Jó de modo que ela se lhes torne vantajosa, e para isso necessitam da participação dele. Para que a culpa da vítima e a inocência dos perseguidores não sejam colocadas em questão, todos os presentes, incluindo o próprio bode expiatório, devem concordar com o veredito. Ocultar o que de fato se dá na comunidade será impossível enquanto uma só voz dissidente existir.

Ocasionalmente, Jó sucumbe à pressão do perseguidor e duvida de si mesmo.[28] Ele abandona temporariamente seu discurso "realista e

---

[27] James Williams, *The Bible, Violence and The Sacred*, op. cit., p. 165-66.
[28] Ver Capítulo 18 de René Girard, *Job, the Victim of his People*, op. cit., p. 3. [Edição brasileira: René Girard, *A Rota Antiga dos Homens Perversos*. Trad. Tiago Risi. São Paulo, Paulus, 2009.]

revelatório". Esses lapsos são incapazes de solapar a perspectiva da vítima – perspectiva que é confirmada pela absolvição final de Jó –, mas levantam um problema interessante: por que Jó chega a mudar de opinião? Ao formular sua resposta, Girard recorre mais uma vez ao processo mimético. Jó é humano, diz ele, e como tal está sujeito ao "contágio mimético" tanto quanto seus atormentadores. Esse "contágio", ademais, é normal entre os perseguidores e sua vítima. Desse modo, a perspectiva de quem persegue pode, e ocasionalmente consegue, impor-se a ela.

No final, porém, Jó é absolvido e seus perseguidores se veem forçados a buscar seu perdão. O sacrifício final não acontece, a imolação da vítima não ocorre. Os esforços dos perseguidores para impor a própria perspectiva, para santificar a própria violência, sucumbem diante da resistência determinada de Jó, que só em poucas ocasiões se deixa desfigurar por expressões de autoquestionamento. Todas as tentativas de mitificar a história de Jó, de inverter os termos da culpa e da inocência, são infrutíferas. Nem mesmo o prólogo, que para Girard constitui outra tentativa de submeter a narrativa à "cristalização mítica" e de encobrir os traços da violência fundadora, é capaz de esconder a verdade ou de impedir o triunfo da perspectiva da vítima.[29]

Apesar de promover a perspectiva da vítima e a "desmitificação" da violência sacrificial, a Bíblia hebraica continua sendo, para Girard, um instrumento imperfeito, incapaz de desmistificar todo o mecanismo do bode expiatório. Nas escrituras judaicas, afinal, a

---

[29] A leitura que Girard faz de Jó foi contestada por Baruch Levine no artigo "René Girard on Job: The Question of the Scapegoat". *Semeia*, n. 33, 1985, p. 125-33. Levine afirma que não há "qualquer indício, tanto nas falas de Jó quanto nas falas de seus interlocutores, de que haja um vínculo entre o sofrimento de Jó e o bem-estar da comunidade" (p. 131). Ele também declara que Jó é marginalizado pela comunidade em virtude daquilo que *já* havia se tornado [supostamente pelas mãos de Deus], e não o contrário. A exemplo da maioria dos exegetas bíblicos, porém, Levine está de acordo com a opinião de que o prólogo fora escrito após os diálogos, muito embora não partilhe da interpretação que Girard dá ao papel que eles desempenham.

violência jamais é dessacralizada por completo. Iahweh continua sendo uma deidade ambígua, uma deidade que jamais está "inteiramente alheia à violência". Muito embora seja apresentado em "forma cada vez menos violenta, tornando-se mais e mais benevolente, Iahweh ainda é o deus a quem a vingança pertence. A noção da retribuição divina ainda está viva".[30] Em outras palavras, a origem exclusivamente humana da violência não foi completamente compreendida ou revelada. Essa tarefa, segundo Girard, cabe aos Evangelhos.

Os Evangelhos

Afirmar a singularidade de Cristo e dos próprios textos evangélicos é uma das preocupações centrais de Girard tanto em *Coisas Ocultas desde a Fundação do Mundo* quanto no *Bode Expiatório*. Em Coisas Ocultas, Jesus é caracterizado como o primeiro e o maior dos profetas, aquele que condensa a todos os anteriores profetas e vai além de todos eles. Cristo é o profeta da última, e também melhor, oportunidade. Com ele, dá-se uma mudança que se segue diretamente do Antigo Testamento, mas que também constitui uma ruptura decisiva. Temos pela primeira vez a eliminação completa do sacrificial – o fim da violência divina e a explícita revelação de tudo o que se passara antes.[31]

Ao contrário de mitos como o de Édipo, a crucificação de Cristo não conduz à sua sacralização. Antes, diz Girard, ele é crucificado porque é divino. O relato de sua morte e ressurreição é na verdade concebido de modo a *dissociar* a crucificação da ressurreição. Três dias separam os dois acontecimentos, e desse modo "a vida não sai diretamente da violência, como nas religiões primitivas".[32] Além

---

[30] René Girard, *Things Hidden since the Foundation of the World*, op. cit., p. 158.
[31] Ibidem, p. 200.
[32] Ibidem, p. 231.

disso, a morte de Cristo assume o que Girard diz ser um caráter inteiramente "naturalista", uma vez que não há quaisquer *coups de théatre* que permitam que o sagrado se inscreva na violência cometida contra Jesus e, assim, acabe por santificá-la. Cristo não liberta-se da cruz para responder à multidão que exige que ele prove ser o filho de Deus. Ele permanece inteiramente humano quando se recusa a afastar-se dos "sofrimentos e humilhações de sua longa e inglória agonia".[33]

A "humanidade" de Cristo, porém, de forma alguma diminui sua singularidade. Na verdade, diz Girard, somente ele cumpriu a tarefa imposta por Deus a *toda* a humanidade: "não ter qualquer relação com a violência".[34] É nesse sentido que ele é o Filho do Homem. Ao mesmo tempo, Jesus deve ser reconhecido como Deus porque é "o único ser capaz de superar a violência que, até aquele momento, havia transcendido absolutamente a humanidade".[35]

Tal qual a figura cuja vida e morte relatam, os próprios Evangelhos são únicos aos olhos de Girard. Como afirma um de seus críticos:

> Eles não são mitos porque os mitos, por definição, camuflam o mecanismo do desejo mimético. Também não são textos de perseguição porque os textos de perseguição são escritos a partir da perspectiva do perseguidor. Não são grandes textos literários porque os grandes textos literários sondam e exploram apenas alguns aspectos do mecanismo envolvidos na vitimação, e não suas estruturas. E também não são textos de história propriamente ditos porque a observação histórica é incapaz de documentar, por si só,

---

[33] Ibidem, p. 232.
[34] Ibidem, p. 213.
[35] Ibidem, p. 214.

os mecanismos que operam no plano
do inconsciente.[36]

Os Evangelhos são, antes, "textos de revelação" que narram "o que nenhum outro texto jamais narrou: o drama do *mecanismo* da vítima substituta".[37] Em O Bode Expiatório, Girard traça uma distinção entre o texto que é estruturado pelo bode expiatório e o texto que *tematiza* sua presença.[38] No *Julgamento do Rei de Navarra*, por exemplo, o bode expiatório controla todos os temas, mas não pode aparecer como tal e não é identificado como bode expiatório per se. Cabe ao leitor identificar o papel desempenhado pelos judeus no texto, uma vez que Guillaume é incapaz de fazê-lo. Nos Evangelhos, por sua vez, Jesus é explicitamente reconhecido e *tematizado* como a vítima inocente, o bode expiatório se torna "cordeiro de Deus"[39] e todas as distorções associadas aos textos estruturados pelo bode expiatório são explicitamente reveladas de acordo com aquilo que são. Com efeito, o texto interpreta a si mesmo, não cabendo mais ao leitor encontrar o bode expiatório por trás das distorções textuais que o camuflam.

Girard enfatiza que não há qualquer singularidade na perseguição narrada na história da Paixão. A "coalizão de todos os poderes mundanos" não é extraordinária, dado que "a encontramos na origem de todos os mitos".[40] O que impressiona é "o fato de a unani-

---

[36] Burton Mack, "The Innocent Transgressor: Jesus in Early Christian Myth and History". *Semeia*, n. 33, 1985, p. 145.
[37] Ibidem, p. 145.
[38] Mais recentemente, Girard examinou essa distinção no prefácio a James Williams, *The Bible, Violence and The Sacred*, op. cit., p. vii-x.
[39] Girard observa que, nos Evangelhos, a expressão "bode expiatório" dá lugar à expressão "cordeiro de Deus", mais positiva. Ele explica: "Assim como 'bode expiatório', ela insinua a colocação de uma vítima no lugar de outras, mas substitui todas as conotações desagradáveis e repulsivas do bode pelas associações positivas do cordeiro. Ela indica com mais clareza a inocência dessa vítima, a injustiça de sua condenação e a inexistência de fundamentos para o ódio que lhe é dirigido" (René Girard, *The Scapegoat*, op. cit., p. 117).
[40] Ibidem, p. 114.

midade não ser enfatizada para que se prostrem, ou se submetam, a seu veredito, como acontece em todos os textos mitológicos, políticos ou mesmo filosóficos; isso é realizado para que seu completo equívoco seja denunciado".[41]

Tendo defendido a singularidade de Cristo e dos Evangelhos em *Coisas Ocultas desde a Fundação do Mundo* e no *Bode Expiatório*, Girard volta sua atenção, nesta última obra, ao exame de vários episódios que, segundo ele, justificam sua interpretação, revelando e denunciando tanto o desejo mimético quanto a lógica sacrificial que ele engendra.

Três episódios se concentram nos acontecimentos que cercam a condenação de Cristo. Jesus é condenado, primeiro, por Caifás, Sumo Sacerdote judaico, e depois por Pôncio Pilatos. O clamor de Caifás pela morte de Jesus é notável, em primeiro lugar, porque o Sumo Sacerdote articula explicitamente a lógica sacrificial (um só homem deve morrer pelo povo, e assim toda a nação não perecerá) e porque tanto a força da acusação de Caifás quanto sua "serenidade" inspiram os outros a imitá-lo.[42] Segundo Girard, a assembleia condena Jesus não por acreditar que ele é culpado, e sim porque está imitando o desejo de Caifás.

O desejo mimético também explica as ações de Pôncio Pilatos. Muito embora acredite que Cristo nada fizera para merecer a pena de morte, o prefeito da Judeia sucumbe à vontade da multidão e acaba por partilhar da sua busca sanguinária por uma vítima. Até mesmo sua esposa, que se opõe à condenação de Jesus e procura dissuadir Pilatos da ideia de executar um inocente, se mostra impotente diante do desejo da multidão e do marido.

---

[41] Ibidem, p. 115.
[42] De acordo com a lógica do desejo mimético que examinamos no Capítulo 1, a serenidade de Caifás indicaria uma autossuficiência capaz de inspirar o desejo dos outros. Recorde-se o exame das relações entre Julien Sorel e Mathilde de la Mole em *O Vermelho e o Negro*, de Stendhal.

Por fim, nem mesmo os Apóstolos são capazes de resistir à onda de desejo que condena Jesus e culmina em sua crucificação. Quando Jesus é conduzido para a frente de Caifás e dos membros do Sinédrio, Pedro o segue e se une aos guardas ao redor de uma fogueira do lado de fora da casa do Sumo Sacerdote. Uma serva reconhece Pedro e o acusa de ser discípulo de Jesus. Pedro rejeita repetidas vezes a acusação e, então, nega ter qualquer conhecimento de Cristo. Girard se opõe à visão comumente aceita de que o discípulo nega seu mestre por medo. Para ele, Pedro foi influenciado pelos perseguidores de Cristo e agora partilha de seu ponto de vista, chegando até mesmo ao ponto de unir-se a eles na utilização de Jesus como bode expiatório: "O fato de nem mesmo os discípulos resistirem ao efeito do bode expiatório revela o poder que o relato dos perseguidores exerce sobre o homem".[43]

Na interpretação que lhes dá Girard, tanto a condenação de Cristo por Pôncio Pilatos quanto a renúncia de Pedro são calculadas para enfatizar a absoluta hegemonia do desejo da multidão. Ao falar de Pilatos, Girard observa:

> Pilatos é quem detém o verdadeiro poder, mas à frente dele se encontra a multidão. Uma vez mobilizada, a multidão toma para si o poder absoluto, arrastando as instituições consigo até que se desintegrem. Temos aqui um claro exemplo do assassinato coletivo que gera a mitologia. Essa multidão é o grupo em dissolução, a comunidade que é literalmente dispersada e que só pode reunir-se às custas da vítima, do bode expiatório.[44]

---

[43] René Girard, *The Scapegoat*, op. cit., p. 105.
[44] Ibidem, p. 106. Segundo Burton Mack, a ênfase dada por Girard ao papel da turba como elemento que instiga a perseguição de Jesus constitui parte da originalidade de seu tratamento dos Evangelhos (Burton Mack, "The Innocent Transgressor: Jesus in Early Christian Myth and History", op. cit., p. 143). É interessante notar, porém, que, apesar do destaque

Para Girard, a revelação evangélica do poder destrutivo do desejo mimético não se restringe aos episódios que lidam com a perseguição de Cristo. A decapitação de João Batista também é, segundo ele, consequência direta do contágio mimético. Recorrendo ao Evangelho de Marcos, Girard afirma que Herodes tem a intenção de proteger João Batista, a quem havia mandado prender. Porém, o que resulta na condenação de João é, claro, o pedido de Salomé, que deseja sua cabeça. Valendo-se de sua famosa dança, Salomé consegue mesmerizar toda a assembleia. A completa admiração das pessoas por ela as fazem imitar seu desejo e ecoar o pedido pela cabeça de João, ao que Herodes, seduzido tanto quanto os outros, acede. O próprio desejo homicida de Salomé é copiado de sua mãe, Herodias.

Segundo Girard, salvo João só há duplos e rivais miméticos no texto: Herodes, seu irmão, a assembleia anônima que imita o desejo de Salomé. Até mesmo os nomes Herodias e Herodes são foneticamente iguais. A bandeja em que a cabeça do profeta é oferecida simboliza a unanimidade do desejo que conduz à sua morte. A bandeja, na verdade, desvela a oferta sacrificial.[45]

Girard declara que, a exemplo de Jesus, João é uma vítima inocente cuja perseguição revela as consequências sanguinárias do contágio

---

dado ao crucial papel da multidão na morte de Jesus, é o *desejo do Sumo Sacerdote* o que a instiga no episódio que envolve Caifás.

[45] Em "A Response to René Girard's Reading of Salome" (*New Literary History*, 15, inverno de 1984, p. 325-32), Françoise Meltzer contesta a interpretação de Girard com base numa série de considerações. Ela declara que Girard usa arbitrariamente o Evangelho de Marcos como fonte primária porque isso lhe permite concluir que Herodes prendera João, homem que considerava "justo e santo", no intuito de protegê-lo. Ela também observa que Girard assinala semelhanças textuais que não têm importância para defender sua posição (Meltzer sublinha que todos na história, exceto João, possuem como nome Herodes), ao mesmo tempo em que deixa de apontar outras que prejudicariam sua tese. Por exemplo, Girard não menciona a semelhança fonética entre João e Jesus ou o fato de haver uma literatura escatológica (Meltzer não cita textos específicos) que sugere a existência de alguma rivalidade entre esses dois homens. Essa rivalidade ou falta de diferenças vai de encontro, é claro, a toda a leitura que Girard faz dos Evangelhos, e por isso, segundo Meltzer, ele acaba por simplesmente ignorá-la. Meltzer conclui que Girard, numa irônica inversão de seu propósito, violenta um texto que supostamente desmistificaria a violência.

mimético. Ironicamente, o único "crime" do profeta foi ter admoestado Herodes a não casar-se com Herodias, esposa de seu irmão. A injunção de João contra o desejo mimético o coloca em posição de tornar-se sua vítima.

A leitura que Girard faz dos Evangelhos enquanto o texto que desmistifica e denuncia o desejo mimético e a violência sacrificial conduz à revisão de uma parte considerável dos principais princípios da teologia cristã. Segundo essa perspectiva, central ao magistério de Jesus é o fato de a reconciliação com Deus ocorrer sem reservas e sem um intermediário sacrificial. Essa reconciliação permite que Deus se revele tal como ele é pela primeira vez na história humana. A humanidade não precisa mais basear suas relações harmônicas em sacrifícios sangrentos, em fábulas ridículas sobre deidades violentas e em toda a gama de formações culturais mitológicas.[46]

> O Reino de Deus perde seu caráter utópico e passa a significar "a eliminação completa e definitiva de toda forma de vingança e toda forma de represália nas relações humanas". Suscitar o advento do Reino de Deus é "unir os irmãos em guerra e dar fim à crise mimética por meio de uma renúncia universal à violência".[47]

Não surpreende que Satã seja, aos olhos de Girard, "o nome dado ao processo mimético como um todo; [...] ele é a fonte não apenas da rivalidade e da desordem, mas também de todas as formas mentirosas de ordem em cujo seio a humanidade vive". Os homens são filhos de Satã por serem filhos do assassinato fundador, ele mesmo resultado do processo mimético. Para Girard, a renúncia à violência

---

[46] René Girard, *Things Hidden since the Foundation of the World*, op. cit., p. 183.
[47] Ibidem, p. 197.

e ao desejo mimético se torna, portanto, a renúncia ao próprio mal. Essa renúncia, crê Girard, é imperativa não apenas no plano espiritual: ela também assegura a sobrevivência da raça humana. Se os homens não puderem se reconciliar sem o uso de intermediários sacrificiais, Girard afirma que "eles devem se resignar com a extinção iminente da humanidade".[48]

A leitura girardiana dos Evangelhos não carece de problemas, e Girard procura levar as dificuldades mais relevantes em consideração e adequá-las à interpretação desenvolvida em *Coisas Ocultas*. A principal dificuldade vem da violência encontrada no Livro do Apocalipse. Se os Evangelhos renunciam definitivamente à sacralização da violência, como explicar a presença de um texto que, para a maioria dos leitores, evoca os cataclismos do castigo divino da Bíblia hebraica? A resposta, segundo Girard, jaz no fato de que nós tendemos a interpretar o Apocalipse em estreita relação com a Bíblia hebraica. Desse modo, atribuímos a uma fonte divina o que na verdade tem origem humana. A violência apocalíptica, nos Evangelhos, "remete sempre aos homens, e não a Deus". As "grandes [e violentas] imagens desse quadro", contudo, são retiradas das Escrituras,[49] e portanto evocam o Iahweh vingativo.

À parte as dificuldades específicas de interpretação, Girard deve explicar por que sua leitura não sacrificial dos Evangelhos não foi reconhecida anteriormente. Por que a condenação exemplar e explícita do desejo mimético e da violência sacrificial foi incompreendida durante dois mil anos? Em *Coisas Ocultas*, Girard afirma que, do ponto de vista histórico, as coisas dificilmente poderiam ter ocorrido de outra forma:

---

[48] Ibidem, p. 136. A afirmação um tanto apocalíptica de Girard acerca da extinção da humanidade foi escrita durante o período da Guerra Fria. Não estou certo de que ele adotaria uma postura tão drástica hoje.
[49] Para o exame girardiano dos empréstimos tomados da Bíblia hebraica pelo Apocalipse, ver René Girard, *Things Hidden since the Foundation of the World*, op. cit., p. 186.

> Paulo e seus companheiros começam a proclamar o Evangelho. Os judeus o rejeitam, mas sua difusão se dá com sucesso em todo o Império Romano. Ele chega a povos que não se encontram no mesmo estágio de evolução religiosa dos judeus – povos que desconhecem a Lei e os profetas. Aos primeiros conversos se unem grandes segmentos da população e, posteriormente, também o mundo "bárbaro". Essa difusão impressionante do Evangelho só poderia ter ocorrido nos termos da leitura sacrificial e deveu-se diretamente a ela.
>
> No plano da história, a leitura sacrificial não é um "erro", o resultado de um acidente ou de uma falta de perspicácia. Se de fato compreendermos o mecanismo vitimário e o papel que ele desempenhou em toda a humanidade, perceberemos que a leitura sacrificial do texto cristão, por mais espantosa e paradoxal que a princípio seja, era inevitável. Ela tinha, a seu favor, o peso de uma história religiosa ininterrupta e milenar, a qual, entre as massas pagãs, jamais fora contestada por qualquer coisa que se assemelhasse ao Antigo Testamento.[50]

A resistência à leitura não sacrificial a que Girard submete os Evangelhos precisa ser examinada em dois níveis. Em primeiro lugar, uma série de pesquisadores bíblicos contestou a interpretação girardiana da Paixão de Cristo, de modo especial no plano histórico. Em seguida, a afirmação de que os Evangelhos oferecem uma forma única de desmistificar tanto a violência sacrificial quanto a lógica sacrificial mais insidiosa e predominante tem sido tratada como

---

[50] Ibidem, p. 152.

algo intelectualmente insensato. Girard não se surpreende com isso, uma vez que todo o edifício da investigação intelectual moderna se fundamenta numa rejeição – na conversão em bode expiatório da Bíblia enquanto fonte de conhecimento. A ânsia dos pensadores ocidentais por se libertar do "viés etnocêntrico" os leva a tratar a Bíblia como um texto "primitivo" e a imolar "seus próprios tesouros culturais e religiosos no altar da falsa renúncia, numa imitação hipócrita de Jesus".[51]

Ambas essas objeções à interpretação girardiana dos Evangelhos serão examinadas mais detalhadamente no próximo capítulo. Ambas devem ser ponderadas numa última análise das teorias e do legado de Girard.

---

[51] Ibidem, p. 251.

capítulo 5
os críticos de Girard
e os girardianos

Em *Coisas Ocultas desde a Fundação do Mundo*, a crítica de René Girard à modernidade intelectual e cultural consiste sobretudo na afirmação de que os pensadores modernos ignoram a Bíblia como fonte crucial e singular de conhecimento sobre as relações humanas. Em ensaios subsequentes, Girard amplia o foco de sua crítica de maneira a fazê-la refletir não somente sua percepção dos valores da literatura e da função da crítica, mas também suas visões acerca do papel do comportamento mimético no mundo moderno. Esses aspectos da crítica girardiana à vida intelectual e cultural de hoje são como pontos focais de alguns dos desacordos mais relevantes entre Girard e seus críticos.

Num ensaio intitulado "Theory and Its Terrors", Girard lança um ataque rispidamente articulado contra a prática crítica contemporânea, em especial contra a desconstrução, por ele tratada como um "niilismo desolado".[1] Girard afirma que a desconstrução é

---

[1] Girard não especifica a que escola ou praticante da desconstrução ele se refere. Suas críticas sugerem, porém, que ele é menos hostil a figuras importantes, como Jacques Derrida e Paul de Man, do que às ideias modernas e demasiadamente genéricas que suas obras inspiraram. Nos últimos anos, Girard tem se interessado pelos paralelos que existem entre suas ideias e as ideias de Derrida, de modo especial pelos elos existentes entre o bode expiatório e a noção derridiana de *supplément*. Esses paralelos foram examinados brevemente no Capítulo 3. Como já observamos (em Andrew McKenna, *Violence and Difference: Girard, Derrida, and Deconstruction*. Urbana, University of Illinois Press, 1992), Andrew McKenna faz uma comparação minuciosa entre as ideias de Girard e Derrida, analisando profundamente a crítica girardiana da desconstrução.

niilista porque torna igualmente válidas todas as leituras do texto literário. Uma vez que não há "verdade", isto é, nenhuma interpretação definitiva de um texto, qualquer interpretação é boa e o número de interpretações possíveis, ilimitado. Como consequência, observa Girard, com ironia, "é impossível interpretar qualquer texto até o fim".[2]

Além disso, a desconstrução rejeita, seja implicitamente ou não, o pressuposto de que o conhecimento é cumulativo. Por conseguinte, a investigação cuidadosa e profunda que se baseia no conhecimento de uma investigação anterior é "ofuscada pelo fluxo e refluxo de novidades e modas que possuem pouca substância e dificilmente passam de uma forma coletiva do *esprit de contradiction*".[3] O verdadeiro conhecimento, em suma, é substituído por ideias infundadas, mas elegantes.

No centro da crítica girardiana da desconstrução se encontram três inquietações principais. A primeira se refere ao fato de que a desconstrução procura solapar o valor referencial da literatura – para Girard, seu atributo mais importante. Se o texto literário pode ser interpretado de inúmeras formas diferentes, se não passa de um constructo linguístico, ele também não possui nenhum "conteúdo" no sentido tradicional da palavra e não pode se referir a nada que esteja fora de si mesmo. Para Girard, o valor das grandes obras da literatura consiste precisamente em sua capacidade de nos instruir acerca das relações humanas – de modo especial, acerca da natureza mimética do desejo.

A segunda inquietação de Girard diz respeito ao fato de a filosofia moderna e a prática crítica contemporânea – de modo particular, a desconstrução – terem solapado nossa fé na capacidade da linguagem de comunicar pensamentos e ideias. Segundo Girard:

---

[2] René Girard, "Theory and its Terrors". In: Thomas Kavanagh (org.), *The Limits of Theory*. Stanford, Stanford University Press, 1989, p. 240.
[3] Ibidem, p. 239.

> Nossos mecanismos intelectuais se tornaram tão eficientes que, no momento mesmo em que um possível oponente se põe a falar, ele se desqualifica. Ao abrir sua ainda "não iniciada" boca, ele revela que ainda deposita aquela confiança rudemente ingênua e antiga na linguagem, uma confiança da qual a filosofia do século XX liberta seus devotos.[4]

A última inquietação de Girard se volta para a fé cega do intelectual moderno no valor intrínseco da inovação. Em "Innovation and Repetition", ele oferece uma interpretação irônica do progresso da vida intelectual moderna:

> Até mesmo a filosofia sucumbiu ao "terrorismo" da inovação. Quando os filósofos franceses saíram em busca de uma garantia contra o maior de todos os males – a fidelidade ao passado, a repetição de filosofias *dépassées* –, uma de suas invenções foi *la rupture épistémologique*. Esse conceito miraculoso possibilitou que o comunista Althusser fosse um *aparatchik* à moda antiga e, ao mesmo tempo, alguém cem por cento inovador – quase tanto quanto o próprio Marx, uma vez que foi Althusser o primeiro a apreciar o gênio inovador do profeta.
>
> O psicanalista Lacan fez o mesmo com Freud. Muito rapidamente, porém, uma única *rupture épistémologique*, aplicável a todas as épocas e todos os povos, começou a parecer pouco. Cada pensador deveria ter uma ruptura própria; os

[4] Ibidem, p. 250.

pensadores de bom gosto, uma série delas em sequência. No final das contas, todos se transformaram numa *rupture* contínua e monstruosa – e não, fundamentalmente, com relação aos outros, mas com o próprio passado.

Foi assim que a *inconsistência* se tornou a maior virtude intelectual da vanguarda. No entanto, o verdadeiro crédito pela escola de inovação da *tabula rasa* deve ser dado a Nietzsche, que fartara-se de repetir, ao lado de todos os outros, que um grande pensador não deveria ter modelo algum. Ele, como sempre, deu um passo além, recusando-se a *ser* um modelo. Era a marca do gênio. Essa ideia ainda é piamente repetida hoje. Nietzsche é nosso modelo supremo de repúdio ao modelo, nosso reverenciado guru da renúncia aos gurus.[5]

Nem mesmo as ciências, declara Girard, estão imunes à busca servil de inovação, ainda que isso sacrifique a própria inteligibilidade:

A ênfase dada às *rupturas*, aos *fragmentos* e às *descontinuidades* ainda é moda em nossas universidades. Michel Foucault nos ensinou a fragmentar a história das ideias em segmentos isolados que não se comunicam entre si. Até mesmo a história da ciência desenvolveu sua duplicata da *épistémé* de Foucault. Na *Estrutura das Revoluções Científicas*, Thomas Kuhn afirma mais ou menos que os únicos cientistas dignos de nota são aqueles que se fazem

---

[5] René Girard, "Innovation and Repetition". *Substance 92/93*. Juliane Schlanger (ed.), Tel Aviv, Israel, 18 de dezembro de 1989, p. 12-13.

completamente ininteligíveis a seus colegas, inventando para isso um *paradigma* inteiramente novo. [6]

A tendência moderna[7] a fazer da inovação um fetiche, a transformá-la num fim em si mesmo, é para Girard uma das consequências mais nefastas da difusão do desejo mimético – e da mediação interna em particular – no mundo moderno. No mundo anterior à Revolução Francesa, em que a mediação externa prevalecia e a existência de modelos a serem imitados era norma, as pessoas tratavam a inovação com desconfiança.[8] A destruição de modelos transcendentes realizada pela Revolução – de modo particular, a do modelo do rei – culminou na criação de um ambiente dominado pela mediação interna. A rivalidade entre sujeito e mediador gerou uma situação em que aquele buscava libertar-se deste a todo custo, contradizendo para isso o seu desejo, isto é, *inovando*. O espírito verdadeiro e construtivo da inovação foi abarcado por um *esprit de contradiction* superficial.[9]

O ataque de Girard à desconstrução e às noções modernas errôneas que a orientam colocou-o em desacordo com várias tendências críticas contemporâneas e com o pós-estruturalismo em geral. Essa divergência explica tanto as críticas tecidas contra a abordagem que

---

[6] Ibidem, p. 13.
[7] Conservando o espírito do ensaio aqui examinado, uso o adjetivo "moderno" em referência a acontecimentos e ideias posteriores à Revolução Francesa. Não faço, portanto, a distinção entre "moderno" e "pós-moderno".
[8] Em "Innovation and Repetition", Girard re-historiciza o exame do desejo mimético de acordo com o que foi desenvolvido em *Mentira Romântica e Verdade Romanesca*. Essa abordagem é deixada de lado em obras como *A Violência e o Sagrado*. Em conversas com o autor, Girard reconheceu que a história do desejo mimético *per se* ainda precisa ser documentada ou mapeada por completo.
[9] Para Girard, a personificação literária desse *esprit de contradiction* é Alceste, o misantropo de Molière: "O gênio clássico reduziu Alceste a um traço único, mas supremamente relevante: ao *esprit de contradiction*, correlato inevitável de seu célebre 'Je veux qu'on me distingue' e sinal de seu poder e impotência num mundo semelhante ao nosso, dedicado exclusivamente à linguagem e assaz competitivo". (René Girard, "Theory and its Terrors", op. cit., p. 248).

ele dá à literatura quanto a condenação dos pressupostos ideológicos que supostamente dão forma às suas teorias.

Em "Girard and Literary Knowledge", Paisley Livingston declara que as críticas da abordagem girardiana à literatura podem ser condensadas em três pontos principais:

1. Afirma-se que Girard confia demais na condição explicativa de sua metalinguagem crítica, a qual deseja dizer "a verdade do texto" em lugar de reconhecer seu papel na constituição do significado. Um problema secundário, aqui, é a categoria do "autor" em sua crítica, uma vez que a insistência de Girard em que suas interpretações revelam a compreensão que o próprio escritor tem do fenômeno da mímesis é vista como um evidente sinal de ingenuidade teórica.

2. Girard é tido como alguém que reduz a seu polo referencial o texto literário, tomando como objeto fundamental o grau em que a obra descreve, representa e analisa fenômenos "extraliterários" – padrões fundamentais, segundo ele, da mímesis.

3. De acordo com a abordagem de Girard, a literatura só é tida como valiosa na medida em que assume um papel explicativo, isto é, na medida em que serve como agente de "desmistificação". A acusação, aqui, é a de que essa ênfase no valor cognitivo da literatura se resume a uma traição da especificidade literária, a qual, muito embora definida de inúmeras formas pelos críticos de Girard, não é por eles jamais encarada como se consistisse numa representação "transparente" ou fiel de verdades não literárias.[10]

Como as observações de Livingston sugerem, Girard e seus críticos diferem fundamentalmente quanto à ação e ao valor da

---

[10] Paisley Livingston, "Girard and Literary Knowledge". In: *To Honor René Girard*. Saratoga, CA, Anma Libri, 1986, p. 222.

literatura, quanto ao objetivo da teoria crítica e quanto à confiabilidade da própria linguagem. Essas diferenças ressaltam conflitos epistemológicos importantes que, de modo especial na esteira do rumoroso "Caso Paul de Man" e na era do "politicamente correto", estão carregados de implicações ideológicas.[11] Em sua defesa da linguagem e de sua capacidade de comunicação, em sua crença no que pode ser chamado de conhecimento "extratextual", tal como em sua fé no valor dos textos canônicos da literatura ocidental, Girard claramente se alinha aos elementos mais tradicionais – ou, segundo alguns, mais "reacionários" – da vida intelectual e acadêmica de hoje. Esse elo, associado à afirmação de que a Bíblia nos oferece uma forma de desmistificar os equívocos da modernidade, levou algumas pessoas a tratá-lo como um fanático religioso reacionário ou, o que é pior, como um admirador secreto de ideologias de extrema-direita. Em "Ethnological 'Lie' and Mythical 'Truth'", por exemplo, Hayden White compara Girard ao ideólogo católico e reacionário Joseph de Maistre e sugere que a Alemanha nazista poderia representar melhor a ideia de sociedade saudável de Girard:

> Tomemos, por exemplo, o caso da Alemanha nazista. Trata-se, sem dúvida, de uma sociedade que satisfaz os critérios de saúde de Girard. Era transcendente em suas aspirações; distinguia, à sua maneira, a força da violência; detinha o mecanismo expiatório; e orquestrava a ação social de acordo com um sistema hierárquico de diferenciação fundamentado num sacrifício ritual. Deveria a Alemanha nazista, portanto, ser tomada como solução-modelo

---

[11] Depois da morte de Paul de Man, ocorrida em 1983, descobriram-se textos seus escritos para a imprensa belga durante a Segunda Guerra Mundial nos quais encontram-se afirmações de teor antissemita. Foram encontrados aproximadamente duzentos textos e em dois deles o conteúdo antissemita é inegável. (N. T.)

dos problemas da modernidade? Ela certamente fora concebida como tal.[12]

Fundamentadas em sua leitura de *A Violência e o Sagrado*, as observações de White trazem uma séria deturpação das ideias de Girard, o qual jamais defende o uso de bodes expiatórios como forma de assegurar a harmonia social. Ele privilegia os textos bíblicos precisamente porque tais textos *denunciam* essas práticas de maneira inequívoca. O desejo de White de condenar a crítica girardiana da modernidade o leva, portanto, a interpretar equivocadamente tanto a orientação ideológica de Girard quanto seu cristianismo. Ele rotula Girard de "apologista da reação" e insiste em que ele partilha da visão, nutrida pelo católico reacionário Joseph de Maistre, de que o "modernismo" é uma "impiedade", uma "combinação de falsidade e erro".[13]

White não é o único a achar que uma visão fundamentalmente reacionária serve como base para as ideias de Girard – e não apenas para suas teorias relacionadas ao bode expiatório e à ordem social, mas também para seu conceito de desejo. Sarah Kofman e Toril Moi, duas críticas feministas,[14] afirmam que tanto o desejo mimético quanto as estruturas psicológicas que Girard obtém a partir dele ficam prejudicados por sua incapacidade de lidar com a diferença sexual, o que por si só refletiria uma insensibilidade mais ampla às questões de gênero. Moi insiste em que Girard só está interessado naquilo que ela descreve como uma configuração

---

[12] Hayden White, "Ethnological 'Lie' and Mythical 'Truth'". *Diacritics*, 8, 1, 1978, p. 8.
[13] Ibidem, p. 3. Desde então, White recuou um pouco, admitindo que, em seu ensaio, não "fizera justiça à fecundidade das teorias de Girard" (Carta não publicada a Steven Oberhelman, 16 de janeiro de 1986). Para uma primeira resposta ao ataque de White a Girard, ver Cesáreo Bandera, "The Doubles Reconciled". *MLN*, 93, 1978, p. 1007-14. O ponto crucial da incompreensão de White jaz, segundo Bandera, no fato de ele ler *A Violência e o Sagrado* como uma defesa da religião e da sacralização da violência como um todo, o que certamente não é verdade.
[14] Ver Sarah Kofman, "The Narcissistic Woman: Freud and Girard". *Diacritics*, 10, 3, 1980, p. 36-45; e Toril Moi, "The Missing Mother: The Oedipal Rivalries of René Girard". *Diacritics*, 12, 1, 1982, p. 21-31.

do tipo homem-homem-mulher, na qual os homens sempre desempenham a função de sujeito e mediador e sempre têm a mulher como objeto de desejo. Em suas análises literárias, essa predileção faz Girard ignorar a maioria das escritoras, a ler mal os romances que têm protagonistas mulheres e a interpretar equivocadamente a natureza de seus desejos.

Outros problemas suscitados pela concepção "orgulhosa, patriarcal e monolítica" de desejo sustentada por Girard podem ser detectados na crítica que ele faz a Freud. Moi declara que a refutação girardiana do complexo de Édipo "se fundamenta numa desvalorização da mãe, que no esquema de Girard não pode ser desejada por aquilo que é".[15] Dar tal privilégio ao pai na formação do desejo infantil força Girard a ignorar a fase pré-edipiana, na qual "todos os desejos se dirigem para a mãe". Se o estágio pré-edipiano fosse levado em consideração, as contradições existentes na arqueologia do desejo humano realizada por Girard ficariam evidentes:

> Ao aplicarmos a teoria mimética de Girard ao estágio pré-edipiano, somos obrigados a declarar que o desejo da mulher é o desejo original, tornando-se assim o paradigma de todo desejo. Isso contradiz inteiramente a defesa que Girard faz do desejo masculino enquanto desejo normativo. [...] Uma vez que o primeiro triângulo mimético vivenciado tem a capacidade de gerar aqueles que virão depois, a aplicação do princípio mimético ao período pré-edipiano nos força a concluir que todos os homens seriam homossexuais, visto que imitam originariamente o desejo da mãe pelo pai.[16]

---

[15] Toril Moi, "The Missing Mother: The Oedipal Rivalries of René Girard", op. cit., p. 27.
[16] Ibidem, p. 27-28.

Moi afirma que só é possível sair dessa situação sustentando que a heterossexualidade é inata, o que Girard de fato faz; no entanto, isso acaba por contradizer a premissa, crucial, de que a rivalidade, a imitação, é "a condição essencial do desejo".

Sarah Kofman ataca Girard em outro ponto crítico de sua divergência com Freud: o narcisismo. A afirmação de que a autossuficiência da mulher é uma ilusão em que ela finge desejar a si mesma a fim de atrair o desejo do homem revela, segundo Kofman, mais sobre a psicologia de Girard do que sobre o desejo humano em geral:

> São os homens, como Girard, [...] que, por serem incapazes de suportar a autossuficiência da mulher, passam a imaginar que se trata de mero estratagema e de mera aparência, que sua faceirice e beleza não passam de adornos suplementares destinados a emboscar os homens, que a própria "platitude" sempre esconde, no fundo, uma [...] inveja do pênis, um "desejo do outro".[17]

Kofman conclui que o medo da autossuficiência feminina, em Girard, jaz no âmago de toda a sua polêmica com Freud.

O comentário de Moi sobre a incapacidade de Girard de lidar com a fase pré-edipiana aponta para uma dificuldade que outros críticos observaram no modelo mimético. Trata-se do grau em que o desejo sexual é inato, e não imitado. Embora seja possível atacar o problema num contexto específico, uma solução genérica e definitiva parece impossível, dada as complexidades biológicas, sociais e históricas envolvidas.[18]

---

[17] Sarah Kofman, "The Narcissistic Woman: Freud and Girard", op. cit., p. 42.
[18] Girard aborda as críticas de Kofman e Moi na entrevista que consta neste livro. Recentemente, críticas feministas passaram a incorporar as ideias de Girard em suas próprias obras. Ver, de modo particular, Eve Kosofsky Sedgwick, *Between Men: English Literature*

A crítica de Kofman ao comentário de Girard sobre o narcisismo freudiano é por si só problemática, visto exigir que "coloquemos Girard sobre o divã" e, de modo ainda mais importante, que partamos do princípio de que o narcisismo (ou o "pseudonarcisismo", na terminologia de Girard) é para ele um fenômeno exclusivamente feminino. Ao examinar "Sobre o Narcisismo" em *Coisas Ocultas*, Girard de fato lida apenas com o desejo da mulher, mas a estratégia ali presente também se faz evidente em sua análise da conquista final de Mathilde por Julien, encontrada no episódio da madame de Fervacques em *O Vermelho e o Negro*. A indiferença de Julien pelas cartas apaixonadas da madame de Fervacques sugere uma autossuficiência que reacende a paixão de Mathilde por ele.

O desejo mimético e a "psicologia interdividual" que ele gera também têm sido atacados pelos críticos cujo interesse se volta menos para a diferença sexual do que para aquilo que a eles parece ser uma esquematização excessiva do próprio desejo. Em "Desire: Direct and Imitative", Robert Greer Cohn repreende Girard pela "unidimensionalidade" de sua teoria, declarando que "ele demonstra uma forte tendência a 'deixar de lado a dimensão profunda' e 'vertical', a dimensão 'metafórica', [do desejo], na qual as aspirações mais elevadas – como as da religião ou da arte – e os apetites e necessidades inferiores – como a luxúria e a agressividade – se encontram, unindo assim polos extremamente opostos".[19] Cohn também declara que a opção de Girard por exemplos literários, incluindo aí Dostoiévski e Cervantes, acaba por destacar modelos dúbios para a compreensão do desejo humano, uma vez que os personagens que tais autores retratam são "desequilibrados" ou "exagerados". Por fim, Cohn contesta a ideia de que as mediações externa e interna sejam duas formas do mesmo desejo mimético. Afirmá-lo, diz Cohn, nada mais é do que uma "artimanha", mais

---

and Male Homosocial Desire. New York, Columbia University Press, 1985; e Patricia Klindienst Joplin, "Ritual Work on Human Flesh: Livy's Lucretia and the Rape of the Body Politic". *Helios*, 17, 1, 1990, p. 51-70.
[19] Robert Greer Cohn, "Desire: Direct and Imitative". *Philosophy Today*, inverno de 1989, p. 319.

uma tentativa por parte de Girard de esquematizar o desejo de maneira a adequá-lo a seus objetivos.

Cohn pode ter razão quando afirma que o desejo mimético é assaz esquemático e incapaz de explicar todo tipo de desejo humano, mas não formula uma crítica que conteste a teoria de Girard com base num fundamento específico. As objeções de Cohn à opção por exemplos da literatura refletem mais uma diferença de gosto literário do que qualquer outra coisa. (As preferências de Cohn incluem Mallarmé e Tolstói.) Cohn também ignora o fato de que uma das principais fontes literárias de Girard é Shakespeare, cujos personagens dificilmente podem ser tidos como "exagerados", "desequilibrados" e, portanto, incapazes de corporificar a mais ampla extensão do desejo humano. Por fim, embora insatisfeito com a distinção entre mediação interna e mediação externa, Cohn é incapaz de defender convincentemente que ambas, na verdade, representam duas formas diferentes de desejo.

Se muitas das críticas lançadas contra a obra de Girard se concentram em sua ideologia supostamente antimodernista e reacionária e em sua concepção "esquemática" do desejo, outras lidam com seu *esprit de système*, isto é, com a natureza sistemática de sua iniciativa intelectual e os erros de interpretação que essa "sistematização demasiada" deve inevitavelmente produzir. Essas críticas vêm de uma série de círculos e disciplinas diferentes, o que justificadamente reflete a amplitude do alcance intelectual de Girard e a diversidade de fenômenos que seu sistema procura explicar. Elas dizem respeito a "distorções" de provas textuais e outras evidências; às pretensões de validade científica das hipóteses subjacentes ao sistema; e ao privilégio arbitrário concedido a algumas provas em detrimento de outros materiais, que são convertidos em "bodes expiatórios" no intuito de se adequarem às necessidades do pensamento como um todo. De modo especial, alguns críticos declaram que, ao atribuir ao texto bíblico um valor cognitivo supremo, Girard é forçado a tratar os mitos como um amontoado de mentiras e falsificações.

Paisley Livingston observa que algumas pessoas acusaram Girard de confiar demais no estatuto explicativo de seu vocabulário crítico. Em vez de decifrar o verdadeiro sentido de um texto, o aparato crítico de Girard impõe a ele um significado e, portanto, suprime seu sentido real. A presença de duplos ou do mecanismo expiatório em determinado texto, por exemplo, pode muito bem não passar de uma ilusão, mas a leitura sedutora de Girard consegue ainda assim convencer o leitor dessa presença. Françoise Meltzer afirma que Girard é capaz de distorcer qualquer texto, seja ele literário ou não, a fim de adaptá-lo a suas teorias. Do mesmo modo como "toda vítima bastará" para o sacrifício, "todo texto servirá" para a análise girardiana, uma vez que todos, segundo Girard, significam no fundo a mesma coisa.[20] A analogia de Meltzer está longe de fazer jus à sofisticação das teorias de Girard ou à sutileza com que ele as aplica, mas sublinha certo grau de previsibilidade em sua abordagem.[21]

Em "Incest and Mythology: Anthropological and Girardian Perspectives", Elizabeth Traube afirma que os problemas criados pelo sistema interpretativo de Girard vão além das questões da análise textual, pois arriscam comprometer evidências antropológicas obtidas de modo direto. Após esboçar os componentes essenciais de uma leitura girardiana do mito, Traube analisa o mito mambai de Mau Lelu. Em primeiro lugar, ela demonstra que em termos narrativos o mito está visivelmente de acordo com o modelo girardiano. Em seguida, porém, Traube revela que uma reinserção do mito no contexto da cultura mambai desacredita por completo essa leitura. Segundo a autora, a aplicabilidade geral da teoria de Girard,

---

[20] Françoise Meltzer, "A Response to René Girard's Reading of Salome". *New Literary History*, 15, 1984, p. 328.
[21] Em "Un Modèle de l'Imprédictible", Pierre Livet rejeita as declarações, feitas por Meltzer e Cohn, segundo as quais os modelos mimético e expiatório são demasiadamente redutores e previsíveis. No entanto, eles podem aparentar sê-lo porque, no fundo, Girard se viu forçado a "congelar" um processo dinâmico e imprevisível a fim de aplicá-lo a cada texto em particular. O ensaio de Livet pode ser encontrado em Paul Dumouchel (ed.), *Violence et Vérité: Autour de René Girard*. Paris, Grasset, 1985, p. 558-68.

ela mesma um remendo de várias fontes fragmentárias, se torna suspeita quando o contexto cultural das evidências é levado em consideração. A análise girardiana desempenha "apenas um tipo de operação" com relação ao mito, enquanto o tipo de análise antropológica que Traube propõe busca criar, "por meio de uma investigação multifacetada, o ambiente em que [o mito] *possui* significado".[22]

A avaliação final da contribuição de Girard para os estudos antropológicos é um tanto dura:

> Girard, longe de dar significado a uma compilação de singularidades, acaba por destruir aquele significado que dependia de sua integração num sistema completo. Ele separa as totalidades com o objetivo de gerar uma compilação de singularidades ou "fragmentos dispersos", os quais são então reordenados por intermédio do modelo vitimário. [...] E, muito embora possa dar ordem ao caos, por ele criado, dos fatos etnográficos, Girard perde (como Frazer e outros teóricos do século XIX, quiçá até como Lévi-Strauss) a capacidade de nos revelar algo sobre *os produtos culturais propriamente ditos* porque aniquilou as culturas que os produziam.[23]

Hayden White se mostra igualmente preocupado com a "universalidade" do sistema girardiano. O que o inquieta é menos a falsificação de provas etnográficas específicas do que o fato de o esquema girardiano "explicar demais".[24] Ao contrário do que

---

[22] Elizabeth Traube, "Incest and Mythology: Anthropological and Girardian Perspectives". *Berkshire Review*, 14, 1979, p. 45.
[23] Ibidem, p. 49.
[24] Seguindo uma linha de raciocínio semelhante, Jean-Marie Domenach afirma que o perigo da iniciativa girardiana jaz no fato de que, se aceita por completo, ela impede

Girard acredita, esse esquema não constitui uma teoria científica cuja validade é confirmada pelo número de provas que ele explica; antes, trata-se essencialmente de um constructo metafísico. Seguindo Karl Popper, White observa que toda teoria científica deve explicitar o que ele chama de critério de falseabilidade – "a especificação de um tipo de dados que deveria ser produzido" a fim de que a teoria fosse refutada. No caso do modelo girardiano, todo e qualquer dado pode ser adequado e explicado pelo recurso ao sistema.[25]

Uma crítica final à natureza sistemática da iniciativa de Girard – crítica que nos diz respeito de modo especial – envolve aquilo que Richard Kearney diz ser o uso girardiano do mito como bode expiatório. Kearney declara que, da mesma forma como para Girard os mitos bíblicos agem de modo a despir as práticas persecutórias, todos os outros mitos promovem essas práticas apagando os traços de sua violência original. Desse modo, os mitos devem necessariamente ser objetos de desconfiança, "imposturas que exigem cautela e precisam ser desconstruídas, objetos repreensíveis do ponto de vista epistemológico e ético".[26] Como resultado, afirma Kearney, "todo emprego mítico da imaginação é por definição persecutório".[27] A imaginação, no mito, é reduzida à condição de adorno nefando e enganoso.

descobertas ulteriores no campo das ciências humanas. Jean-Marie Domenach, "Voyage to the End of the Sciences of Man". In: Paul Dumouchel (ed.), *Violence and Truth: On the Work of René Girard*. Stanford, Stanford University Press, 1988, p. 152-59.

[25] Em *The Bible, Violence and the Sacred*, James Williams admite que a teoria de Girard não pode ser falseada no sentido proposto por Popper, mas também não acredita que essa limitação nos permita declará-la "não científica". Para que sua validade seja verificada, ela deve ser cotejada com a capacidade que as outras teorias têm de explicar os dados pertinentes. Por exemplo, ao responder certas questões sobre a religião e a cultura, deve-se perguntar: "a teoria girardiana será coerente de uma forma que outros modelos não conseguem ser?" (James Williams, *The Bible, Violence and The Sacred*. San Francisco, Harper Collins, 1991, p. 14).

[26] Richard Kearney, "Le Mythe chez Girard. Un Nouveau Bouc Émissaire?". In: Paul Dumouchel (ed.), *Violence et Vérité: Colloque de Cérisy Autor de René Girard*. Paris, Grasset, 1985, p. 45.

[27] Ibidem, p. 40.

Segundo Kearney, encontramos outra consequência da conversão do mito em bode expiatório no fato de todos os mitos não bíblicos se tornarem incapazes de defender a vítima, de exemplificar sua perspectiva. Para Kearney, essa posição de Girard é equivocada, uma vez que "Édipo, Prometeu e Ifigênia são, em alguns aspectos, tão inocentes e benevolentes para com a humanidade quanto Abel e José – inocência de que os gregos estavam plenamente cientes".[28] O mesmo poderia ser dito com relação a mitos de outras culturas, mas o sistema girardiano os culpa de "demonismo sacrificial".

Kearney acredita que, no centro da conversão girardiana do mito em bode expiatório, se encontra a crença na superioridade das culturas bíblicas com relação às culturas não bíblicas. A "descontinuidade absoluta" entre ambas no esquema de Girard é, sob a ótica de Kearney, tanto epistemologicamente insensata quanto perigosamente redutora.[29]

A acusação de que Girard faz dos mitos bodes expiatórios como parte de um processo que privilegia as culturas bíblicas levanta mais uma vez a questão do valor cognitivo da Bíblia no esquema de Girard e na interpretação que ele dá aos textos bíblicos, de modo especial aos Evangelhos. Uma série de pesquisadores censurou Girard por privilegiar a Bíblia enquanto instrumento de desmistificação de práticas culturais que por muito tempo permaneceram envoltas em concepções equivocadas. Para eles, o espírito crítico que deu forma a nossos esforços intelectuais desde o Iluminismo exige que continuemos a tratar a Bíblia como objeto de estudo. Caso contrário, a distinção entre fé e conhecimento se nublará, em detrimento deste último. O biblicista Burton Mack resume com franqueza esse ponto de vista: "A academia não precisa dos Evangelhos".[30]

---

[28] Ibidem, p. 41.
[29] A avaliação de Kearney, aqui, é por si só redutora. Ele insiste numa "descontinuidade absoluta" entre as culturas bíblica e não bíblica, o que de muitas formas exagera as conjunturas reais. Ver o Capítulo 4.
[30] Burton Mack, "The Innocent Transgressor: Jesus in Early Christian Myth and History". *Semeia*, n. 33, 1985, p. 165.

Críticas mais específicas foram tecidas contra a leitura girardiana da Bíblia, de modo especial contra a interpretação que Girard dá a Cristo e à Paixão. O próprio Mack observa que, ao desenvolver sua leitura, Girard ignora "duzentos anos de pesquisas destinadas a estabelecer a história e o ambiente histórico e social dessa literatura".[31] Além disso, sua escolha de documentos bíblicos se pauta exclusivamente pelo desejo de encontrar textos que se adéquem à sua teoria. Mack reconhece que Girard respondeu à primeira questão afirmando que o caso dos Evangelhos é único e que "sua verdade não pode ser alcançada por intermédio da crítica histórico-literária convencional".[32] A seus olhos, porém, essa posição é inadequada. Se alguns parâmetros históricos cruciais forem levados em consideração, e se as categorias que Girard aplica a outros textos forem aplicadas também aos Evangelhos, estes últimos serão interpretados como algo que se opõe precisamente ao que Girard afirma. Em vez de desmistificar as práticas persecutórias, os próprios Evangelhos se tornariam textos de perseguição.

Mack observa que um tempo considerável se passou entre a morte de Jesus e a redação dos Evangelhos. Os próprios textos, portanto, não podem ser lidos como relatos literais da vida e morte de Cristo. Eles foram redigidos do ponto de vista dos primeiros cristãos, que procuravam se tornar, entre outras coisas, independentes do judaísmo. Para que isso ocorresse, os primeiros cristãos retiraram dos romanos um grau maior de culpa pela morte de Jesus e o transferiram para os judeus. Nos Evangelhos, portanto, os judeus são retratados como perseguidores e Cristo, como a vítima inocente – uma versão dos acontecimentos que não é integralmente histórica. Os próprios Evangelhos, assim, se tornam textos de perseguição:

> Quais são, então, os perseguidores que escrevem os Evangelhos? Os cristãos. E quais são

---

[31] Ibidem, p. 148.
[32] Ibidem, p. 148.

as vítimas? Os judeus. E o que há de singular nos Evangelhos? O fato de as vítimas serem tratadas como perseguidores de uma vítima inocente.[33]

Os cristãos na verdade se unem ao redor de seu bode expiatório, isto é, dos judeus. Ao contrário do que Girard supõe, portanto, não estamos tão longe de Guillaume de Machaut e seu *Julgamento do Rei de Navarra*.

Críticas de uma ordem um tanto diferente, mas ainda assim relacionada, foram levantadas por Lucien Scubla no ensaio "The Christianity of René Girard and the Nature of Religion". Segundo ele, "a desvalorização do sacrifício não é nem o atributo distintivo do cristianismo, nem o tema principal do magistério de Cristo".[34] Scubla observa que "é impossível encontrar, nas falas de Jesus, qualquer pronunciamento que seja completamente antissacrificial". E continua:

> Tudo o que Jesus pede aos homens é que se reconciliem com os irmãos *antes* de apresentarem sua oferta sobre o altar. Longe de insinuar que a oferta é supérflua, Ele continua a prescrevê-la como se ela fosse necessária para selar e consolidar sua união. Ao curar o leproso, Ele lhe pede que vá e se apresente no Templo, a fim de realizar os sacrifícios que a lei exige. Quando o próprio Jesus celebra a Páscoa, Ele rememora o êxodo do povo de Israel imolando um cordeiro tradicional, do mesmo modo como agiria qualquer judeu piedoso em Sua época. Ao ensinar aos discípulos que "amar o próximo como a

---

[33] Ibidem, p. 156.
[34] Lucien Scubla, "The Christianity of René Girard and the Nature of Religion". In: op. cit., p. 161.

> si mesmo é mais importante do que todas as ofertas e sacrifícios", Ele não está lançando os ritos sacrificiais às trevas exteriores: tudo o que faz é subordiná-los ao amor, seguindo diretamente a tradição dos profetas cujos preceitos Ele repete *verbatim*.[35]

Segundo Scubla, Girard também erra ao afirmar que, "entre o Antigo e o Novo Testamentos", há uma "terrível ruptura" que gira em torno da questão do sacrifício. Na verdade, a diferença diz respeito às relações de parentesco – de modo especial, à relativa importância do pai em oposição ao filho:

> O judaísmo é uma religião que dá grande ênfase ao pai, enquanto o cristianismo põe sua ênfase no filho; aquele tende a enfatizar a relação vertical que une o homem a seus ancestrais, ao passo que o último sublinha a relação horizontal que une o homem e seus "irmãos".[36]

Nessa perspectiva, Cristo surge não como uma vítima inocente, e sim como um rebelde que "luta contra as formas tradicionais de piedade" e, portanto, representa uma ameaça à ordem social. A insistência de Scubla na culpabilidade de Cristo encontra reflexos em Mack, que observa que, quanto mais é defendida a "inocência" de Cristo no que diz respeito à lei e à ordem, "menos plausível se torna sua condenação pelos romanos".[37]

A última objeção que Scubla opõe a Girard diz respeito à declaração de que os Evangelhos "têm exclusividade na revelação dos fundamentos violentos da sociedade humana". Cerca de seis

---

[35] Ibidem, p. 162.
[36] Ibidem, p. 162-63.
[37] Burton Mack, "The Innocent Transgressor: Jesus in Early Christian Myth and History", *op. cit.*, p. 156.

séculos antes de Cristo, afirma Scubla, "a tradição órfica já condenava com vigor todas as formas de sacrifício sanguinário e já censurava os homens por terem edificado a pólis sobre a matança".[38] A revelação cristã, tal qual Girard a define, dificilmente se originou com os cristãos.

As críticas de Mack e Scubla lidam sobretudo com problemas históricos específicos resultantes da interpretação girardiana dos textos bíblicos. Para Jean-Marie Domenach, porém, o problema mais crucial diz respeito à visão da história e do cristianismo que essa interpretação toma como pressuposto. Domenach afirma que Girard violenta a história ao concentrar-se exclusivamente em seu caráter sacrificial e na desmistificação do sacrifício que a Bíblia possibilita. A história não é formada apenas de episódios sacrificiais que precisam ser decifrados, e sim de "atos morais, [...] de engenhosidade espiritual, intelectual e estética".[39]

Domenach também culpa Girard por basear seu cristianismo na antropologia, o que beiraria o sacrilégio. Ele conclui: "A substituição da teologia pela antropologia me parece mais um sinal de nosso orgulho pretensioso e de nossa desordenada situação contemporânea do que um avanço decisivo em nosso conhecimento de Deus".[40] A crítica final de Domenach serve como resposta ao comentário de Burton Mack citado anteriormente: do mesmo modo como a academia não precisa dos Evangelhos, também os Evangelhos não precisam da academia. A antropologia de Girard, por mais intelectualmente sedutora que pareça ser, não é um fundamento necessário, ou mesmo desejável, para a fé cristã.

Se considerados juntos, os pontos de vista de Mack e Domenach confirmam, paradoxalmente, tanto a "marginalidade" quanto a centralidade da iniciativa intelectual de Girard. Se essa iniciativa

---

[38] Lucien Scubla, "The Christianity of René Girard and the Nature of Religion", op. cit., p. 162.
[39] Jean-Marie Domenach, "Voyage to the End of the Sciences of Man", op. cit., p. 157.
[40] Ibidem, p. 159.

levanta questões importantes no âmbito da "razão", também o faz no âmbito da "fé" – questões que contestam não somente nossas tradições intelectuais e religiosas, mas até mesmo nossa compreensão da natureza do próprio "conhecimento". Foi certamente por isso que, num número extraordinário de disciplinas das ciências humanas e sociais, as ideias de Girard suscitaram um interesse crítico tão grande. Provas desse interesse podem ser encontradas não somente nas críticas que examinamos, mas também nas pesquisas inspiradas pela obra de Girard.

Os Girardianos

Como era de se esperar, foi no campo dos estudos literários que o impacto inicial das ideias girardianas se fez mais evidente. Críticos espanhóis, incluindo Ciriaco Moron-Arroyo e, de modo especial, Cesáreo Bandera, estiveram entre os primeiros a explorar o modelo mimético, dando continuidade ao trabalho do próprio Girard sobre Cervantes. Bandera também investigou as implicações do desejo mimético, do uso de bodes expiatórios e da sacralização da violência na obra de Calderón de la Barca e, mais recentemente, de Virgílio.[41]

Especialistas nas literaturas francesa, alemã, inglesa e americana, tal como alguns classicistas, também empregaram os conceitos girardianos do desejo mimético, do bode expiatório e da crise sacrificial em suas leituras dos trágicos gregos, do teatro clássico francês e de romancistas e dramaturgos dos séculos XIX e XX, como George Eliot, Franz Kafka e Henry de Montherlant. Classicistas como Charles Segal e Frederick Griffiths descobriram que a ideia da crise sacrificial mostrava-se particularmente útil, e por vezes controversa,

---

[41] Ver Ciriaco Moron-Arroyo, "Cooperative Mimesis: Don Quixote and Sancho Panza". *Diacritics*, 8, 1, 1978, p. 75-86; Cesáreo Bandera, *Mimesis Conflictiva: Ficción Literaria y Violencia en Cervantes y Calderón*; "From Virgil to Cervantes: Literature Desacralized". *Helios*, 17, 1, 1990, p. 109-20.

quando usada na análise da trilogia esquiliana de Orestes e na análise da poesia épica de Homero e Apolônio de Rodes. Pesquisadores voltados para o romance, analisando, entre outros, *Silas Marner*, de Eliot, e *O Processo, de Kafka*, demonstraram maior interesse pelo papel desempenhado pelo desejo triangular na definição do destino dos protagonistas e de outros personagens.[42]

Tem suscitado particular interesse o estudo de Robert Casillo sobre o antissemitismo da poesia de Ezra Pound. Casillo demonstra que toda a iniciativa poética de Pound se estrutura ao redor da conversão dos judeus em bodes expiatórios e que sua força e inspiração advêm desse processo de vitimação. A aplicação do modelo girardiano, portanto, permite não apenas que Casillo explore traços cruciais da estética de Pound, mas também que ele desenvolva uma explicação plausível da fonte e da natureza de seu fascismo.[43]

As ideias de Girard também encontraram respaldo em outras disciplinas das humanidades e das ciências sociais – da teoria crítica e da filosofia à economia. No instigante *Violence and Difference*, Andrew McKenna reconceitua a noção de pós-moderno a partir da vítima. Segundo ele: "A pós-era é a era da vítima".[44] Recentemente, McKenna também elaborou uma persuasiva explicação da unidade e do apelo dos filmes ocidentais, demonstrando como eles

---

[42] Os que se interessarem por uma grande variedade de interpretações girardianas de textos literários deverão consultar tanto a edição especial da *Helios* (17, 1, 1990) intitulada "René Girard and Western Literature", quanto *To Honor René Girard* (Saratoga, Anma Libri, 1986). A edição da *Helios* contém os ensaios de Segal e Griffiths sobre a poesia épica, ao passo que *To Honor René Girard* traz o ensaio dedicado a Kafka. A leitura girardiana de *Silas Marner* se encontra na introdução de *Violence and Truth*, escrita por Paul Dumouchel (op. cit., p. 1-21). Para um estudo do papel da violência sacrificial no teatro de Henry de Montherlant, ver Richard J. Golsan, *"Service inutile": A Study of the Tragic in the Theatre of Henry de Montherlant*. University, Miss., Romance Monographs, 1988.
[43] Ver Robert Casillo, *The Genealogy of Demons: Anti-Semitism, Fascism, and the Myths of Ezra Pound*. Evanston, Northwestern University Press, 1988. Para um exame mais teórico do uso de bodes expiatórios no fascismo e na constituição do poder estatal como um todo, ver o Capítulo 5 de *Violence and Difference*, de Andrew McKenna.
[44] Andrew McKenna, *Violence and Difference: Girard, Derrida, and Deconstruction*. Urbana, University of Illinois Press, 1992, p. 141.

recorrem aos duplos miméticos e ao uso de bodes expiatórios.[45]
Em seu estudo do filósofo e crítico Georges Bataille, Jean-François Fourny explora o modelo mimético no intuito de mapear o desenvolvimento dos aprendizados intelectuais do autor.[46] Antropólogos e mitólogos elaboraram leituras girardianas de mitos gaboneses e outros mitos.[47] Psicólogos começaram a utilizar o modelo mimético em suas análises da psicologia infantil e na investigação de certas anormalidades e neuroses psicológicas.[48] Em *Models of Desire*, Paisley Livingston desenvolveu uma "psicologia da mímesis" que situa a obra de Girard no campo mais amplo da psicologia contemporânea e que aborda diversas questões relevantes sobre as quais Girard não se debruçou em seus exames da psicologia interdividual. Mais especificamente, Livingston analisa aqueles fatores que determinam a escolha do mediador e examina tanto os graus de intensidade da interação mimética quanto as razões que motivam essas variações. Economistas desenvolveram uma teoria da concorrência no sistema de livre mercado que tem como fundamento a teoria mimética,[49] ao mesmo tempo em que alguns teóricos sociais julgaram as ideias de Girard cruciais à compreensão da morfogênese da sociedade.[50] Por

---

[45] Idem, "The Law's Delay: Cinema and Sacrifice". *The Legal Studies Forum*, 15, 3, 1991, p. 199-214.
[46] Ver Jean-François Fourny, *Introduction à la Lecture de Georges Bataille*. New York, Peter Lang, 1988.
[47] Ver René Bureau, "A Gabonese Myth". In: Paul Dumouchel (ed.), op. cit.,1988, p. 27-43.
[48] Ver Lucien Morin, "Le Désir Mimétique chez l'Enfant: René Girard et Jean Piaget" (p. 299-318), e Jean-Pierre Dupuy, "Totalization et Méconnaissance" (p. 110-136). In: Paul Dumouchel (ed.). *Violence et Vérité*, op. cit. O artigo de Dupuy, traduzido para o inglês como "Totalization and Misrecognition", figura em Paul Dumouchel (ed.), *Violence and Truth*, op. cit., p. 75-100.
[49] Ver André Orléan, "Monnaie et Spéculation Mimétique", e Pierre Lantz, "Monnaie Archaique, Monnaie Moderne". In: Paul Dumouchel (ed.), *Violence et Vérité*, op. cit.; André Orléan, "The Origin of Money", e Jean-Joseph Goux, "Primitive Money, Modern Money". In: Francisco J. Varela; Jean-Pierre Dupuy, *Understanding Origins: Contemporary Views on the Origin of Life, Mind and Society*. Dodrecht, Kluwer Academic Publishers, 1992; e Paul Dumouchel e Jean-Pierre Dupuy, *L'Enfer des Choses: René Girard et la Logique de l'Économie*. Paris, Seuil, 1979.
[50] Ver Dupuy, "Totalization and Misrecognition". In: Paul Dumouchel (ed.), *Violence and Truth*, op. cit., 1988, p. 74-77.

fim, Eric Gans propôs uma teoria da origem da linguagem na qual a vítima funciona como fonte original de significação.[51]

O maior impacto de Girard nos últimos anos se deu no campo dos estudos bíblicos. Livros, artigos e edições especiais de periódicos especializados foram dedicados a leituras girardianas de textos específicos e à valoração do impacto geral de Girard sobre o futuro do desenvolvimento da própria área.[52] Ademais, um grupo chamado COV&R (Colloquium on Violence & Religion) foi formado no intuito de examinar as teorias girardianas numa série de contextos culturais, concentrando-se sobretudo em suas aplicações bíblicas. Um boletim do grupo vem sendo publicado hoje.

Tanto a variedade quanto o número de obras publicadas pelos emuladores e detratores de Girard ressaltam a fecundidade de suas teorias e sugerem que seu impacto será duradouro. Sejam ou não universalmente válidas ou universalmente defensáveis em cada um de seus detalhes, como um "sistema" elas constituem um esforço intelectual de impressionante originalidade e rigor. Elas nos forçam a repensar a violência, o desejo e a relação que há entre ambos. As teorias de Girard também exigem que olhemos para os artefatos culturais – entre os quais os mitos e os textos literários – a partir de uma perspectiva integradora, a qual sugere a existência de inter-relações importantes e a possibilidade de haver origens comuns e inesperadas. Um tal prospecto pode muito bem ser visto com ceticismo numa atmosfera intelectual que desconfia das totalidades, mas ainda assim sugere uma forma de superar o que Frank Kermode chama de "fragmentos e ruínas" do pós-modernismo.[53] A natureza sistemática da obra de Girard, como alguns de

---

[51] Ver, de modo particular, Eric Gans, *The Origin of Language: A Formal Theory of Representation*. Berkeley, University of California Press, 1985.
[52] Ver, de modo particular, a edição especial de *Semeia* intitulada "René Girard and Biblical Studies" (ed. Andrew McKenna) e James G. Williams, *The Bible, Violence and the Sacred*. San Francisco, Harper and Row, 1991.
[53] Frank Kermode, *History and Value*. Oxford, Oxford University Press, 1989. Ver o Capítulo 7.

seus críticos comprovam, pode muito bem ser sua fraqueza, mas também é possível considerá-la seu ponto forte.

A contribuição final de Girard, e também a mais controversa, está na renovação do diálogo entre a tradição judaico-cristã e a vida intelectual moderna. Com efeito, Jean-Marie Domenach descreve a obra de Girard como

> o heroico apogeu da racionalidade moderna: uma viagem que ruma para o fim das ciências do homem e que, tendo chegado à beira do abismo niilista, faz um retorno impressionante que conduz de volta [...] a uma fulgurante jornada àquele mesmo domínio [...] que se cria [...] abandonado para sempre: o da palavra de Deus.[54]

Cheguemos ou não ao destino final de Girard, não se pode duvidar do valor do trajeto que ele mapeou para as "ciências do homem".

---

[54] Jean-Marie Domenach, "Voyage to the End of the Sciences of Man". In: Paul Dumouchel (ed.), *Violence and Truth*, op. cit., p. 159.

apêndices

uma entrevista com René Girard

Richard Golsan: Eu gostaria de começar tratando de uma opinião fundamental que muitos têm com relação ao seu trabalho, isto é, do consenso de que ele se resumiria a uma apologética cristã. Essa visão insinua que poucos sabem que o senhor se reconverteu ao cristianismo enquanto elaborava suas teorias.

René Girard: Foi de fato isso o que aconteceu. Recordo-me com exatidão de quando essa mudança teve início. Estávamos em 1955, ano em que, se não me engano, a ideia da rivalidade mimética começou a se cristalizar. Aquela foi uma experiência extremamente impressionante, mas não era uma experiência religiosa. Eu ainda era agnóstico. Não percebia o quão longe esse processo me levaria.

O último capítulo de *Mentira Romântica e Verdade Romanesca*, escrito um pouco depois, desenvolve a ideia de que o simbolismo da morte e da ressurreição presente ao final de alguns romances reflete uma experiência pessoal de "conversão", uma experiência que, em retrospecto, transfigura o passado do autor, permitindo-lhe que enfim escreva a obra que sempre desejara escrever, mas não conseguia.

Quando redigi esse capítulo, estava começando a abandonar a ilusão racionalista que confina a religião à crença religiosa em sentido estrito. Eu ainda não entendia bem que, sabendo ou não, todos nós existimos no seio de algum tipo de religião.

Golsan: Então a leitura conspiratória de sua obra, que a toma como justificativa de suas crenças, carece de precisão. Parece que, longe de ser um produto de suas crenças, a gênese e o desenvolvimento de sua obra estão intimamente ligados ao próprio processo de conversão.

Girard: Receio que a palavra "conspiratória" descreva bem o modo como muitas pessoas reagem à minha obra. Elas a veem como uma espécie de armadilha que coloquei astuciosamente em seu caminho a fim de tornar o cristianismo mais atraente do que de fato é, o que eu realizaria sob a falsa pretensão de fazer "crítica literária" ou "antropologia".

Enquanto escrevia meus primeiros livros, muitos intelectuais, de modo especial na França, ainda apregoavam o leninismo, o maoísmo e outras doutrinas que já haviam demonstrado, para além de qualquer dúvida, seu caráter destrutivo. Ainda assim, tais intelectuais não eram acusados, nem o são hoje, de serem "conspiratórios". Essa acusação é reservada para os convertidos cristãos, aqueles camaradas terríveis que andam por aí fingindo serem pessoas comuns quando, na verdade, estão longe de sê-lo.

Golsan: Então essas descobertas e observações intelectuais se deram ao mesmo tempo em que se dava sua conversão?

Girard: Sim. Minhas crenças é que vieram de minha obra, e não o contrário. Esse processo foi árduo, sendo-me necessário bastante tempo para descobrir como todas as peças se encaixavam. Eu tinha as ideias "certas" na época, incluindo a descrença, então em voga, no pensamento sistemático e – sejamos francos – rigoroso. Tratava-se de uma descrença reforçada, então, pela era da contracultura. Apenas com muita relutância é que elaborei a estrutura lógica que me transformou em alvo dessa descrença mesma.

Ainda com relação a isso, e uma vez que acabei de criticar algumas reações americanas à minha obra, deixe-me recordar, como acréscimo, um resenhista francês de *A Violência e o Sagrado* – ele mesmo um cristão – que, ao perceber que minha conversão se dera alguns anos antes da publicação do volume, viu algo de sinistro no fato de o cristianismo sequer vir ali mencionado. Ele interpretou esse silêncio como prova de que o astuto apologista que há em mim estava convertendo as pessoas a contragosto, sem que elas tivessem ciência do que eu lhes fazia...

Ao planejar *A Violência e o Sagrado*, meu objetivo inicial era escrever uma apresentação bilateral, abarcando tanto o primitivo quanto o cristão. A despeito dos árduos anos que dedicara ao livro, eu enfim tive de admitir que era incapaz de fazê-lo. Eu havia dado um passo maior que as pernas. Como, porém, estava ávido por publicar algo após onze anos de trabalho, acabei por me conformar com uma apresentação de minhas ideias acerca da religião primitiva, isolada do cristianismo.

Foram-me necessários seis anos, assim como a colaboração incrivelmente estimulante de Jean-Michel Oughourlian, para que eu alcançasse meu objetivo original, o que se deu com a publicação de *Coisas Ocultas desde a Fundação do Mundo*.

Golsan: Já lhe perguntaram muitas vezes como o senhor define o mal. No contexto de sua obra, é possível definir o que é o "bem"?

Girard: Responderei de acordo com o Evangelho de João. O bem é o que Jesus faz. Ele imita o Pai de maneira perfeita. Ele nos mostra o caminho, e nós o imitamos no intuito de sermos iguais ao Pai. Essa imitação é boa porque não é ávida e porque está isenta de rivalidade. Ela não gera qualquer *skandalon*.

Ao dizer "Por que me chamas bom? Ninguém é bom senão só Deus", Jesus não contradiz essa definição. Conseguindo imitar Deus perfeitamente, você será Deus. Em outras palavras, não é Deus quem coloca obstáculos entre nós e Ele, mas nós mesmos. Jesus remove esses obstáculos e, assim, é um só com o Pai. Ele é o próprio Deus, o que é causa de escândalo para muita gente.

Um sinal de nossa impotência religiosa está em nossa incapacidade de colocar palavras positivas por trás de tudo isso. Nós muitas vezes nos sentimos tentados a recorrer a declarações puramente negativas, como "Deus não é violento". Essas declarações não são muito impressionantes, nem muito brilhantes, nem sequer muito úteis.

Golsan: E se deslocássemos dos Evangelhos a discussão do bem e do mal e examinássemos o "mal" à luz de seu trabalho sobre Dostoiévski em *Mentira Romântica e Verdade Romanesca*? Interesso-me de modo particular por *Os Demônios*. Sem dúvida é verdade que, para o espírito moderno, Stavróguin seria a figura mais ambígua e sedutora desse texto. De acordo com a sua perspectiva, seria ele o personagem mais perverso, ou seria Vierkhoviénski quem melhor se encaixa nessa descrição?

Girard: É possível especular sobre o que Dostoiévski diria. Stavróguin seria para ele o pior, aquele que habita as profundezas mais vis e frias do inferno, um representante do nono círculo. Vierkhoviénski ainda se encontra nas regiões mais quentes, ainda se move e abunda em energia. É disso que desconfio.

O mal é o *skandalon* e todos os seus frutos. Stavróguin é mais maléfico do que os outros "demônios" porque parece imune ao poder malevolente do *skandalon*. Ele é um *skandalon* para os outros, mas, por mais que tentem, os outros não conseguem se tornar um obstáculo para ele. Uma ilustração maravilhosamente cômica disso encontramos no duelo em que ele se recusa a defender a si mesmo, reforçando mimeticamente a impotência de seu adversário, homem cuja esposa Stavróguin insultara gratuitamente, numa espécie de gesto "surrealista".

Cristo vence o *skandalon* por meio do amor. Stavróguin apenas sai vitorioso de tudo aquilo que se esforça para fazer. Sua posição no mundo, seu talento pessoal, seu dinheiro, sua boa aparência, sua ousadia, etc. o tornam invariavelmente bem-sucedido. Como resultado, ele é indiferente e frio como o próprio inferno. Ele é uma imagem invertida de Cristo.

Pessoas como Stavróguin nos fascinam mais do que Cristo porque sugerem ser possível vencer o *skandalon* sem vencer o mundo. Para os que não têm tanto sucesso quanto Stavróguin, isso parece prometer a felicidade suprema, um desfrute perfeito do mundo, algo muito superior a qualquer coisa que Jesus e seu Pai têm a oferecer; na realidade, porém, Stavróguin é incapaz de desfrutar de qualquer coisa. Sua vida é um tédio absoluto, e é por isso que ele recorre a artimanhas "surrealistas". Stavróguin, como todo o romance, é uma profecia de nosso século. Ele é também a essência da tentação, a ilusão mundana por excelência.

Golsan: O senhor mencionou, anteriormente, a força da literatura como meio de conversão. O que explicaria a lacuna de 25 anos em que o senhor praticamente abandonou a literatura no contexto de seu itinerário intelectual? Diante de seu recente livro sobre Shakespeare, como devemos interpretar seu retorno a ela?

Girard: Eu sublinharia que, para mim, as distinções de gênero não são tão importantes. A literatura e os textos antropológicos não são assim diferenciados dessa maneira, e o exemplo que trago é o de *Júlio César*, obra mais poderosa que todas as investigações etnológicas do sacrifício.

Golsan: Tendo em mente esses comentários sobre a inexistência de demarcações entre os gêneros, como então conservamos a noção de mito? Como podemos defini-lo?

Girard: Denomino mítico todo texto que está preso a um sistema de representação estruturado por um bode expiatório oculto. Surge então a pergunta: que relação há entre o mito e a filosofia? Enquanto a mitologia das religiões primitivas expulsa as vítimas reais e possui bodes expiatórios verdadeiros, a filosofia expulsa essas mesmas vítimas usando, como mediadora, a expulsão da religião. Ela expulsa os expulsores a fim de não ver a expulsão. Trata-se, como diria Derrida, de uma *mythologie blanche*, expressão que Andrew McKenna traduziu maravilhosamente como "mitologia desbotada" (*bleached out mythology*).

No que diz respeito ao pós-estruturalismo, creio que a obra inicial de Derrida é muitíssimo importante. A *logique du supplément* é uma descoberta e tanto, uma verdadeira análise da dimensão mítica e vitimária dos textos filosóficos. Derrida descobre distorções lógicas e constantes nos textos. São essas distorções lógicas que têm afinidade com a mitologia. Se aqueles que estudam o mito se convencessem de que essas distorções lógicas, contínuas e constantes existem, veríamos um grande avanço na interpretação mitológica. A *logique du supplément*, na mitologia, nada mais é do que a presença do bode expiatório que se rebela contra a cumplicidade arraigada do texto. A representação do bode expiatório subjaz a todos os textos.

Golsan: A despeito das semelhanças entre o suplemento e o bode expiatório, a ruptura entre ambos ocorre porque o mecanismo expiatório começa com o reconhecimento de referentes, por assim dizer, com o reconhecimento de vítimas reais, o que se deve à base histórica e antropológica do mecanismo. Na desconstrução, por sua vez, vemos a afirmação da textualidade, mas às custas de toda e qualquer noção de referente, de realidade.

Girard: Isso é verdade, e claro está que essa relação com o referente não é uma espécie de postulado adotado porque somos de tal maneira apegados à ideia do referente que não conseguimos abandoná-la. Antes, a realidade da vítima é a única hipótese que pode assimilar efetivamente todos os sintomas do texto.

Golsan: Em *Mentira Romântica e Verdade Romanesca*, o senhor se posiciona de maneira um tanto hostil com relação à literatura produzida depois de Proust; tenho a curiosidade de saber se o senhor ainda acha que o elã criativo simplesmente não se encontra ali ou se, apesar de suas reservas acerca do *nouveau roman* francês, a literatura do período pós-moderno já lhe parece capaz de desvelar algo sobre as relações do desejo.

Girard: É-me impossível não pensar que, até certo ponto, a presença do desejo mimético e suas operações se tornou tão óbvia em nosso século que seu desvelamento não é mais o grande acontecimento que costumava ser. Penso que o tempo de descrição acabou e que chegamos à época da sistematização.

Essa impressão pode ser válida ou pode apenas resultar de um viés pessoal reforçado pelo processo de envelhecimento. Não conheço o bastante do que escrevem hoje para julgá-lo, e uma descrença automática naquilo que nos está próximo pode muito bem ser uma forma de criar bodes expiatórios. Há mais do que uma mera insinuação disso em *Mentira Romântica e Verdade Romanesca*.

Após a redação dessa obra, eu descobri a grandeza de alguns escritores pós-proustianos, de modo especial Virginia Woolf. Em minha opinião, *As Ondas* é seu maior livro, e sobre ele elaborei uma aula que, se o tempo me permitir, desejo ampliar e publicar no futuro.

As Ondas é uma obra-prima verdadeiramente única e seu aspecto "experimental" faz todo o sentido, mas somente a partir de uma perspectiva mimética. Seu gênero assaz especial de monólogo interior é desconcertante a uma crítica que se foca em diferenciar e individualizar processos. A voz é a mesma para os cinco personagens principais do romance. Trata-se da voz do desejo mimético, a qual é igual para todos nós porque é original em todos nós – porém não como creem os românticos, isto é, como algo que jamais foi ouvido antes. Todos nós reconhecemos essa voz, mas não estamos dispostos a reconhecer nosso reconhecimento. Fazê-lo seria admitir que essa voz também é nossa.

Ao redor de Percival, um dos alunos da escola e ídolo comum dos cinco personagens, a imitação floresce e se expressa da maneira mais simples, direta, óbvia e bela possível. Os críticos não atentam para esse aspecto crucial do romance, o qual lhes parece trivial. Percival é um grande comentário literário sobre o sistema educacional inglês e sobre a mediação externa em si, assim como sobre sua oposição à mediação interna e sobre a loucura que se prolifera quando de sua morte simbólica. O livro é essencial para uma compreensão daquilo que perturbou intensamente a própria Virginia Woolf.

Se eu fosse escrever um livro sobre o romance hoje, ele incorporaria muito do que escrevi no passado, mas receberia um acréscimo em ambas as suas extremidades. Teria um capítulo sobre Chrétien de Troyes no início, dedicado sobretudo a *Yvain*, e um capítulo sobre *As Ondas* no final. Esse último capítulo afirmaria que, a exemplo de *Em Busca do Tempo Perdido* e, de maneira distinta, também de *Ulisses*, *As Ondas* são o romance definitivo e supremo, um romance que põe fim ao gênero do romance – um romance, portanto, quinta-essencialmente mimético, mas de uma forma singularmente woolfiana.

Longe de ser redutora, a crítica mimética, precisamente por admitir que vários romances possuem conteúdos similares e por não tomar a semelhança e a repetição como elementos necessariamente vergonhosos, pode se focar nos aspectos genuinamente singulares de obras como *As Ondas* – nos aspectos formais que, de modo ao mesmo tempo paradoxal e lógico, uma ênfase exclusiva na forma é incapaz de assimilar de fato, uma vez que não consegue distinguir essa forma daquilo que os críticos formalistas denominam conteúdo – sem saber o que de fato é.

Golsan: A problemática mimética, portanto, não se exauriu. Se o senhor está insinuando que ela possui uma evolução histórica, podemos aplicá-la diretamente à história? É possível fazer uma análise histórica do desejo mimético?

Girard: Como estamos enredados num contexto histórico, desconfio de que não seja possível dar-lhe uma análise objetiva. A mim seria muito difícil, creio, não entrar num círculo vicioso difícil de ser desfeito. Para que fosse sistemática, uma tal análise exigiria certa dose de clarividência, de predição, o que por sua vez envolve uma quantidade exagerada de responsabilidade. O principal perigo seria utilizá-la como instrumento de uma posição política específica; é possível que aqueles que nutrem algum interesse particular encontrem no mecanismo expiatório uma forma de satisfazê-lo. Céline é um ótimo exemplo disso.

Golsan: Quando assumimos uma posição específica e acreditamos oferecer um comentário válido, então, nós corremos o risco de converter nosso interlocutor em bode expiatório?

Girard: Isso é sempre capcioso. Há diferentes níveis no mecanismo expiatório. Quando a verdade sobre ele ir se disseminando em nosso mundo, sendo revelada por intermédio dos textos judaico-cristãos, o mecanismo não se tornará necessariamente estéril. As estruturas da perseguição não serão dissolvidas, mas recuperadas. Não estou dizendo que a verdade é impotente, e sim que os homens são ardilosos o bastante para reabsorverem a verdade e abusarem dela.

Golsan: Isso fica claro se olharmos para a condição de mitos persecutórios modernos como o nazismo, os quais sugerem um regresso, um retorno à revelação pré-bíblica.

Girard: Essa é uma observação importante, uma vez que nos encontramos num ponto crucial da história. Ou nós alcançaremos uma racionalidade maior, facilitada por determinada interpretação dos textos judaico-cristãos – e nesse caso a religião não é um mero *supplément d'ame* [suplemento da alma], mas o que há de mais importante na situação histórica emergente –, ou seguiremos o caminho nietzschiano, o caminho de um impasse, de um *skandalon*. Nietzsche transforma todos em bodes expiatórios, mas é também a arquivítima: a vítima de Wagner, a vítima da Alemanha, a vítima, na verdade, de toda a cultura moderna e do cristianismo. A singularidade de Nietzsche está no fato de ele ser infinitamente mais poderoso e trágico do que qualquer outro; ele assume explicitamente a violência inerente, toma-na como necessária. A consistência de seu pensamento é assustadora, mas profunda. No final do texto sobre a Índia, ele enfatiza a necessidade do sacrifício na sociedade, o fato de que é preciso haver sacrifício para nascer – a noção da procriação predomina no texto – uma aristocracia. Ele é, portanto, um teórico do nazismo, e negá-lo seria negar sua grandeza. Nietzsche não era um homem mau, mas um louco; ele mergulhava na loucura, e sua honestidade resulta disso. Ele não estava jogando conversa fora num café; tornou-se literalmente louco. A grandeza de Nietzsche está no fato de ele ter percebido o abismo que se encontra além do humanismo e ter feito o melhor para se perder nele. Ele foi bem-sucedido, e seu sucesso deve nos dar uma lição.

Golsan: Em *Mentira Romântica e Verdade Romanesca*, o senhor traçou uma distinção útil entre a mediação interna e a mediação externa, termos que foram deixados de lado. Essa distinção poderia servir como um ponto de partida relevante para a análise histórica do desejo mimético?

Girard: A sociedade e os mecanismos expiatórios são o desenvolvimento da mediação externa. Você está certo, os termos não aparecem com frequência em meus trabalhos tardios, mas ressurgem no *Teatro da Inveja*. A sociedade funcional é aquela que é dominada pela mediação externa. Em minha obra antropológica, a mediação interna é apresentada como a crise mimética ou sacrificial. Apenas a nossa sociedade consegue viver num estado permanente de crise ou mediação interna. A sociedade moderna é capaz de absorver cada vez mais indiferenciação e igualdade sem desintegrar-se.

Golsan: Tanto em *Mentira Romântica e Verdade Romanesca* quanto no ensaio "Innovation and Repetition", o senhor sugere que a mediação externa predomina nos últimos dois séculos de monarquia na França e que a crença no direito divino do rei é um paradigma da mediação externa. Não obstante, em *A Violência e o Sagrado*, encontramos a sugestão de que no início dos tempos houve um caos primordial suplantado pela mediação externa.

Girard: Minhas análises, na verdade, se resumem a uma interpretação do que Stendhal afirma acerca da diferença entre a França que antecede e a França que se segue à Revolução. Ainda que aquela já contivesse um grande grau de mediação interna, da perspectiva da França pós-revolucionária trata-se de uma sociedade de mediação externa.

Eu sou muito menos sistemático do que as pessoas imaginam, no sentido de que não almejo organizar tudo aquilo que há no todo. Todavia, é possível dizer que a crise burguesa e a crise moderna têm, cada qual, suas respectivas características. Seria possível, então, analisar esses traços específicos em termos miméticos? Isso envolveria níveis diferentes de análise. Por exemplo, há elementos psicológicos no romance moderno que não são encontrados nas obras que antecedem a ascensão do gênero. É a noção de indivíduo o que prevalece, o que é novo. Isso é relevante e tem relação, segundo creio, com os direitos dos homens, a revolução democrática, etc. O papel do indivíduo em nossa sociedade evolui constantemente, mas, ao mesmo tempo, essa evolução, essa emergência do indivíduo, não exorciza os elementos que funcionam no mecanismo expiatório. Acredito, portanto, que a história da revelação do bode expiatório permanece em aberto.

Golsan: Se é difícil abordar as flutuações históricas das mediações interna e externa, provavelmente é ainda mais complexo falar da interação entre o desejo mimético e a biologia, de modo especial no âmbito da sexualidade humana. Em *Coisas Ocultas desde a Fundação do Mundo*, porém, o senhor tece alguns comentários sugestivos cujas implicações nos seria interessante explorar. O senhor observa, por exemplo, que a escolha do objeto sexual nasce do instinto sexual em que o desejo mimético está incluído.

Girard: Isso é uma questão de bom senso. Nos seres humanos, assim como nos animais, é preciso falar da orientação originária do apetite sexual ao sexo oposto da própria espécie. Essa orientação original dificilmente pode ser interpretada como uma "escolha", ainda que somente pelo fato de ser estatisticamente impressionante a coincidência entre a finalidade biológica do sexo e as práticas sexuais desses animais que, até certo ponto, nós ainda somos.

Quando essa pré-orientação "biológica" não é subvertida, a única pergunta que dá espaço a algum tipo de escolha individual é: "De todos os membros do sexo oposto, qual deles escolherei?". Para mim, o fator mimético é essencial na determinação dessa escolha, substituindo vantajosamente o complexo de Édipo e outros temas freudianos. Esses temas, contudo, continuam a despertar meu interesse na condição de prefigurações ou esboços do fator mimético.

No momento em que a pré-orientação do apetite sexual é subvertida, o gênero do parceiro e sua identidade pessoal se tornam uma questão de "escolha", e nessa escolha expandida o desejo mimético também pode desempenhar, tanto quanto na escolha mais limitada que defini anteriormente, um papel capital.

Eu não afirmo isso por ter descoberto algo especial na interação dos aspectos miméticos com outros fatores biológicos. Eu não descobri nada desse tipo. Minha sugestão tem como base tanto a tendência que a rivalidade mimética apresenta de concentrar-se cada vez mais no rival do mesmo sexo quanto a espetacular "erotização" da rivalidade ocorrida em muitas obras-primas literárias. (Os exemplos mais espetaculares vêm de Shakespeare, em *Sonho de uma Noite de Verão* e *Coriolano*.) Tudo isso sugere a leitura de ao menos uma forma de homossexualidade como a sexualização do movimento que deixa o objeto disputado (do sexo oposto) e se volta para o modelo-obstáculo (do mesmo sexo).

Todo o processo mimético (o desejo mimético acrescido do mecanismo vitimário) deve ser visto como uma máquina desconstrutiva que nos permite pela primeira vez não apenas desconstruir as várias ciências sociais, mas também – e isso é visto, claro, como impensável pelos desconstrucionistas pós-heideggerianos – reconstruí-las à luz do mimetismo e, assim, remover a distância que há entre as disciplinas que devem se comunicar livremente, mas não o fazem em virtude de procedimentos metodológicos incompatíveis.

É isso o que se dá com a teoria da evolução, por exemplo, que até pouco tempo atrás era solidamente positivista (ela parece agora abandonar o paradigma do "caos" e da "ordem"), e com o tipo de investigação antropológica que me interessa mais do que todos os outros – uma investigação que, ao menos incipientemente, é sistemática, "holística" e "estruturalista".

Praticantes leais desta ou daquela disciplina, os pesquisadores tendem a adotar, em sua grande maioria, as visões que nela prevalecem, sem questionar os pressupostos metodológicos que foram herdados dos grandes pensadores da área (Lévi-Strauss, por exemplo, no caso dos antropólogos estruturalistas).

As possibilidades "interdisciplinares" angustiam o *status quo* e, tão logo aparecem "em carne e osso", por assim dizer, tomando a forma da teoria mimética, causam desconforto naquelas mesmas pessoas que adotam a interdisciplinaridade – ou a pluridisciplinaridade, ou qualquer outro nome que se queira dar a isso – em abstrato, somente na medida em que continua sendo uma possibilidade irreal, quiçá um simples rótulo para o próprio engrandecimento acadêmico.

Foi isso o que a experiência me ensinou. As resenhas de meus últimos livros são em geral redigidas a partir da perspectiva de um campo em particular, desconsiderando a notável capacidade que o desejo mimético tem de adequar-se a contextos metodológicos supostamente incompatíveis. Tais resenhas simplesmente ignoram todos os contextos que diferem do contexto específico do resenhista.

Ao perceber que a teoria mimética poderia eliminar a distância que existe entre a etnologia e a antropologia, fiquei bastante animado e logo esbocei a teoria da hominização que a perspectiva mimética inquestionavelmente sugere. Não encaro essa teoria com negligência, mas, ao contrário do que os desconstrucionistas que a criticam pressupõem, isso não faz de mim um empirista ou um positivista, do mesmo modo como meu capítulo sobre Heidegger em *Coisas Ocultas* não faz de mim um filósofo ou os meus capítulos sobre os Evangelhos não fazem de mim um daqueles tipos reconhecidos de exegeta do Novo Testamento. Todos os investigadores tendem a me encarar como um forasteiro que não possui qualquer autoridade para expressar-se em suas respectivas disciplinas. Eles têm todo o direito de achá-lo, e disso eu não me queixo. No entanto, quando comecei a escrever "fora de minha área", para usarmos as palavras um tanto sombrias que muitos críticos utilizam (toda a minha formação é em história, de modo que a crítica literária é tanto a "minha área" quanto a antropologia ou a exegese do Novo Testamento), eu não desconfiava do quão fechados ainda eram os vários "campos" na universidade moderna. Eu achava que, nas ciências sociais, predominava uma curiosidade tão desapegada e livre de restrições disciplinares quanto a curiosidade do público literário francês. Infelizmente, porém, vemos muito pouco disso. E a razão para tanto, claro, é aquela que está na boca do crítico: "Devo seguir o ritmo de minha área". Não há tempo livre para nada mais. Pessoas com interesses tão amplos quanto os meus necessariamente são vistas com desconfiança por esses especialistas, que durante toda a vida se concentram em campos cada vez mais limitados.

Muito embora não o digam, esses especialistas desconfiam automaticamente de qualquer tentativa de realizar uma "síntese ampla". E, na verdade, eu não sou nem um especialista, nem um "sintetizador". Jamais quis ser transdisciplinar. O único *insight* que domina minha obra é que o é. Eu o sigo até onde ele me levar.

Golsan: Não é verdade que o desejo mimético e os impulsos biológicos se contradizem, ao menos no sentido de que, segundo o gênero, a sexualidade promove o conceito de diferença, ao passo que o desejo mimético promove a semelhança?

Girard: O desejo mimético funciona ou parece funcionar do mesmo modo para todo mundo, e isso pela simples razão de que, sob a máscara paradoxal da diferença, ele na verdade gera, invariavelmente, a semelhança. Ele tende a desencadear, primeiro, uma série de inversões e, em seguida, o colapso e o apagamento de todas as diferenças, incluindo a sexual.

Não encaro esse processo, porém, como algo absoluto. Deve-se evitar dizer, ao menos nesse estágio, que as condições "epistemológicas" suscitadas por uma crise mimética são "mais verdadeiras" ou "menos verdadeiras" do que as condições que prevaleciam antes ou que podem prevalecer depois da crise.

Eu apenas observo uma série de operações que sempre se dispõem em sequências iguais ou semelhantes, as quais explicam o porquê de elas serem observáveis. Enquanto cada interpretação possível não for levada em consideração, devemos denominar "precipitadas" todas as interpretações dessa sequência.

Creio que todo o pensamento humano, começando por nossa capacidade de discriminar determinada coisa de todas as outras, está arraigado no mecanismo vitimário. Isso significa que a discriminação enquanto exercício puramente intelectual é inseparável da discriminação como exclusão, expulsão, afastamento. Não podemos concluir, daí, que todos os frutos do processo de discriminação são filosoficamente inválidos por só serem válidos numa cultura ou para poucas pessoas, e isso não de maneira absoluta. O niilismo atual nasce da saudade de um tipo de absoluto filosófico que afirmamos ter descartado mas ao qual, no fundo, nós ainda nos apegamos, ao menos negativamente.

Aos meus olhos, o grande mérito do pensamento desconstrucionista está no fato de ele perceber a desestabilização das diferenças que ocorre em nosso mundo. No entanto, a escola popular da desconstrução tende a confundir a crise mimética dos tempos atuais com a desconstrução completa de todo conhecimento passado, presente e futuro enquanto certeza absoluta.

Obviamente, não há nada de errado com a desconstrução na medida em que ela é um processo intelectual exigente. Muito pelo contrário. Vejo-a como o único caminho aberto que nos resta e como um pré-requisito necessário para todas as "sínteses" futuras – desde, é claro, que não cedamos aos dois pontos de vista filosóficos que, a meu ver, corrompem o processo desconstrucionista. Um deles é o niilismo "jocoso" da escola franco-americana; o outro, pior dos dois, é a sinistra mística do ser de Heidegger.

Os desconstrucionistas observam algo que de fato está acontecendo ao nosso redor, mas, como todos os filósofos desde Descartes, acabam por confiar demais na própria experiência e julgam estar em contato com o absoluto. Esse absoluto é a ausência de todo absoluto. Eles confundem o que é um fenômeno fundamentalmente histórico – um fenômeno histórico muito especial, é verdade – com uma destruição definitiva de todo conhecimento, transformando a desconstrução na mesma verdade atemporal e genuinamente filosófica dos metafísicos do passado. A verdade deles é a inverdade universal.

Os desconstrucionistas, portanto, veem o presente como o fim da filosofia. Nisso eles talvez estejam certos, mas não pelas razões que alegam. O prestígio que atribuem à filosofia é tão arbitrário em termos absolutos quanto o predomínio de Aristóteles no século XIII ou o predomínio de Hegel na França posterior à Segunda Guerra Mundial. Seu desprezo pela ciência é a velha postura francesa de vanguarda, reforçada, porém, pelo ressentimento de Heidegger e nutrida pela posição inferior de que desfrutam as "humanidades" nas universidades americanas.

Voltando à sua pergunta sobre o gênero, direi que grande parte das fontes antropológicas e literárias sugere, onde quer que existam, que o desejo mimético é mais intenso, radical e violento nos homens do que nas mulheres de nossa espécie. Se essa diferença se faz presente em todas as culturas, devemos continuar a defini-la como "cultural", ou devemos denominá-la "natural"? O fato de essa pergunta ser expressa em termos metafísicos não a torna completamente insignificante para mim, mas também não a faz muito significativa; de todo modo, não tenho qualquer resposta para dar-lhe.

Golsan: Gostaria de tratar do papel do gênero no processo vitimário. O gênero tem alguma função na escolha da vítima? Patricia Joplin ressaltou que é precisamente nesse estágio do processo expiatório que uma análise da perseguição das mulheres deve ganhar força. Seria mais fácil ter a mulher como vítima do que o homem?

Girard: O melhor que podemos fazer é olhar para várias culturas diferentes. Notamos que, em algumas delas, o gênero parece fazer diferença. Não deve ser fortuito o fato de serem de jovens mulheres, e não de homens, a imolação dos dois sacrifícios humanos que, segundo o mito grego, permitem que as frotas gregas cheguem a Troia e, dez anos depois, retornem à Grécia. Isso, porém, não significa, nem mesmo com relação à Grécia, que somente jovens mulheres sejam sacrificadas.

No plano do sacrifício propriamente dito e do ritual explicitamente religioso, as evidências não me parecem muito claras. Meu conhecimento desse material é assaz incompleto para possibilitar um julgamento sólido.

Creio que as feministas estão certas quando afirmam que, na grande maioria das culturas humanas, as mulheres são maltratadas e relegadas a funções subordinadas (exceção feita à maternidade, a qual nem eu nem a nossa cultura conseguem encarar como um papel subordinado). Em lugar de "na grande maioria das culturas", porém, talvez devêssemos dizer "em todas as culturas, sem exceções". As provas da existência do matriarcado são, na melhor das hipóteses, apenas questionáveis. No entanto, não deve ser o sacrifício em sentido estrito o foco de investigação desse problema. Para que seja documentada a condição das mulheres, o que precisa ser estudado são as práticas sacrificiais em seu sentido mimético mais amplo, e em muitos casos isso não pode ser feito. Não há informações disponíveis.

Golsan: A crítica que as feministas opõem à sua obra surge, em parte, como resposta à negligência do feminino que elas observam em seus textos. Em *Mentira Romântica e Verdade Romanesca*, por exemplo, é masculina a maioria dos exemplos literários que o senhor explora a fim de elucidar o desejo mimético. Ao examinar *O Vermelho e o Negro*, o senhor fala da mediação externa e menciona a mímesis de Napoleão por parte de Julien, mas os ancestrais de Mathilde de la Mole a influenciam de maneira semelhante, sem que o senhor se refira a esse exemplo.

Girard: Creio que essa seja uma compreensão equivocada de meu trabalho. No *Teatro da Inveja*, por exemplo, eu procuro mostrar que, ao contrário do que a maioria das pessoas pensa, Shakespeare toma partido de Créssida, em *Troilo e Créssida*, porque ela é mais honesta do que Troilo. Em Shakespeare, assim como em muitos outros grandes romancistas, encontramos a tendência a fazer da mulher a voz da verdade.

Golsan: Críticas feministas também encontraram problemas em sua crítica do narcisismo freudiano e nas implicações que ela traz para a postura que o senhor adota com relação à ideia das formas de desejo determinadas pelo gênero.

Girard: Você está se referindo a duas resenhas de minha obra escritas mais ou menos a partir do mesmo ponto de vista, um ponto de vista feminista e freudiano. Suas autoras, suponho, não se oporão ao modo como defino seus métodos. No ensaio mais recente, que já completou dez anos, Toril Moi faz uma alusão positiva ao ensaio mais antigo, o qual lida sobretudo com minha interpretação do narcisismo freudiano – tema, diz Moi, que "Sarah Kofman apurou brilhantemente em seu artigo".

Passarei, então, a Sarah Kofman. Antes, contudo, serei um pouco presunçoso. Muito embora ambas as autoras se esforcem ao máximo para me transformar num terrível autor antifeminista, elas me parecem menos hostis do que o prescrito pelo gênero literário que adotam e pela época funesta em que escreveram, isto é, o início dos anos 1980.

Para que compreenda minha posição, você não poderá esquecer, é claro, que o crítico resenhado deve ser necessariamente insultado sob o rótulo de sexista. Esse insulto é tão compulsório quanto o banho de sangue que dá fim a uma tragédia de vingança. Com base nas rigorosas exigências do gênero, portanto, julgo ambos os ensaios bastante brandos. Isso se aplica de modo particular a Sarah Kofman, que chega até mesmo a incluir em seu texto uma espécie de elogio. Trata-se de uma nota de rodapé, é verdade, mas ainda assim uma nota tão simpática que, por pura vaidade masculina, trago aqui reproduzida:

> Nós já havíamos compreendido o quão importante era aquela parte do texto, por Girard também citada, em que Freud compara a mulher à criança, ao animal e ao criminoso, uma parte que não parece ter atraído tanto interesse até então. Sublinhamos aqui nossa consonância com Girard, a despeito de não estarmos de acordo no que diz respeito à interpretação que deve ser dada a esse texto.[1]

Sarah Kofman já havia compreendido [...] Apraz-me saber que há algo ali a ser compreendido, ainda que tenha sido Sarah Kofman a fazê-lo primeiro. Ela também compreendeu, creio, algo essencial acerca de meu ensaio. Ele está completamente arraigado nessa teia de metáforas que ela julga crucial.

A essência de meu raciocínio é a crença em que, no pensamento de Freud, essas metáforas trazem a mancha da ilusão "romântica", sendo menos "romanescas", portanto, do que na obra de Proust, em

---

[1] Sarah Kofman, "The Narcissistic Woman: Freud and Girard". *Diacritics*, 10, 3, 1980, p. 41.

que elas também surgem, mas num tom relativamente "irônico" que contrasta com a seriedade excessiva de Freud.

A fim de discordar de mim, Sarah Kofman deve afirmar que a autossuficiência por trás da atitude descrita por Freud não é o faz de conta que afirmo ser e que ela nada tem a ver com o velho coquetismo dos romancistas e dramaturgos.

A autossuficiência feminina é implacavelmente real, diz ela, e isso me deixa muitíssimo apavorado. Ela vê uma prova disso no original alemão de Freud que eu cito exaustiva e ostensivamente no intuito de ser jocoso. É ela quem sabe das coisas. Ela tem uma interpretação psicanalítica do meu texto.

O alemão permite que eu me refira à genitália feminina numa linguagem que não é a minha. Eu sou tão reprimido sexualmente, descobre Kofman, que *organe sexuel* é uma expressão que não pode sair da minha boca. Envergonhado, encontro refúgio na tradução alemã: *sexualorgane*. Kofman identifica em mim um recato que muito convém ao chauvinismo masculino que ela também percebe. Como ela poderia estar errada quando minha outra psicanalista, Toril Moi, descobre exatamente esses dois distúrbios em minha psique?

Sinto-me bastante lisonjeado ao ter minhas palavras psicanalisadas assim, à maneira clássica. O que me incomoda, contudo, é a ideia de que o composto alemão *sexualorgane* soa tão estranho a meus ouvidos franceses que acaba por servir para ocultar *organe sexuel*. Acho que Sarah Kofman subestima gravemente minha capacidade linguística.

Não obstante, é preciso parabenizá-la por alcançar de maneira tão graciosa o estratosférico nível de jocosidade a que minha sátira pouco inspirada em vão aspira. É preciso ser franco com os próprios psicanalistas, e assim confesso, com um pouco de atraso, que fui bastante sorrateiro no ensaio "O Narcisismo Freudiano Desmistificado por Proust".

Hoje, eu percebo que as mulheres me apavoram exatamente como Sarah Kofman diz. Apavoram-me de modo especial as críticas feministas, e isso se aplica, é claro, à maioria de nós, críticos homens. Naquele ensaio, eu estava tentando aumentar insidiosamente o meu crédito com elas; eu as bajulei desavergonhadamente, às custas de Freud.

Que crítico pode afirmar com honestidade, hoje, que jamais empregou truques tão hipócritas? Eles são inevitáveis. Nós o fazemos a todo momento e sequer obtemos o reconhecimento a que aspiramos. Estamos sempre enxotando algum porco chauvinista cuidadosamente escolhido a fim de provar que somos feministas ainda melhores do que aqueles outros porcos chauvinistas que, obviamente, estão ocupados fazendo a mesmíssima coisa.

Os verdadeiros homens procuram redimir a própria honra escolhendo os porcos expiatórios que possuem os traseiros mais musculosos. É mais respeitável, por exemplo, atacar Sigmund Freud e outros ídolos intelectuais, como eu faço, do que alguém que já está em baixa pelo resto do milênio, como Jean-Paul Sartre ou Henri Bergson.

Sabendo que algumas mulheres criticavam Freud por limitar demais o narcisismo a um só gênero – o que diligentemente repetimos –, e impressionando-me enormemente (tal qual Sarah Kofman o fizera) ante a teia de metáforas literárias usadas em sua *Introdução ao Narcisismo*, eu tentei conquistar a aprovação das mulheres ao fornecer-lhes mais munições contra um inimigo poderoso. Em minha ingênua arrogância, não percebi que Sarah Kofman tinha resolvido tudo de uma forma completamente nova e revolucionária. Eu estava tentando ser esperto e ela me deu a lição que eu merecia.

Ao assumir vigorosamente para si e para todas as mulheres a posição narcisista que jamais imaginei uma mulher, ou mesmo um homem, assumindo às claras, Sarah Kofman me deixou, e ainda deixa, completamente atônito.

Sua posição é tão radical, e assinala de tal maneira as realidades desagradáveis de nossa época – ao menos no que diz respeito à relação entre os críticos e as críticas –, que me sinto desesperadamente flanqueado, superado, enganado e paralisado.

Imagine só, por um instante, como eu seria tratado se tivesse sido ousado o suficiente para adotar a posição de Freud e afirmar que as mulheres são tão narcisistas quanto afirma a *Introdução*. Eu teria sido impiedosamente ridicularizado. Ao dizer o contrário, procurei evitar a censura que antevira, mas acabei sendo ridicularizado da mesma forma.

Se jamais houve uma ocasião em que se estaria amaldiçoado fazendo ou não fazendo algo, tal ocasião foi essa. Esse *double bind* é 100% ritualizado. Trata-se, em outras palavras, da regra do jogo acadêmico. Essa ritualização torna questionável a seriedade da suposta pesquisa.

Eu escrevi o que escrevi porque achava que a posição feminista contra Freud era sensata e poderia ser respaldada pelas mesmas metáforas da *Introdução*, as quais, como Sarah Kofman muito bem assinala, jamais receberam a atenção que merecem. Eu achei que os críticos literários iriam apreciar a natureza especificamente literária de meu raciocínio. Devo confessar também que, no fundo, havia em mim, e ainda há, a leve esperança de ver enfim percebido o poder interpretativo do desejo mimético.

Ainda tenho a esperança de que, um dia, feministas verdadeiramente independentes descobrirão por que o desejo mimético deve interessar-lhes. Enquanto forem incapazes de se livrar – ainda que temporariamente, ainda que apenas para não lerem tudo com uma mente pré-moldada – do estágio "pré-edipiano" e de outras bagagens parecidas, elas não poderão declarar que fizeram um esforço honesto. Elas continuarão prisioneiras do que está em voga.

Quanta tolice! Quem era eu para achar que viriam ao chão as espessas paredes de clichês que nos separam, permitindo assim que um verdadeiro diálogo começasse? Sou incorrigível, porém; recordo-me a todo momento da simpática nota de Sarah Kofman, e a esperança não cessa de renascer.

Golsan: Como o senhor explica as relações monogâmicas no contexto do desejo mimético? Seria demasiadamente radical sugerir que o desejo mimético subentende uma promiscuidade que muitas vezes não está presente em virtude de influências institucionais – a do casamento, por exemplo?

Girard: O que você na verdade está dizendo é que, quando por conta própria, o desejo mimético em geral promove a indiferenciação e a desordem das crises sacrificiais. Para entendermos a força e a fragilidade das instituições humanas, devemos perceber que seu objetivo é impedir a difusão contagiosa da rivalidade, muito embora estejam "paradoxalmente" enraizadas nela. Muitos rituais ilustram de maneira admirável esse paradoxo. Eles geram o máximo de desordem possível no intuito de restaurar a ordem cultural (valendo-se para isso da mediação do mecanismo vitimário).

Eu interpreto o relacionamento monogâmico como a maior conquista da cultura humana e, no que diz respeito à sua pergunta, também como a única "solução" ao dilema sexual que é potencialmente livre da discriminação de gênero e da discriminação de pessoas em si. A corrente erosão da monogamia possui consequências tão críticas ao redor do mundo que nós estamos rapidamente redescobrindo, acerca das relações humanas, muitas verdades implacáveis que o esquecimento cultural recente, enraizado como era no bem-estar radical, havia desaprendido.

Forças de integração cultural e forças de desintegração estão sempre ao nosso redor. Elas suscitam em nós reações apaixonadas, o que torna difícil para nós, mas não impossível, oferecer uma descrição e uma avaliação imparcial daquilo que são. A teoria mimética está tentando fazer exatamente isso, e para tanto apresenta ideias como a da rivalidade e da indiferenciação miméticas, da crise sacrificial e do mecanismo vitimário.

Parece-me que essas ideias não receberam a atenção que merecem. Isso se deve, em parte, à fraqueza da desconstrução atual. Confiando demasiadamente nas diferenças diacríticas saussurianas, a desconstrução e o lacanismo são ainda estruturalistas, e não pós-estruturalistas radicais. Eles são incapazes de aceitar a capacidade que as linguagens míticas e religiosas têm de desenvolver formas de lidar com a morte do simbolismo, dos gêmeos, das pestes, etc., os quais são tanto "simbólicos" – ou melhor, "dessimbólicos" – quanto reais. Eles não compreendem minha leitura dos duplos e dos gêmeos.

O problema desses temas está em que eles suscitam em muitos respostas intensamente ideológicas, as quais nada mais são do que respostas simetricamente contrárias. Leitores "progressistas" veem meu interesse pela crise como prova de que partilho do medo da desordem que caracteriza o "espírito arcaico". Leitores conservadores se deixam convencer, de modo igualmente fácil, de que meu viés é antes o oposto. Eles acham que devo saborear a desintegração cultural sobre a qual estou sempre escrevendo.

Faço menção a essas incompreensões porque elas ilustram tudo aquilo que venho abordando. Tudo reaparece nessa espécie de "reação do leitor" – felizmente, numa forma muito mais tênue –, e posso garantir-lhe que não me vejo como vítima.

Tão logo se afasta um mísero centímetro das trilhas simétricas e antigas do mimetismo, o indivíduo contraria a estreitíssima rede de conformidade pela qual até mesmo a vida intelectual mais móvel e criativa se deixa capturar. É difícil identificar todo o escopo dessa conformidade porque ela transcende nossas oposições violentas – nossos conflitos políticos, por exemplo –, as quais na verdade estão em seu interior e não, como os próprios antagonistas acreditam, do lado de fora.

O conflito ritualizado é o maior segredo da conformidade cultural. A participação em nossos conflitos políticos gera a ilusão de um fora que na verdade está dentro, e essa ilusão é a ilusão que se dissipa com maior dificuldade, uma vez que é ritualizada e, no final das contas, representa uma forma de religião, a curiosa pararreligião própria daquela tribo específica a que todos nós pertencemos: a dos "intelectuais".

Golsan: Uma vez que o senhor está nadando contra a corrente daquilo que se poderia considerar em voga, eu gostaria de saber sua opinião sobre a atual condição de nossas universidades.

Girard: Apesar de todas as suas falhas, apesar de suas burocracias incrivelmente supérfluas, covardes e arrogantes, apesar de sua atual onda de cortes – a qual não é menos histérica do que algumas das expansões anteriores –, apesar da piada em que se converteu a quantidade de "publicações", o sistema universitário americano ainda é mais eficaz e poderoso do que todos os outros sistemas juntos. Em todo o mundo, ele ajudou a reavivar a vida cultural após a Segunda Guerra. Trata-se de uma realidade cultural tremenda. De um ponto de vista global, o número, o tamanho, a diversidade, a energia e a riqueza das instituições de ensino superior deste país talvez sejam tão impressionantes quanto a religião egípcia ou a cidade de Roma no ápice do Império.

No momento em que essa grandeza vem enfim sendo percebida pelo resto do mundo, alguns políticos em Washington estão descobrindo as possibilidades demagógicas inerentes à situação. Espera-se fervorosamente que os abusos com o dinheiro dos contribuintes, caso de fato existam, sejam punidos com rapidez e que o sistema de pesquisas, o qual deveria ser ainda mais elitista do que é – no sentido de recompensar façanhas inquestionáveis – e ainda depende em grande parte do dinheiro federal, não venha a sofrer danos irreparáveis.

Os perigos que existem no seio da universidade talvez sejam tão grandes quanto os que existem fora dela. Mesmo numa sociedade livre, a vida intelectual não é tão livre quanto parece ser – e isso não em virtude de uma maquinação obscura que tem como objetivo escravizar-nos, e sim porque a pressão que as novidades e as modas intelectuais exercem sobre os aspirantes à vida intelectual possui uma intensidade quase "totalitária".

O que o século em que vivemos nos ensina é que os povos mais dogmáticos muitas vezes são precisamente aqueles que acham que toda a civilização ocidental pregressa não passava de um dogmatismo opressor. Isso se dá, de modo especial, quando eles também acham que é seu dever e privilégio erradicar esse mal de uma vez por todas.

Em vez de fomentar o ceticismo genuíno e o autoquestionamento intelectual, o niilismo combativo de hoje imuniza os verdadeiros crentes contra toda e qualquer propensão à autocrítica que um dia se verificava neles.

Os professores dos anos 1950 eram indigestos, claro, mas não excluíam por completo a possibilidade de que as ideias populares em seus meios poderiam se tornar obsoletas quando eles morressem. Eles acreditavam numa busca por aquele conhecimento absoluto que os transcendia, e essa crença funcionava como um freio às tendências expulsivas que não cessam de pulsar em nós.

Nas teorias cujo objetivo é provar que nada jamais pode ser provado, esse freio inexiste. Elas há muito dominam tanto a filosofia continental quanto a filosofia anglo-americana. Algumas negam implicitamente o futuro e o passado.

Não devemos confundir as formas mais desencorajadoras de niilismo com a legítima queixa de que nosso humanismo acadêmico é metafisicamente falido e terrivelmente provinciano em sua recusa a ir além das fronteiras da "civilização ocidental". Nós estamos caminhando a passos largos em direção a uma cultura planetária, e por isso a educação futura deve ser, tanto na literatura quanto nas artes e em todas as formas de antropologia, igualmente planetária – não, porém, no sentido de ser uma compilação de diferenças incomparáveis, o que não passaria de outra ideia que nega todo esforço intelectual, e sim no sentido mais profundo e complexo de ser ilimitadamente comparativa.

Sabendo o quão terríveis são os obstáculos à liberdade intelectual concreta, devemos ser gratos pelo fato de tantos jovens ainda desejarem ingressar na academia pelos motivos certos. Eles não estão interessados em se alinhar a um dos *lobbies* político-culturais hoje existentes, mas em buscar uma vida de aventuras intelectuais. Se de fato desejarem essa vida, nem mesmo as circunstâncias mais duras serão capazes de os deter, e assim o futuro de nossas universidades estará em boas mãos.

análise de um mito venda
René Girard

Segundo a teoria mimética, os mitos refletem um contagioso processo de desordem que culmina na morte ou na expulsão de uma vítima.

O agravamento da rivalidade mimética a que tendem as sociedades arcaicas desencadeia todo tipo de desordem, até o momento em que sua própria intensidade gera uma polarização unânime contra uma vítima mais ou menos aleatória. Deixando-se levar pelo mimetismo, toda a comunidade se une e, por conseguinte, as desconfianças mútuas deixam de existir. A paz retorna.

Os responsáveis pelo mecanismo do bode expiatório por isso não compreendem o próprio mecanismo expiatório e projetam, sobre a vítima, tanto suas divergências quanto sua reconciliação. Essa é a transferência dupla do sagrado que surge como fonte de desordem e de ordem. Suas corporificações míticas são tanto malfeitores quanto benfeitores.

Segue-se, daí, que os heróis míticos jamais podem figurar *enquanto bodes expiatórios* em seus próprios mitos. Aqueles que tentam transformar a ausência do *tema do bode expiatório* numa refutação imediata da teoria mimética simplesmente não compreendem o papel *genético* do bode expiatório nesses textos.

Eu emprego o termo bode expiatório em seu sentido moderno, é claro, o qual é necessariamente diferente do ritual do Levítico que ele implicitamente desmistifica. Ninguém tenta condenar aqueles que criam bodes expiatórios com base naquilo que eles dizem sobre os próprios bodes expiatórios. Não podemos esperar que eles batam no peito e proclamem, em alto e bom som: "Nossa vítima não passa de um bode expiatório". Quando suspeitamos de que um bode expiatório está sendo forjado, naturalmente, não podemos verificar nada diretamente; é preciso recorrer a sinais indiretos.

Também aqueles que estudam o mito devem recorrer a eles. Nos mitos mais fáceis de serem analisados, isto é, naqueles mitos a que dediquei maior atenção – e sobre os quais voltarei a me debruçar neste ensaio –, esses indícios são:

1. O tema da desordem ou da indiferenciação, o qual nem sempre aparece primeiro, uma vez que é visto como consequência, e não causa, do delito do bode expiatório. As expressões desse tema podem variar, abarcando desde o caos original ou uma catástrofe de proporções cósmicas a quase todo tipo de desastre. Pode se tratar de uma peste epidêmica, de um incêndio, de um dilúvio, de uma seca, de uma briga entre parentes – de preferência, entre irmãos; pode se tratar de qualquer distúrbio ou qualquer incompletude que venha a acometer a comunidade. Pode ser também outras coisas. Todas essas expressões revelam alguns distúrbios miméticos da comunidade que gera o mito. Elas podem ser simbólicas, reais ou simultaneamente simbólicas e reais.

2. Um indivíduo específico é acusado de determinado erro. Esse erro pode ser um crime odioso ou um mero deslize, inclusive um passo em falso. Independentemente do quão trivial ou terrível seja a ação incriminatória, suas consequências são catastróficas: trata-se do estado de caos, crise e incompletude de que sofre a comunidade. O herói é visto, na verdade, como causa da crise. É essa a projeção do bode expiatório.

3. A identificação do bode expiatório muitas vezes é facilitada pelo que chamo de sinais preferenciais de vitimação. Esses signos são

características ou atributos, muito distintos, que tendem a suscitar a hostilidade da multidão contra seus detentores. Eles dão testemunho da arbitrariedade com que a vítima é escolhida. Com muita frequência, os bodes expiatórios míticos são física, moral ou socialmente debilitados. Podem ser estrangeiros, deficientes físicos, párias, pessoas que ocupam uma posição muito alta ou muito baixa, etc. Esses signos não constituem um tema isolado e podem estar completamente ausentes.

4. O "réu" é morto, expulso ou eliminado de alguma outra forma, seja por toda a comunidade, que age então como um só homem, seja por um único indivíduo – um dos irmãos, por exemplo, caso sejam irmãos os envolvidos. Essa é a formação do bode expiatório *stricto sensu*, o ato violento, o resultado da polarização que a crise mimética desencadeara.

5. Tão logo a violência contra a vítima se consuma, a paz retorna; a ordem se (re)estabelece. Também isso é projetado sobre o bode expiatório, que passa a ser retratado como um ancestral fundador ou como uma divindade. Temos aí a segunda transferência do sagrado.

A fim de fornecer um exemplo desses mitos e de sua análise mimética, voltarei minha atenção agora a um caso muito claro vindo dos venda, um povo originário da África do Sul. Para os objetivos desta apresentação, eu fundi e resumi as duas versões do mito reproduzidas por Luc de Heusch em *Le Roi Ivre ou l'Origine de l'État*:[1]

> Píton, a serpente aquática, possuía duas esposas. A primeira sabia quem ele era, mas não a segunda, que de fato não deveria sabê-lo. No meio da noite, esta última acordava empapada.

---

[1] Luc de Heusch, *Le Roi Ivre ou L'Origine de l'État*. Collection *Les Essais* n. 173. Paris, Gallimard, 1972, p. 61-62.

A primeira esposa tentou proteger o segredo do marido, mas a rival ficou curiosa e, após espiá-lo por um tempo, descobriu enfim a verdade. Nesse momento, todos os rios secaram. A única água que restara era a do lago em que Píton havia encontrado refúgio.

Quando a primeira esposa lhes revelou por que Píton desaparecera, os anciãos concluíram que era necessário preparar uma oferta de cerveja. Divinações revelaram que Píton desejava a companhia da segunda mulher. Enquanto os homens tocavam flauta, a jovem entrou na água trazendo consigo a cesta que continha a oferenda. Com a música se intensificando, ela desapareceu e a chuva voltou a cair. Os rios então se encheram e todos se regozijaram.

A mulher designada como *segunda esposa* é acusada de afugentar uma serpente divina e, assim, ocasionar uma seca. A seca é a crise real e/ou simbólica, ao passo que o delito que supostamente a suscita é a transgressão do bode expiatório. O bode expiatório morre afogado diante da comunidade reunida, morte típica desse tipo de vítima.

Essa morte é apresentada como a *oferta da cerveja*, rito sacrificial que deveria apaziguar por completo o deus ofendido, uma vez que pune a ofensora ao mesmo tempo em que devolve a esposa predileta ao marido afetuoso. Como a seca tem fim quando de sua morte, a vítima toma parte no sagrado. A desordeira insignificante do início se torna a salvadora da comunidade ao lado de seu querido marido Píton, a serpente aquática. A dupla transferência do sagrado não é definida explicitamente, mas sua presença é incontestável.

A vítima é tanto uma mulher quanto uma segunda esposa hierarquicamente inferior à primeira. Essas determinações podem ser vistas como sinais preferenciais de vitimação. Não são particularmente espetaculares, claro, mas a verdade é que eles não são necessários. A identificação do bode expiatório se baseia sobretudo na ideia de que a seca fora causada pelo fantástico delito que a segunda esposa cometera contra o marido, tal como no fato de que a seca tem fim quando ela morre. Minha análise logo deixará claro que tanto esses temas quanto sua disposição *exigem* uma vítima real.

Na medida em que diz respeito à paz interna da comunidade, a fabricação unânime de bodes expiatórios é autossatisfatória: ela de fato dá fim à crise. O mesmo não pode ser dito com relação a uma seca. Estaria eu achando que a morte de uma jovem pode influir positivamente numa estiagem? É claro que não. Basta acreditar, repito, que a seca de fato seja real, considerando que a vítima morreu pouco antes do fim natural do problema.

Podemos conjecturar que a "oferta de cerveja" registrada em nosso mito não foi a única oferecida durante toda a crise mimética em que a história está enraizada. Se essa crise não foi um fenômeno puramente interno, se ela foi causada por uma seca real, podemos também conjecturar que a "oferta de cerveja" ali retratada acabou por coincidir com o fim natural da estiagem. O que gerou o mito foi a convergência entre a reconciliação mimética dada em oposição ao bode expiatório e o fim natural da seca. Essa oportuna conjunção fez desse um episódio bem-sucedido a longo prazo, memorável o suficiente para gerar um mito.

*

A maioria daqueles que estudam o mito rejeitará de imediato a interpretação que acabei de esboçar. Ao descobrirem que vejo o mito como o vestígio de um drama extratextual, como um fenômeno expiatório verdadeiro, eles fecharão os ouvidos. A afirmação de que a vítima deve ser real parece irresponsável. Eles percebem uma impossibilidade teórica para a qual necessariamente estou cego.

Esses críticos descartam minha obra *a priori*, sem examinar minha demonstração. Eles estão absolutamente convictos de que não posso estar certo. O insucesso de minha interpretação é óbvio demais, creem eles, para que uma refutação completa seja necessária.

Essa convicção se baseia, em essência, no aspecto fantástico do mito, o qual é visto como um obstáculo intransponível ao realismo, ou à referencialidade, de minha leitura. No caso em questão, por exemplo, encontramos uma serpente divina, um deus aquático que causa uma seca porque a curiosidade excessiva de sua esposa o obrigara a esconder-se. Até mesmo os intérpretes que não apresentam o viés antirreferencial hoje em voga terão dificuldades para acreditar que um texto de tema tão absurdo pode se tornar fonte de informações extratextuais.

Dois temas de nosso mito – a seca e a morte por afogamento – *poderiam* fornecer informações extratextuais, mas apenas em contexto não fantástico. Seu potencial, nesse aspecto, parece anulado pela história da serpente divina, a qual se encontra inextricavelmente enredada no restante do mito. "Diga-me com quem andas e eu te direi quem és."

Quando afirmo que deve haver uma vítima real por trás do mito venda e de outros mitos semelhantes, aparento desprezar, presunçosamente, aquilo que todos acreditam ser o princípio mais básico da prudência crítica. Texto algum pode ser mais confiável do que seu componente menos confiável. Chamemos isso de *lei da contaminação pelo incrível*. Nem mesmo os intérpretes que não se deixaram influenciar pelo niilismo interpretativo de nossa época verão acordo possível nesse ponto: eu certamente violo essa lei. Minhas razões para fazê-lo, porém, são legítimas. Os críticos objetarão que não pode haver motivo legítimo para essa violação; eles acham que a lei é absoluta, que não há para ela qualquer exceção. Estão equivocados.

Demonstrarei que há exceções à lei da contaminação pelo fantástico e que todos concordam, tacitamente, que elas são legítimas. Em seguida, revelarei que, muito embora não o façam, os mitos fundadores deveriam figurar entre essas exceções.

*

Os textos que tenho em mente são temática e estruturalmente semelhantes aos nossos mitos venda. Eles constituem modalidades estereotipadas de perseguição coletiva, e sua interpretação viola com justiça a lei da contaminação pelo incrível. Esses textos relatam ações violentas cometidas por perseguidores iludidos, como os caçadores de bruxas, e acreditam que as mulheres acusadas de bruxaria são verdadeiramente culpadas. Abarcam, portanto, traços inacreditáveis, os quais são apresentados como provas sólidas contra o acusado, como verdades reais.

Em *O Bode Expiatório*, eu demonstrei que interpretamos esses textos medievais *em oposição* a seu espírito supersticioso e violento, de modo muito semelhante à interpretação que dou ao mito. Para compreendermos esses textos, devemos perceber que os autores confundem o incrível com a verdade porque tomam parte na conversão da vítima em bode expiatório. O poeta francês Guillaume de Machaut, por exemplo, acreditava que os judeus de fato contribuíram para a epidemia de peste negra, tendo envenenado as fontes de água potável e cometido todas as sortes de crime.

Muito embora esses textos tomem o conteúdo fantástico por aquilo que ele aparenta, os historiadores modernos não os consideram necessariamente inúteis do ponto de vista da informação objetiva. Esses especialistas compreendem o porquê da credulidade do autor. Não lhes é difícil identificar uma acusação mágica por trás do tema fantástico e perceber que, por mais terríveis que suas consequências sejam, a cegueira do autor não necessariamente se estende a todos os dados de seu texto e não invalida a totalidade de seu relato, em especial quando os outros dados dizem respeito às consequências violentas do uso do bode expiatório. Se o autor relata que o acusado foi morto ou punido de alguma forma, há grandes chances de, ao menos nesse ponto, ele estar dizendo a verdade.

Esses textos refletem uma polarização mimética muito semelhante àquela que, na minha opinião, também pode ser deduzida dos temas e estruturas do tipo de mito que nosso mito venda exemplifica.

*

Em primeiro lugar, exploremos com mais detalhes o modo como nosso mito responde à possibilidade de ele refletir, a exemplo dos textos medievais, um mecanismo expiatório desencadeado por uma acusação mágica.

Longa, a primeira parte de nosso relato pode parecer um pouco confusa no começo, mas logo que a examinamos do ponto de vista da acusação de bruxaria essa confusão se desfaz.

A segunda esposa é apresentada como a *rival* da primeira. Na realidade, por ser a predileta do marido, ela não tem motivos para ficar com ciúmes ou inveja de ninguém. A primeira mulher, por sua vez, tem boas razões para ver a outra como rival. O mito parece adotar o ponto de vista da primeira esposa. Esse é apenas um dos sinais que designam a primeira esposa como acusadora da segunda.

Para seus maridos, as segundas esposas costumam ser mais atraentes do que as primeiras, ao menos por um tempo. Estas últimas, porém, têm mais autoridade – e não apenas em casa, mas também aos olhos da comunidade. Elas estão em boa posição para dificultar a vida das segundas esposas, quiçá até para vingar terrivelmente a humilhação de ser suplantada por uma mulher mais jovem. Cabe ao marido decidir que esposa passará a noite ao seu lado. Ao que parece, pouco antes do drama o marido de nossas duas mulheres estava passando todas as noites, assim como parte de seus dias, com a esposa número dois.

A primeira esposa se inflamou de raiva. No controle durante o dia, ela tentava impedir novos encontros entre os dois amantes. Aparentemente, não obteve tanto sucesso.

Essa situação explica perfeitamente as peculiaridades da acusação contra a segunda mulher. Na condição de esposa, ela é tão legítima quanto a primeira e não pode ser incriminada por ganhar a predileção do marido. Incapaz de reivindicar qualquer direito, a primeira deve forjar uma transgressão mais arcana, e assim elabora o mito da condição divina de seu companheiro, da qual apenas ela deveria ter ciência.

Nem mesmo esse aspecto extremamente fantástico do mito deve ser fictício no sentido em que exigem nossos críticos literários. Sua fabricação *ex nihilo* provavelmente sequer existe. A teoria mimética sugere uma explicação para a divindade do marido. Esta explicação deve remeter à rivalidade mimética entre as esposas, uma rivalidade que magnifica o valor do objeto disputado de maneira a fazê-lo parecer divino. Imaginação e imitação são uma coisa só.

O temível segredo, lemos, não pôde ser ocultado da segunda esposa por muito tempo. Muito embora a rival se esforçasse ao máximo para impedir a descoberta – ou talvez até mesmo em virtude disso –, ela tomou conhecimento da "verdade" sobre o marido.

Também essa revelação catastrófica deve ser uma interpretação mítica do agravamento mimético que toda e qualquer rivalidade tende a gerar. Os obstáculos que as duas mulheres colocam no caminho uma da outra acabam, enfim, por transformar o marido em divindade não apenas aos olhos da frustradíssima primeira esposa, mas também aos olhos da outra, cuja frustração deve aumentar como resultado do comportamento daquela. Perpetuamente atormentada pelo modo como essa mulher ciumenta se comporta, a segunda esposa finalmente se renderá ao espírito da rivalidade, ao espírito de sua rival.

Nosso mito soa como uma maléfica criação da rivalidade mimética, uma criação desencadeada pela preferência do marido por uma esposa mais jovem. Ele parece ser a expressão distorcida de um ciúme que julga intolerável o triunfo de uma rival.

A primeira parte do mito parece apenas repetir o que a esposa mais antiga contara aos anciões acerca da origem da seca. Isso significa que os anciões, acompanhados depois de todo o povo, adotaram mimeticamente esse louco discurso, transformando-o então na verdade do mito, isto é, no dogma sagrado de toda a tribo.

A segunda esposa é insignificante demais para ser vista como causa direta e principal da seca. Ela pertence à categoria da "aprendiz de feiticeira"; era demasiadamente simples e frívola para perceber que, ao irritar o deus – na interpretação dada por sua inimiga –, poderia prejudicar toda a comunidade. Mesmo uma favorita pode abusar de seus privilégios e tornar-se ofensiva aos olhos de uma divindade que se ofende facilmente.

A primeira esposa revelou sua inteligência ao vincular a rival à seca. Ou teria sido a obsessão da comunidade o que criou esse vínculo? Não há resposta para essa pergunta, e ela sequer importa. Tudo o que precisamos ter em mente é que em todo o mundo, inclusive hoje, cada desastre natural ou artificial intensifica a ânsia por vítimas e faz as acusações proliferarem. Mesmo em nosso mundo, as acusações suscitadas pela eclosão de uma crise beiram o mágico – e, independentemente dos fatos, os políticos têm de pagar o pato.

O mito afirma, é claro, que a suposta indiscrição da segunda esposa contra o marido fora cometida antes da seca. Essa é uma insensatez óbvia, mas uma insensatez que, à luz de nossa hipótese, é também altamente significativa. A sequência mítica é uma inversão de causa e efeito inspirada pelo bode expiatório. O ciúme da primeira esposa nada tem a ver com a seca; é a seca que oferece um terreno ideal para o ciúme, que então se espalha como um incêndio incontrolável.

Se nosso mito parecia uma compilação heterogênea de temas, essa impressão agora já se dissipou por completo, tendo sido substituída por algo tão coerente que a realidade do drama ali refletido se torna altamente provável. Assim como no caso de Machaut ou da caça às bruxas medieval, somos levados a acreditar que uma vítima real deve ter morrido.

Todos os temas se encaixam de tal maneira que acabam por confirmar a interpretação expiatória de todo o texto. O que encerra o caso é o mesmo tema que fazia o mito parecer um absurdo inextricável quando lido pela primeira vez: o deus-serpente. O papel dessa deidade é tão adequado à rivalidade das duas mulheres, à morte da vítima e, por fim, ao termo da seca que é impossível ao leitor atento não ver a leitura expiatória como a única solução sensata ao enigma desse texto.

Retornemos à lei da contaminação pelo fantástico. Tal qual no caso dos textos medievais, nós podemos e devemos suspender sua aplicação porque a hipótese da acusação mágica funciona bem demais para ser rejeitada. A história da serpente não é algo que diz respeito apenas à primeira esposa, e sim algo em que todos creem, o consenso de toda a comunidade, o conteúdo das acusações expiatórias. Podemos compreender muito bem, portanto, por que o mito trata esse absurdo como se ele fosse a verdade.

Tão logo o percebemos, não mais precisamos pressupor que o mito é necessariamente insignificante do ponto de vista da informação extratextual. Se a segunda esposa é alvo de uma polarização, a probabilidade de ter existido uma vítima real, tratada exatamente como o mito sugere, é muito alta.

Os que criam o bode expiatório são incapazes de distinguir o verdadeiro do falso. Não foi a imaginação poética ou o inconsciente freudiano o que gerou nosso mito venda, e sim o ciúme da primeira esposa, um ciúme que foi autenticado pela designação unânime do bode expiatório por parte da comunidade. Os criadores de mito são forjadores iludidos de bodes expiatórios, assemelhando-se bastante aos caçadores de bruxas da Idade Média.

Nossa leitura do mito pode chegar a essa conclusão porque a hipótese do bode expiatório transforma o tema fantástico numa acusação mágica semelhante à acusação de bruxaria encontrada nos textos medievais. Essa hipótese nos permite destacar o tema mítico de nosso mito e mantê-lo isolado dos outros temas. A ideia da acusação mágica funciona como um *cordon sanitaire* que impede que os dados fantásticos contaminem os dados que não o são e, assim, destruam sua credibilidade. A mesma ideia também separa o crível do incrível no caso dos textos medievais. Ao debruçarmo-nos isoladamente sobre cada detalhe, temos feito passo a passo, e de modo proposital, o que os leitores dos textos medievais fazem de maneira tão rápida e instintiva que sequer percebem fazê-lo. Eles *deduzem* o tema mágico porque logo percebem que se trata de uma acusação mágica.

Longe de ser uma invenção estranha e forçada, "minha teoria" do mito sequer é "minha". Ela se baseia no modelo de interpretação que os historiadores aplicam a textos que há muito aprendemos a desmistificar. Minha teoria aplica ao mito uma prática crítica que não parece problemática na medida em que permanece confinada a nosso próprio contexto cultural. Se essa prática fosse examinada por si só, sua teoria seria mimética tal qual apregoa minha teoria mimética.

Esqueçamos por um instante que nosso mito venda é denominado mito e finjamos que ele se originou em algum lugar da Europa do século XV. Troquemos seu idioma pelo latim medieval ou por algum dialeto francês ou germânico. Para que nosso resultado seja crível, devemos modificar também alguns temas, mas muito pouco. O tom e a estrutura geral de nosso texto continuarão iguais.

A oferta de cerveja e as flautas não têm lugar no mundo medieval, e por isso as eliminaremos. A serpente pode continuar, mas não como um marido legítimo ou como uma divindade. Devemos transformá-la num demônio, quiçá no próprio diabo. A ideia de uma mulher que dorme com Satã disfarçado de serpente não será obstáculo para uma *acusação de bruxaria*.

Não seria surpreendente ver que essa acusação culmina no afogamento da acusada. Isso é apresentado como verdadeiro – tão verdadeiro quanto o próprio afogamento – porque todos os envolvidos acreditavam em sua veracidade. A incapacidade do texto de distinguir o incrível do crível não significa que ele deve ser incrível em sua totalidade; significa, antes, que a gênese mimética de um bode expiatório deve ser inferida. Com pouquíssimas mudanças, nós muito rapidamente transformamos nosso mito num exemplo de caça às bruxas medieval que é *claro* demais para não nos convencer.

A fogueira era a forma mais popular de lidar com as bruxas, mas o afogamento não era incomum. E, assim como no caso da segunda esposa, a morte de uma bruxa era vista como algo benéfico à comunidade – não na mesma medida em que um drama mítico o é, claro, mas em grau suficiente para nos fazer perceber que o princípio de transfiguração é o mesmo. Se uma bruxa é acusada de ocasionar uma seca e morre por isso, podemos ter certeza de que sua morte será associada à volta da chuva – desde, é claro, que o relato seja feito por verdadeiros crentes.

Se nosso mito fosse um texto histórico genuíno, nem mesmo o niilista textual mais fervoroso ousaria rejeitar a explicação realista e referencial que acabei de fornecer. Todos concordariam que deve haver uma mulher real por trás do texto e que ela é um bode expiatório.

Todos compreenderiam que a conjunção de temas em nosso texto venda não pode ser fortuita. Ela só pode resultar de uma ânsia coletiva por vítimas reais, uma ânsia suscitada, é claro, por uma seca rigorosa e pelas tensões que ela gera na comunidade.

Se um aspirante à intérprete insistisse em que os registros que nos certificam da existência de vítimas reais estão demasiadamente contaminados com dados fantásticos para serem vistos como fonte plausível de informação sobre qualquer assunto, ele seria tratado como ingênuo ou, o que é ainda pior, como alguém suspeito de simpatizar com os caçadores de bruxas.

É possível dizer que, muito embora nosso mito venda e o relato medieval de uma caça às bruxas equivocada sejam bastante parecidos no que diz respeito aos temas e à organização desses temas, as diferenças no contexto em que as histórias medievais e os mitos se situam justificam a diferença na interpretação de cada um desses textos.

As diferenças entre a aplicação da teoria do bode expiatório no interior e no exterior de nossa cultura seriam de fato tão importantes a ponto de tornar esta última opção ilegítima?

Eu já pude mencionar a primeira e principal diferença. Os mitos abarcam conteúdos mais fantásticos e menos circunscritos do que os conteúdos encontrados nos textos medievais, e a linguagem em que eles são expressos é mais estranha à nossa racionalidade do que a linguagem da mais fantástica de todas as acusações de bruxaria encontradas no Ocidente.

Por mais verdadeiro que isso seja, um exame detalhado revelará que, no fundo, a natureza do material fantástico é semelhante em ambos os textos e que muitos mitos, entre os quais eu incluiria o mito venda, são menos fantásticos do que diversos textos medievais que julgamos inteligíveis enquanto vestígios da perseguição de um bode expiatório.

Uma segunda diferença está no fato de termos, no caso da Europa medieval, um grande número de informações históricas que nos ajudam a ler o texto sob uma luz favorável ao tipo de interpretação que faz frente à provável realidade das vítimas e à violência por elas sofrida. No caso do mito, nós praticamente não temos qualquer informação de fundo.

É verdade, sem dúvida, que sabemos bastante sobre a Idade Média e quase nada sobre as sociedades em que os mitos se originaram. Claro também está que essa diferença é o motivo por que não ousamos interpretar textos semelhantes de modo semelhante quando eles vêm deste último contexto.

Nosso conhecimento daquilo que os historiadores dizem ser a epidemia de bruxaria da Idade Média certamente influencia *nossa prontidão* em evocar a hipótese da acusação mágica. Em contexto medieval, os historiadores estão sempre dispostos a ler os vários temas, tal como a disposição estrutural que eles assumem, como indícios de uma polarização expiatória. Em contexto mítico, essa disposição não existe. A hipótese de uma acusação mágica jamais é mencionada pelos estudiosos do mito.

Todavia, essa prontidão na verdade independe de informações históricas precisas. É fácil demonstrar que nossa leitura da caça às bruxas histórica ou de perseguições análogas não está sempre baseada no conhecimento minucioso de quando e onde o documento se originara, nem mesmo nas circunstâncias de sua produção. No caso de Guillaume de Machaut, por exemplo, não temos a indicação de qualquer lugar ou época; nós sequer sabemos em que cidade o poeta residia durante a epidemia de peste negra.

A leitura feita nos termos da polarização expiatória não exige nenhum conhecimento de fundo além da consciência genérica de que havia um medo excessivo da bruxaria na sociedade de Machaut.

Se essa consciência estiver sempre presente e disponível no fundo de nossa memória, nos será impossível deixar de indagar, quando diante do tipo correto de texto – o de nosso mito venda, por exemplo –, se a interpretação do material fantástico à luz da acusação mágica não se harmoniza com os outros temas e nos fornece a explicação perfeita, aquela que torna tudo inteligível.

Nosso pequeno experimento com o mito venda demonstra que, em nossa recusa a tomar a fabricação de bodes expiatórios como explicação de seu significado, o contexto é tudo. Nós rejeitamos a interpretação correta porque não temos um pano de fundo histórico que lhe dê respaldo. No entanto, o contexto é tudo não porque ele de fato seja útil, e sim porque ele modifica nossa disposição para ler o texto do modo como ele pode ser lido. O contexto medieval não nos fornece qualquer informação que também não esteja disponível no caso das sociedades criadoras de mito.

Para gerar o mito, o medo da bruxaria não precisa alcançar o estado crítico que alcançou no final da Idade Média. Nosso único pressuposto deve ser o de que esse medo se fazia presente nas sociedades de que os mitos se originaram. Essa é uma suposição extremamente sensata. No caso mais específico do povo venda, nós sabemos com certeza que a magia era parte importante do seu sistema de crenças e que até mesmo hoje as acusações de bruxaria são comuns, respondendo por um grande número de crimes violentos.

A lei da contaminação pelo incrível não é apenas suspensa; ela é também invertida. Temos agora a lei da contaminação pelo crível.

Em princípio, o fato de o autor apresentar as acusações fantásticas como verdadeiras o torna menos confiável como homem e, portanto, também como autor do texto que estamos lendo. Isso é verdade, claro, mas, de maneira ao mesmo tempo paradoxal e lógica, também acaba por tornar o texto produzido sob a influência do mecanismo expiatório mais confiável na parte em que é potencialmente confiável, isto é, no trecho que relata a "punição" do "réu" ou dos "réus", a violência cometida contra as vítimas.

E como isso é possível? A própria credulidade de nosso autor sugere a existência de um estado de espírito na comunidade que conduz à violência contra as vítimas. A probabilidade de a violência de fato ter ocorrido aumenta, e não diminui, com a presença de elementos fantásticos no texto. Esse é um ponto essencial que é sempre ignorado e que, até agora, eu jamais defini de maneira adequada.

A conjunção de temas é significativa demais para ser fortuita. Há ainda a chance de ela ser fortuita quando possuímos apenas um exemplo do texto, ou mesmo alguns poucos. Quanto mais exemplos há, maior a probabilidade de uma mescla casual de temas parecer improvável. Se esse raciocínio estiver correto – e não creio que ele possa ser contestado –, nossa próxima questão será: por que estamos dispostos a recorrer à explicação do bode expiatório no caso dos textos históricos, mas não no caso dos mitos?

A diferença crucial entre os historiadores que se dedicam ao período medieval e os estudiosos do mito não está nos textos que são interpretados, tampouco na presença ou ausência de conhecimento histórico; ela se encontra, antes, em que aqueles estão dispostos a considerar, enquanto estes não, a possibilidade de um mecanismo acusatório e expiatório estar envolvido na gênese de textos de temática e estrutura semelhantes.

Antes de mais nada, a leitura dos historiadores estaria de fato certa? Eles não desfrutam de boa reputação entre os intérpretes influenciados pelo ceticismo radical de nossa época. Seria realmente certo que vítimas verdadeiras se encontram por trás dos textos medievais? Os historiadores não estariam se contentando com um tratamento desleixado de seus textos? Não estariam sendo mais crédulos do que o ideal, mais crédulos do que os estudiosos do mito, que sob a influência do pensamento radical e da teoria literária negam a seus textos toda referencialidade possível? Eles não estariam um pouco afeiçoados ao referente, satisfazendo-se com uma visão ingênua da relação entre o texto e a realidade extratextual?

Para demonstrarmos que é bem fundamentada a certeza dos historiadores de que há dramas reais por trás de seus textos, devemos retornar brevemente à disposição de temas que caracterizam tanto os mitos quanto os textos de perseguição medievais.

Por que estou convicto de que o tema fantástico de nosso mito venda é uma acusação mágica da primeira esposa que foi adotada mimeticamente por toda a comunidade? A explicação é convincente porque explica não apenas o longo parágrafo inicial do mito, isto é, a acusação propriamente dita, mas também outros temas – a seca, o afogamento da mulher, as consequências do afogamento...

Essa interpretação é tão completa e perfeita que coloca em suspenso a lei da contaminação pelo fantástico. Ou melhor: talvez o que acontece aqui seja mais drástico e paradoxal do que uma mera suspensão. A lei é virada de ponta-cabeça. Embora ainda incríveis em absoluto, a serpente divina e toda a história da primeira esposa são tão críveis na condição de acusação mágica que acabam por tornar os outros temas mais críveis do que seriam por si sós, isto é, na ausência dessa acusação. Em vez de diminuir em virtude do tema fantástico, a probabilidade de uma mulher inocente de fato ter morrido aumenta. A possível referencialidade do mito como um todo cresce de maneira considerável.

Em lugar de uma contaminação pelo incrível, nós temos agora o contrário: uma contaminação pelo crível. A seca se torna mais crível tão logo percebemos que ela fornece um terreno fértil para a acusação da primeira esposa. O mesmo acontece com o afogamento da mulher e com as consequências benéficas desse afogamento. Quanto mais olhamos para cada um desses temas à luz de todos os outros, mais crível tudo se torna.

Toda essa credibilidade culmina numa interpretação extremamente coerente, mas os críticos que se opõem à referencialidade não se convencerão de que isso dá origem a uma certeza. Boas interpretações estão por toda parte, e nenhuma delas pode ser vista como a única verdadeira. Não existe uma interpretação autorizada.

Isso pode muito bem se aplicar a um poema de Mallarmé. No entanto, nosso mito venda não é um texto literário, e contra aqueles que desejam comparar todos os textos a poemas nós devemos declarar que a interpretação que acabei de fornecer não será hermenêutica em sentido tradicional se negarmos à hermenêutica a capacidade de alcançar aquilo que não hesito em chamar de verdade do texto, isto é, a sua verdade absoluta. Nós podemos e devemos dizer, sem quaisquer reservas, que a explicação que envolve o bode expiatório é verdadeira. Ao menos nesse âmbito, nós devemos ver o pluralismo interpretativo como um absurdo sem sentido e perigoso, como algo que pode destruir uma certeza da qual dependem nossas próprias liberdades essenciais.

A fim de validar essa afirmação, demonstrarei, primeiro, que os historiadores estão corretos ao ver como absolutamente certa a realidade das vítimas cuja existência só conhecemos por meio do testemunho de textos fundamentalmente não confiáveis, uma vez que adotam os dados fantásticos como se fossem a verdade.

A realidade dos judeus e não judeus que Machaut e outros autores dizem ter sido mortos no início da epidemia da peste negra é uma certeza histórica, muito embora as vítimas sejam apresentadas como culpadas e todos os textos que temos devam ser tidos como textos inconfiáveis, produzidos por autores igualmente indignos de confiança.

Esse "muito embora" deve na verdade ser um "pois". Longe de tornar inconfiável o relato dos fatos violentos que descrevem, a falta de credibilidade dos autores aumenta, paradoxalmente, a probabilidade de eles estarem dizendo a verdade.

A fim de perceber que esse paradoxo não é de fato um paradoxo, devemos refletir sobre a natureza específica dos dados críveis e incríveis existentes nos textos em questão, tal como sobre a relação que há entre ambos.

Quando muitas pessoas alcançam um nível de histeria que lhes possibilita considerar plenamente verdadeiras as grotescas acusações lançadas, durante epidemias de peste, contra supostas bruxas ou contra os judeus, as consequências de tudo isso são bastante previsíveis. Uma vez despertada, a ânsia da multidão por violência precisa ser satisfeita. Os melhores alimentos possíveis, claro, são os supostos culpados; e, ainda que esses réus sejam protegidos pelas autoridades, a multidão é numerosa o bastante para fazer justiça com as próprias mãos e, assim, destruir aqueles em cuja culpa ela acredita.

No mundo histórico, a lógica da acusação fantástica que resulta em alguma forma de violência contra o acusado é tão lógica que, ao tê-la encontrado num texto, nós automaticamente achamos que pode muito bem corresponder a uma sequência real de acontecimentos.

Imaginemos dois textos. O primeiro nos diz apenas que certos distúrbios violentos aconteceram em virtude de determinada bruxaria e que algumas pessoas foram mortas. O autor sequer menciona as acusações formuladas contra as vítimas. Ele parece racional, e seu relato deve ser encarado com seriedade – mas não com mais seriedade (talvez até menos, dado o espírito da época) do que aquela com que devemos ver o relato, muito semelhante, em que acusações típicas de bruxaria seriam incluídas e tratadas como provas absolutamente convincentes, isto é, como verdades inquestionáveis. Em sentido absoluto, esse segundo autor pode muito bem ser menos confiável do que o primeiro, mas no que diz respeito àquilo que narra ele é tão confiável quanto, talvez até mais. Essa credibilidade maior se deve ao que podemos inferir do seu texto. Ao escrevê-lo, sua atitude mental e seu estado de espírito eram precisamente aqueles que, para que tratassem tão violentamente os supostos réus, tanto os juízes precisavam ostentar, caso houvesse um julgamento, quanto a turba, caso não houvesse.

Entre os acontecimentos registrados pelo autor e sua atitude com relação às possíveis vítimas há uma adequação mútua, uma conformidade que reforça a probabilidade de a violência narrada ter de fato ocorrido e de as vítimas serem, portanto, reais.

Os textos mistificados pela fé na bruxaria revelam que, quando da redação, seus autores, tal como aqueles que os inspiraram, viviam no estado de angústia, indignação e credulidade conducente às ações violentas que, segundo eles, foram de fato cometidas.

Em conjunção com os outros temas do texto, o próprio tema que, por revelar uma capitulação ao espírito da turba, faz desses autores indivíduos inconfiáveis faz deles, também, informantes especialmente bons dos efeitos desse mesmo espírito, contanto que os efeitos narrados sejam aqueles que sabemos prováveis.

Os céticos ainda não ficarão satisfeitos, e é direito deles não ficar. Isso parece muito bom, dizem, a probabilidade de os textos dizerem a verdade é bastante alta, mas continua sendo uma mera probabilidade. Não se trata de uma certeza. A isso, é preciso responder que tal objeção só seria válida se não existisse mais que um texto do tipo que agora examino, no máximo alguns.

Na medida em que é pequeno o número de textos gerados pelo mecanismo do bode expiatório, continua havendo a possibilidade de sua reveladora disposição de temas ser puramente fortuita, isto é, fruto do acaso, ou então uma espécie de travessura, de invenção deliberada.

Como a probabilidade jamais pode tornar-se certeza no caso de um só texto individual, não podemos afirmar com completa segurança que há por trás de cada texto uma vítima real. Isso, porém, deixa de ter importância quando o número de textos é suficientemente grande. A incerteza se torna certeza plena quando a quantidade de textos é numerosa o bastante. E, no caso de nossos textos medievais, é isso mesmo o que acontece.

Uma vez que temos um grande número de textos que relatam o assassinato de supostas bruxas como se elas fossem de fato culpadas, podemos afirmar com absoluta certeza que havia uma epidemia de caça às bruxas ao final da Idade Média.

Nossa certeza se deve ao fato de esses textos terem temas e estruturas demasiadamente semelhantes, originando-se em lugares e épocas demasiadamente diferentes, para serem fruto de uma mistura casual de temas, de uma invenção gratuita ou de uma fabricação que teria como objetivo forjar uma epidemia de bruxaria jamais possível na realidade.

Se tivermos apenas um texto, nenhuma dessas hipóteses pode ser inteiramente descartada; com todos juntos, porém, somos obrigados a fazê-lo. Nossas dúvidas acerca de cada texto não formam uma dúvida estatisticamente relevante com relação ao todo. É estatisticamente impossível que a invenção, a imaginação poética ou qualquer outra explicação justifique de maneira satisfatória o vasto número de textos dotados de sinais que revelam a transformação de supostas bruxas em bodes expiatórios – sinais que ali se encontram porque os próprios autores tomam parte nessa transformação e, portanto, escrevem sobre as vítimas com certo grau de falsidade, uma vez que concordam com os acusadores, e com certo grau de veracidade, uma vez que registram fielmente aquilo que aconteceu com aquelas vítimas reais. Convencidos de que a violência cometida era justificada, eles não tinham por que esconder nem uns dos outros, nem de nós, a violência que foi contra as vítimas perpetrada.

A única hipótese racional é a de que a maioria desses textos reflete os fenômenos expiatórios desencadeados pelos últimos espasmos do pensamento mágico no final da Idade Média. Os historiadores não estão "apegados à ideia do referente". Eles estão cem por cento certos ao encararem esses textos como textos dignos de credibilidade – não, repito, como textos individuais, e sim em seu conjunto, estatisticamente.

Creio que ninguém jamais tenha observado, em certos textos repletos de conteúdos absurdos – o sabá das bruxas, por exemplo –, essa notável capacidade de desmentir uma lei crucial da prudência interpretativa: a lei que nos força a tratar textos com o mínimo de traços incríveis enquanto textos incríveis do início ao fim. Trata-se de uma lei que nos obriga a jamais tentar extrair deles qualquer informação confiável acerca dos possíveis acontecimentos que lhes deram origem.

Tudo isso seria aplicável também à mitologia? Nossa principal questão agora diz respeito aos números. Existiriam outros mitos compostos de tais temas e organizados de tal maneira que pudessem ser sinais reveladores do uso de bodes expiatórios? Eu respondi a essa pergunta no começo deste ensaio, quando agrupei os temas dos mitos fundadores em cinco categorias que sugerem a existência do mecanismo expiatório – as cinco categorias que nosso mito venda ilustra tão bem.

Como pude afirmar, concordo que os traços do mecanismo expiatório são muitas vezes mais desconcertantes no mito do que em textos medievais da mesma estirpe. Também concordo que a falta de informações históricas torna intimidadora a decifração histórica dos mitos. Esses obstáculos, no entanto, são claramente desimportantes, tendo já chegado a hora de superá-los.

A estrutura desse mito é a estrutura-padrão dos mitos etiológicos. Essa regularidade estrutural faz com que seja difícil duvidar de que o mecanismo que age na caça às bruxas medieval não age também em todas as outras.

Não tenho tempo para multiplicar os exemplos. Remeto os leitores aos mitos que analisei no passado e que estão listados ao final deste ensaio. Como de costume, porém, falarei um pouco sobre o mais conhecido de todos os mitos gregos – o mito de Édipo – e sua relação com nosso mito venda.

À primeira vista, parece que esse mito está muito distante do mito grego, mas tão logo os temas são agrupados do modo que advogo percebemos que a relação dos dois é muito próxima. Também o mito de Édipo exemplifica claramente uma crise, que aqui é uma peste em vez de uma seca; é uma acusação de bruxaria, nesse caso o parricídio e o incesto, que dão origem à epidemia; e há o padrão da acusação espontânea, encontrada aqui na incapacidade dos tebanos de questionar a história que incrimina Édipo, ainda que ela envolva um único réu em vez de os "vários assassinos de Laio".

O oráculo é a voz da designação bem-sucedida do bode expiatório. Sua mensagem afirma que a peste será curada se e quando os tebanos expulsarem de seu meio a vítima certa, o indivíduo que todos dizem ser aquele que trouxe consigo a epidemia.

A mensagem do mito venda é tematicamente diferente, mas isso não é relevante porque sua estrutura é idêntica. A seca será extinta quando a comunidade se livrar da vítima certa, da mulher que supostamente a ocasionara por ter esposado e afugentado uma serpente. A chave para o enigma mítico não é outra senão a aplicação, à mitologia, de um método que os historiadores usam rotineiramente mas que não é histórico no sentido de confiar em conhecimentos históricos. Trata-se de uma análise puramente interna dos dados que se aplica tanto aos mitos quanto aos iludidos relatos de perseguição encontrados em nosso mundo histórico, tal como uma análise que produzirá a mesma certeza à medida que for aplicada a um número cada vez maior de mitos.

As mesmas restrições valem tanto para o caso do mito quanto para o caso dos textos históricos. Não passa de uma remota possibilidade – mas ainda assim uma possibilidade – que todo texto particular, a exemplo de nosso mito venda, tenha sido inventado pelos nativos que informavam os antropólogos responsáveis por nos transmitir o mito. Talvez eles quisessem zombar dos antropólogos. Talvez, seguindo a desconfiança hoje em voga, o mito nada mais seja do que uma invenção dos antropólogos mesmos, uma vez que todos são colonialistas, etc. Mesmo que isso fosse verdade, porém, seria impossível que nosso mito venda – tal como o mito de Édipo, o mito de Tikarau, o mito dogrib referente ao nascimento da humanidade e muitos outros – fosse forjado no intuito de nos enganar. Há um número demasiadamente grande de mitos desse tipo, e a única explicação sensata a justificar os traços do processo expiatório que neles encontramos é a que diz que eles de fato se originaram num processo expiatório real. Os mitos são o produto textual do sacrifício expiatório gerador. No plano do texto individual, repito, é impossível eliminar todas as dúvidas; não é minha intenção afirmar que a "segunda esposa" de fato existe ou que cada detalhe de nosso mito, até mesmo o mito como um todo, reflete verdadeiramente um episódio real. O que afirmo é que, estatisticamente, deve haver vítimas reais por trás da maioria dos mitos que trazem esses tipos de tema e que os dispõem de maneira semelhante.

A natureza geral e a organização dos temas são tão semelhantes ao que encontramos numa série de outros mitos do mesmo tipo que o mecanismo do bode expiatório deve ser a causa da recorrência. Sem ele, nada faz sentido; com ele, tudo faz.

A teoria mimética não diz que o mito é uma representação fiel do que ocorreu. Ela apenas diz que a probabilidade de existir uma vítima real por trás de seus temas, dispostos da maneira como são, é muito, muito grande.

É possível acreditar que a perpétua justaposição de um flagelo social, uma acusação mágica e um ato de violência contra o acusado *sempre* indica uma perseguição arbitrária em nossa sociedade e *nunca* algo do gênero no caso do mito? Se a resposta for não, a teoria mimética do mito merece a atenção que jamais recebeu.

*

Os historiadores – Deus os abençoe! – não desistiram da referencialidade de seus textos. Em sua busca pela perseguição oculta, eles percebem implicitamente, quiçá até explicitamente, que podem e devem violar a lei da contaminação pelo fantástico. Ninguém jamais problematizou essa transgressão, e o motivo para isso é claro. Na medida em que ocorre nos limites de nosso próprio mundo histórico, sua legitimidade é óbvia, e ninguém percebe a notável anomalia que ela constitui.

No momento em que a mesma operação é realizada fora de nosso mundo histórico – num mito –, sua audácia se torna evidente, e os mesmos intérpretes que rotineiramente aceitam a realidade das vítimas num domínio negam, indignados, quando afirmo que ela também deve estar presente no outro. Eles não mais reconhecem a operação interpretativa que desempenhariam de maneira quase inconsciente no domínio de costume.

Se a operação é banal em um domínio, ela não pode ser tão inconcebível no outro a ponto de fazer com que a mera tentativa de introduzi-la seja considerada impossível *a priori*, quiçá até repreensível. Descartar o experimento que proponho – o que é precisamente o que os críticos da teoria mimética estão fazendo – não pode ser uma atitude sensata para pesquisadores.

É uma falsa prudência o que condena a teoria mimética do mito. Não é sempre verdade que uma maçã podre contamina as outras. Longe de serem contaminadas, as maçãs potencialmente boas de nosso mito se tornam paradoxalmente melhores quando próximas das podres.

O princípio da maçã podre não deve ser descartado inconsequentemente. Todos os intérpretes têm de partir do princípio de que ele se aplica até que tenham certeza de que esse mesmo princípio governa a gênese do texto examinado ou, em outras palavras, que o contágio mimético deve ser responsável pela existência mesma de nosso texto. Na mitologia, o mecanismo do bode expiatório é tanto o acontecimento (mal) representado quanto a fonte de sua representação distorcida.

O povo venda desejava a morte da segunda esposa porque temia que, se não se livrasse dela, toda a comunidade poderia morrer. Eles já seguiam o pensamento da maçã podre. Se nós mesmos seguirmos esse exemplo e declararmos que o texto é incrível em virtude da fruta podre que ali se encontra, isto é, do deus-serpente, jamais descobriremos sua gênese. Se lidarmos com o texto do mesmo modo como os forjadores de bode expiatório lidavam com sua vítima, jamais perceberemos que nossa prudência interpretativa nada mais é do que a criação de um novo bode expiatório, uma criação que se dá fora do texto e que necessariamente nos torna cúmplices daquela que se dá em seu interior.

Do que foi dito acima, não se deve concluir que tudo o que faço é defender a abolição da lei da contaminação pelo incrível. Essa lei está no centro de nossa proteção contra a excessiva confiança interpretativa. Ao contrário do que os críticos precipitados acreditam, eu não minimizo essa ameaça.

Exceções só devem ser feitas após uma investigação cautelosa, quando estivermos convencidos de que apenas o mecanismo do bode expiatório explica cada traço do texto em análise e sua organização.

Não devemos jamais abrandar nossa vigilância interpretativa, mas também não devemos deixar que nosso medo de parecer ingenuamente realistas e referenciais nos faça transformar a dimensão fantástica dos mitos em obstáculo intransponível. Se não deixarmos de fazer o que temos feito há séculos e continuarmos aplicando cegamente ao mito a lei da contaminação pelo incrível, se desprezarmos os indícios convergentes da gênese de um bode expiatório, nossa compreensão jamais passará de uma inversão do erro que domina a mitologia.

Nós continuaremos a parabenizar uns aos outros por nosso sábio ceticismo, sem jamais percebermos que a chave para os mitos fundadores está ao nosso alcance e nada mais é do que o sacrifício expiatório gerador que já sabemos identificar em muitos textos históricos.

Por mais indispensável que fosse num estágio primitivo do processo de interpretação, a rejeição coletiva de todas as conexões possíveis entre o mito e o mundo exterior nos deixa cegos para os mecanismos expiatórios que claramente prevalecem nos mitos e, desse modo, perpetuam seu domínio.

O niilismo textual que hoje triunfa por toda parte deve ser visto como a estratégia derradeira do próprio processo expiatório, sempre competente no que diz respeito à impedir a própria revelação.

O medo mágico da contaminação mágica tem sido deslocado do plano existencial para o plano textual e agora domina a relação que travamos com o mito, de modo que a relação desse mito com a realidade que ele (mal) representa não pode ser revelada. Que essa inversão é ainda um processo expiatório pode ser percebido a partir da contínua incapacidade de nossa cultura de trazer à tona a realidade da vitimação que está por trás até mesmo dos mitos mais transparentes, como o nosso exemplo venda.

Quando descobrimos a medida exata em que a verdadeira magia – a magia persecutória – influencia nosso texto, tornamo-nos capazes de identificar seus efeitos com precisão. Desse modo, longe de abraçar o pensamento mágico, que é o que a teoria mimética aparenta fazer quando não a compreendemos, nossa leitura se afasta cada vez mais da magia de todas as leituras anteriores.

O pensador irracional não é o intérprete mimético, e sim o racionalista limitado ou o niilista textual, os quais se assemelham um ao outro em sua recusa a aceitar que a lei de contaminação pelo incrível pode ser tão irrelevante aos mitos fundadores quanto já é a todos os registros distorcidos do mecanismo expiatório encontrados em nosso mundo.

Quando aplicamos a lei errada a nosso mito, nós reproduzimos mimeticamente, no plano interpretativo, a confusão que caracteriza o mito mesmo. Nós continuamos colocando os traços críveis e incríveis sob a mesma categoria. Nós indiferenciamos aquilo que deveria ser diferenciado.

A única discrepância real que há entre as escolas antirreferenciais e o pensamento mítico *stricto sensu* está no fato de que o pensamento mítico confia em tudo o que há no mito, enquanto a escola antirreferencial não confia em nada. Isso já é um avanço, sem dúvida, mas um avanço muito limitado, que deve dar lugar a uma avaliação mais nuançada dos vários temas.

O atual niilismo interpretativo é irmão gêmeo do positivismo e sua equivocada prudência crítica. Ambos definem um segundo grau do pensamento mítico que pode e será transcendido pela referencialidade seletiva da teoria mimética.

Se me é permitido dizê-lo, a contaminação pelo fantástico e minha metáfora da maçã podre são apenas duas expressões diferentes para um princípio textual de culpa interpretativa por associação – uma expulsão demasiadamente abrangente que não distingue o joio do trigo. O que essa expulsão de fato expulsa é... a expulsão que gera o texto e que, camuflada com sucesso numa época em que a solução do enigma mítico está ao alcance de nossas mãos, continua sendo virulentamente operativa sob o manto do princípio antirrealista e antirreferencial.

A teoria mimética oferece uma abordagem sofisticada o bastante para usar todos os recursos textuais da maneira mais eficaz possível, sem render-se a qualquer falácia referencial – exceto, claro, se seu uso for equivocado, e abusos assim são sempre possíveis. Esse, porém, é um assunto que não pode ser examinado neste ensaio.

*

Nesse momento de nossa história, o único contexto em que os pesquisadores acadêmicos aprenderam a identificar a gênese expiatória de um texto, o único contexto em que é permitido suspender a lei da contaminação pelo incrível – contanto que as evidências o justifiquem –, ainda é o contexto histórico ocidental em que vivemos. Em nosso próprio âmbito cultural, repito, a lição foi aprendida séculos atrás, e de modo tão perfeito que podemos identificar e interpretar todas as pistas quase de maneira imediata e automática.

Em contexto histórico, todos notamos de maneira intuitiva, presentes em qualquer texto estruturado tal qual o mito venda, os sinais que revelam o mecanismo do bode expiatório. Todos desempenhamos tão rapidamente a operação exigida por sua elucidação que eles quase não são percebidos. Em vez de parecerem audaciosos quase ao ponto da temeridade, meus movimentos interpretativos parecem triviais; sua validade é dada como certa.

Acredito que aos poucos a situação mudará e que em algum momento do futuro a *desmitificação* do mito se tornará tão fácil e banal quanto tem sido, há séculos, a *desmistificação* de um julgamento por bruxaria.

Como afirmei, há razões objetivas que explicam por que a interpretação do mito ficou tão defasada com relação à interpretação dos textos históricos. A primeira delas jaz no fato de os temas fantásticos serem muitas vezes, mas nem sempre, mais espetaculares no mito, caso em que os sinais que revelam o mecanismo do bode expiatório são percebidos com mais dificuldade. A segunda razão jaz em nosso pano de fundo histórico e na experiência histórica que vivenciamos em nossa própria sociedade. Nossa sociedade é o local em que a batalha contra as acusações foram travadas e vencidas. Em comparação, a mitologia parece estranha e proibitivamente majestosa.

Todavia, há também razões subjetivas, a saber: os preconceitos ideológicos dos antropólogos e de outros estudiosos do mito. Como um todo, nossa sociedade sempre tende a agir em proveito próprio. Precisamente por estarem tão acostumados a combater esse tipo de preconceito, porém, é que nossos intérpretes profissionais são culpados da propensão inversa. Eles tendem a beneficiar os mitos e preferem não ver, neles, a mesma violência coletiva que lhes agrada denunciar em nossa própria história.

Desde o Renascimento, um respeito quase religioso pela mitologia caracterizou – e ainda caracteriza – a pesquisa acadêmica. Nossa capacidade de decifrar os fenômenos relacionados ao bode expiatório se aplica preferencialmente, por razões que são no fundo antirreligiosas e anticristãs, às esferas do judaísmo e do cristianismo.

A inconclusa atividade de decifrar a mitologia e o ritual pertence, por inteiro, à contínua *história* de nossa capacidade de ler os fenômenos do bode expiatório nas relações humanas e no interior dos textos. Tudo o que agora estamos prontos para alcançar representará um novo avanço para além do último grande passo – um passo dado séculos atrás, quando os resquícios do pensamento mágico em nosso mundo foram finalmente eliminados. Naquela época, nossa cultura se deparou com um limiar além do qual os textos míticos e religiosos de toda a humanidade se tornariam alimento para a desmistificação ou para a "desconstrução", fazendo-o da mesma maneira e pelas mesmas razões que o faziam a caça às bruxas medieval e outras formas de perseguição coletiva. Nós estamos nesse mesmo limiar há quatro ou cinco séculos, mas ainda hesitamos em cruzá-lo. A teoria do mimetismo-bode expiatório dá esse passo decisivo.

Nossa disposição para cruzar o limiar depende de nossa capacidade cada vez mais profunda de identificar polarizações e fabricações de bodes expiatórios, e esse aprofundamento foi há muito desencadeado pela influência exercida pela Bíblia, sobretudo pelos Evangelhos, sobre nós. Podemos verificar isso, creio, na própria forma da interpretação mimética do bode expiatório.

Tudo o que basta para destrinçar nosso mito e todos os mitos semelhantes é aplicar a eles o princípio da vítima inocente transformada injustamente em bode expiatório. O modelo para essa análise vem da história da crucificação e de outros textos relacionados encontrados nos Evangelhos. É isso o que fizemos no caso de nosso mito venda. Para identificar a segunda esposa como "bode expiatório", tudo o que devemos fazer é ler o texto à luz do texto da Paixão cristã, revelação original do mecanismo expiatório.

A leitura mimética é científica do mesmo modo como o é a desmistificação da caça às bruxas lograda pelo mundo moderno. Ambas são científicas em oposição à irracionalidade dos caçadores de bruxas e dos criadores de mitos. De modo semelhante, há uma leitura *científica* do genocídio nazista em contraste com as insensatas teorias dos "revisionistas".

Devemos insistir, de uma só vez, tanto nesse caráter científico da interpretação mimética quanto em sua origem religiosa. O fato de as palavras *científica* e *religiosa* serem usadas lado a lado pode não soar bem para muitas pessoas. Ele sugere que as distinções consideradas universalmente válidas tanto pelo racionalismo liberal quanto pelos beatos estão sendo abolidas. Ele sugere também que a época em que estamos vivendo é verdadeiramente revolucionária.

A pedra que os construtores rejeitaram tornou-se agora a pedra angular. Esse é o princípio que está sendo aplicado. Ele pode ser empregado em todos os campos possíveis e realiza a mais radical das desconstruções. Nossa capacidade de ler o mito pouco tem a ver com os gregos. Ela é inseparável da preocupação com as vítimas que caracteriza o mundo moderno como um todo. Não basta rejeitar essa preocupação com algumas palavras aleatórias sobre nossa "herança" judaica e cristã. Esse termo insinua demasiada passividade. "Herança" é a versão elegante de uma tentativa mais recente e desastrada de deixar o cristianismo para trás rotulando-nos, pomposamente, de "pós-cristãos". Nós somos tão "pós-cristãos" quanto somos "pós-nucleares", "pós-técnicos" ou "pós-miméticos". Mais do que nunca, os Evangelhos são o vinho novo que continua arrebentando os odres velhos.

*

Uma palavra final sobre uma possível objeção. Nosso mito venda pertence à categoria um tanto pequena de mitos que possui tudo aquilo que um mito deve ter a fim de nos ajudar a descobrir sua gênese expiatória: a acusação do bode expiatório, a crise, a "culpa" e "punição" da vítima, as consequências benéficas de sua expulsão unânime... Muitos mitos carecem ou de um, ou de vários desses traços extremamente reveladores que, em nosso mito, se mesclam de maneira muito conveniente.

Os mitos que não possuem uma ou mais peças do quebra-cabeça são decifrados com menos facilidade, é claro, do que nosso mito venda. Até agora, debrucei-me principalmente sobre o nível mais básico da análise mítica, o nível mais fácil.

No entanto, em *O Bode Expiatório*, eu procurei ir além desse estágio a fim de demonstrar que a ausência de violência coletiva num mito se deve a um desenvolvimento normal na história religiosa da humanidade. O mesmo se aplica a outras transformações que tornam a identificação da gênese expiatória cada vez mais difícil, mas nunca, até onde averiguei, impossível de fato.

Não cabe a este ensaio aprofundar esse tipo de exploração, mas eu gostaria de fornecer indicações finais sobre o caminho que, na minha opinião, uma investigação do gênero deveria tomar no caso de nosso mito venda.

Alguns leitores terão observado que esse mito soa como uma variação de um famoso tema mítico: a indiscrição feminina, a *mala curiositas*. Ao que parece, mitos que enfatizam esse tema são encontrados por toda parte. Na mitologia grega, encontramos dois exemplos famosos: o mito de Psiquê e o mito de Sêmele, duas queridas amantes de Zeus que foram atingidas por seu raio pela mesma razão que levou a segunda esposa a ser punida em nosso mito venda.
Tal como neste último, o amante não dissera quem é e as mulheres foram destruídas por importunarem-no com relação à sua identidade divina. Outra história muito parecida é a do germânico Lohengrin.

Seria sensato acreditar que o mito venda foi influenciado por esses mitos antigos ou que os mitos antigos foram influenciados pelo mito venda? Essas hipóteses me parecem absurdas. A única explicação possível para as semelhanças existentes entre todos esses mitos jaz na gênese comum da acusação mítica, a qual deve se encontrar, tal qual descrito em minha leitura, no ciúme mimético de duas mulheres rivais.

Por ser mais "primitivo", "arcaico" ou diacronicamente "mais novo", o mito venda deve ter preservado aquilo que desapareceu, em parte ou por completo, nos mitos gregos e germânicos mais conhecidos. Em determinado momento do futuro, quando a superioridade da teoria mimética for reconhecida, nosso mito venda talvez seja usado como indício importante na explicação de como se constituíram originalmente todos os mitos que seguem o estilo do mito de Psiquê.

A heroína vitimada é sempre a esposa ou amante predileta. Num mundo polígamo, ela não pode ser acusada de adultério. Não é possível denunciá-la apenas por ser íntima do "deus" amado. A única acusação possível é o tipo de acusação que encontramos em todos esses mitos. A rival deve ser incriminada por abusar de um privilégio que lhe fora concedido legitimamente, mas que ainda assim lhe deve ser tirado – da forma mais violenta possível, caso necessário – porque ela não cessa de importunar o deus. Essa importunação sempre diz respeito à condição sobre-humana do amante ou do marido, condição que apenas a mulher abandonada tem o direito de conhecer.

A ex-amante decepcionada se convence de que sua rival mais bem-sucedida está usurpando algo que somente ela tem o direito de possuir: a verdadeira ciência daquilo que seu marido de fato é, do quão digno é ele.

A exemplo de todos os mitos, nosso mito africano camufla a própria vitimação, mas é nisso menos eficiente do que os mitos gregos e germânicos, que são mais elaborados. Estes mitos devem ter sido sucessivamente modificados antes de chegarem até nós. Na versão venda, há ainda dois temas que devem ter pertencido também aos outros, mas que foram subsequentemente suprimidos: a acusação difamadora feita pela rival ciumenta e a violência coletiva que essa acusação desencadeia.

Se Zeus deve punir os réus diretamente, valendo-se do próprio trovão, Píton ainda necessita de intermediários humanos. Ele age por meio do povo reunido: não é ele, e sim aquelas pessoas, quem leva a segunda esposa à morte. A versão venda nos permite observar o papel crucial da violência coletiva, sua identidade com o poder sagrado.

Em regra, os traços mais sinistros da mitologia olímpica são suprimidos de acordo com princípios menos drásticos do que aqueles formulados por Platão na *República*, mas semelhantes em seu objetivo. O mito venda ainda preserva a ação coletiva crucial para a qual o trovão de Zeus é na verdade uma metáfora. Creio que uma comparação cuidadosa dos mitos africano e grego poderia revelar quais peças do quebra-cabeça mítico são suprimidos durante a história religiosa desses mitos, em que ordem isso acontece e por que razão essa supressão se dá. Foi a esse processo que Freud aludiu, de maneira tão veemente, em *Moisés e o Monoteísmo*: as várias tentativas de apagar os traços do assassinato coletivo e a impossibilidade de fazê-lo. Em determinado momento da evolução das mentalidades, os temas que mais sugerem aquilo que a mitologia de fato é se tornam escandalosos aos olhos dos crentes, e não sem motivos graves. É por isso que eles são suprimidos de formas que sempre parecem ser mais ou menos iguais em todas as tradições observáveis. Por intermédio de um processo semelhante, as observações dos antropólogos que hoje ainda dão atenção à violência da mitologia e do ritual estão sendo descreditadas em favor de interpretações niilistas e antirreferenciais que na verdade são muito menos significativas.

A hipótese de um mecanismo expiatório que transforma a acusação mágica de determinado texto na verdade ostensível desse texto mesmo nos permite circunscrever os traços incríveis e distingui-los dos traços críveis, aqueles traços que dizem respeito à seca e ao afogamento da vítima que dá termo a ela; paradoxalmente, esses traços incríveis se tornam mais críveis, e não menos, mediante sua conjunção com a acusação incrível. A possível presença do mecanismo do bode expiatório faz mais do que apenas suspender a aplicação da lei da contaminação pelo fantástico; ela literalmente a inverte. Ela transforma a lei da contaminação pelo incrível na lei da contaminação pelo crível. A ideia de que um texto nunca é mais confiável do que sua parte menos confiável é substituída pela ideia oposta. Nos textos que revelam um ato de violência cometido contra vítimas de transgressões incríveis, mais provável terá sido a realidade dessa violência quanto mais incrível for a acusação e mais crédulo for o autor.

Os motivos dessa oposição são claros. No início da era moderna, travou-se em nosso mundo uma batalha contra o espírito da bruxaria, batalha que revolucionou a interpretação de textos no interior de nossa própria cultura. As vantagens dessa grande vitória ainda não se estenderam aos textos de culturas diferentes.

Para aqueles que continuam repetindo com teimosia que uma serpente irada e sua esposa humana não podem ser a causa de uma seca e que esse mito não passa de um absurdo, respondo que isso é verdade, claro, mas apenas em sentido absoluto. Em sentido relativo – relativo ao tipo de texto a que pertencem nossa serpente fantástica e sua esposa indiscreta –, a história ganha sentido não como algo "verdadeiro", e sim como algo "falso", como o tipo de ilusão que acontece no mundo real. E, quando isso acontece num mito como o nosso, também costuma ocorrer de os outros temas serem acontecimentos reais. A referencialidade da serpente não na condição de deus, mas na condição de acusação mágica, exige a referencialidade do mito todo.

À luz da acusação mágica, a morte da mulher passa a ser compreendida como a reação aterrorizada da comunidade. O mesmo acontece com a ideia de que essa morte dá fim à seca. E, à luz desses dois temas, é claro, a história da serpente passa a ser compreendida como uma acusação mágica que reúne, contra e ao redor da vítima, uma comunidade mimeticamente perturbada. É tal o círculo de credibilidade em que nos encontramos que a probabilidade de existir um processo social real por trás de nosso texto é muito alta.

Nossa desmitificação mimética é uma operação puramente interpretativa, completamente autônoma e livre de pressupostos aprioríticos. A afirmação de que a vítima é real não é um viés apriorístico em favor da referencialidade; ela é exigida por uma hipótese que é poderosa demais para ser rejeitada.

breve explicação

Arnaldo Momigliano inspira nossa tarefa, já que a alquimia dos antiquários jamais se realizou: nenhum catálogo esgota a pluralidade do mundo e muito menos a dificuldade de uma questão complexa como a teoria mimética.

O cartógrafo borgeano conheceu constrangimento semelhante, como Jorge Luis Borges revelou no poema "La Luna". Como se sabe, o cartógrafo não pretendia muito, seu projeto era modesto: "cifrar el universo / En un libro". Ao terminá-lo, levantou os olhos "con ímpetu infinito", provavelmente surpreso com o poder de palavras e compassos. No entanto, logo percebeu que redigir catálogos, como produzir livros, é uma tarefa infinita:

> Gracias iba a rendir a la fortuna
> Cuando al alzar los ojos vio un bruñido
> Disco en el aire y comprendió aturdido
> Que se había olvidado de la luna.

Nem antiquários, tampouco cartógrafos: portanto, estamos livres para apresentar ao público brasileiro uma cronologia que não se pretende exaustiva da vida e da obra de René Girard.

Com o mesmo propósito, compilamos uma bibliografia sintética do pensador francês, privilegiando os livros publicados. Por isso, não mencionamos a grande quantidade de ensaios e capítulos de livros que escreveu, assim como de entrevistas que concedeu. Para o leitor interessado numa relação completa de sua vasta produção, recomendamos o banco de dados organizado pela Universidade de Innsbruck: http://www.uibk.ac.at/rgkw/mimdok/suche/index.html.en.

De igual forma, selecionamos livros e ensaios dedicados, direta ou indiretamente, à obra de René Girard, incluindo os títulos que sairão na Biblioteca René Girard. Nosso objetivo é estimular o convívio reflexivo com a teoria mimética. Ao mesmo tempo, desejamos propor uma coleção cujo aparato crítico estimule novas pesquisas.

Em outras palavras, o projeto da Biblioteca René Girard é também um convite para que o leitor venha a escrever seus próprios livros acerca da teoria mimética.

cronologia de René Girard

René Girard nasce em Avignon (França) no dia 25 de dezembro de 1923; o segundo de cinco filhos. Seu pai trabalha como curador do Museu da Cidade e do famoso "Castelo dos Papas". Girard estuda no liceu local e recebe seu *baccalauréat* em 1940.

De 1943 a 1947 estuda na École des Chartes, em Paris, especializando-se em história medieval e paleografia. Defende a tese *La Vie Privée à Avignon dans la Seconde Moitié du XVme Siècle*.

Em 1947 René Girard deixa a França e começa um doutorado em História na Universidade de Indiana, Bloomington, ensinando Literatura Francesa na mesma universidade. Conclui o doutorado em 1950 com a tese *American Opinion on France, 1940-1943*.

No dia 18 de junho de 1951, Girard casa-se com Martha McCullough. O casal tem três filhos: Martin, Daniel e Mary.

Em 1954 começa a ensinar na Universidade Duke e, até 1957, no Bryn Mawr College.

Em 1957 torna-se professor assistente de Francês na Universidade Johns Hopkins, em Baltimore.

Em 1961 publica seu primeiro livro, *Mensonge Romantique et Vérité Romanesque*, expondo os princípios da teoria do desejo mimético.

Em 1962 torna-se professor associado na Universidade Johns Hopkins.

Organiza em 1962 *Proust: A Collection of Critical Essays*, e, em 1963, publica *Dostoïevski, du Double à l'Unité*.

Em outubro de 1966, em colaboração com Richard Macksey e Eugenio Donato, organiza o colóquio internacional "The Languages of Criticism and the Sciences of Man". Nesse colóquio participam Lucien Goldmann, Roland Barthes, Jacques Derrida, Jacques Lacan, entre outros. Esse encontro é visto como a introdução do estruturalismo nos Estados Unidos. Nesse período, Girard desenvolve a noção do assassinato fundador.

Em 1968 transfere-se para a Universidade do Estado de Nova York, em Buffalo, e ocupa a direção do Departamento de Inglês. Principia sua colaboração e amizade com Michel Serres. Começa a interessar-se mais seriamente pela obra de Shakespeare.

Em 1972 publica *La Violence et le Sacré*, apresentando o mecanismo do bode expiatório. No ano seguinte, a revista *Esprit* dedica um número especial à obra de René Girard.

Em 1975 retorna à Universidade Johns Hopkins.

Em 1978, com a colaboração de Jean-Michel Oughourlian e Guy Lefort, dois psiquiatras franceses, publica seu terceiro livro, *Des Choses Cachées depuis la Fondation du Monde*. Trata-se de um longo e sistemático diálogo sobre a teoria mimética compreendida em sua totalidade.

Em 1980, na Universidade Stanford, recebe a "Cátedra Andrew B. Hammond" em Língua, Literatura e Civilização Francesa. Com a colaboração de Jean-Pierre Dupuy, cria e dirige o "Program for Interdisciplinary Research", responsável pela realização de importantes colóquios internacionais.

Em 1982 publica *Le Bouc Émissaire* e, em 1985, *La Route Antique des Hommes Pervers*. Nesses livros, Girard principia a desenvolver uma abordagem hermenêutica para uma leitura dos textos bíblicos com base na teoria mimética.

Em junho de 1983, no Centre Culturel International de Cerisy-la-Salle, Jean-Pierre Dupuy e Paul Dumouchel organizam o colóquio "Violence et Vérité. Autour de René Girard". Os "Colóquios de Cerisy" representam uma referência fundamental na recente história intelectual francesa.

Em 1985 recebe, da Frije Universiteit de Amsterdã, o primeiro de muitos doutorados *honoris causa*. Nos anos seguintes, recebe a mesma distinção da Universidade de Innsbruck, Áustria (1988); da

Universidade de Antuérpia, Bélgica (1995); da Universidade de Pádua, Itália (2001); da Universidade de Montreal, Canadá (2004); da University College London, Inglaterra (2006); da Universidade de St Andrews, Escócia (2008).

Em 1990 é criado o Colloquium on Violence and Religion (COV&R). Trata-se de uma associação internacional de pesquisadores dedicada ao desenvolvimento e à crítica da teoria mimética, especialmente no tocante às relações entre violência e religião nos primórdios da cultura. O Colloquium on Violence and Religion organiza colóquios anuais e publica a revista *Contagion*. Girard é o presidente honorário da instituição. Consulte-se a página: http://www.uibk.ac.at/theol/cover/.

Em 1990 visita o Brasil pela primeira vez: encontro com representantes da Teologia da Libertação, realizado em Piracicaba, São Paulo.

Em 1991 Girard publica seu primeiro livro escrito em inglês: *A Theatre of Envy: William Shakespeare* (Oxford University Press). O livro recebe o "Prix Médicis", na França.

Em 1995 aposenta-se na Universidade Stanford.

Em 1999 publica *Je Vois Satan Tomber comme l'Éclair*. Desenvolve a leitura antropológica dos textos bíblicos com os próximos dois livros: *Celui par qui le Scandale Arrive* (2001) e *Le Sacrifice* (2003).

Em 2000 visita o Brasil pela segunda vez: lançamento de *Um Longo Argumento do Princípio ao Fim. Diálogos com João Cezar de Castro Rocha e Pierpaolo Antonello*.

Em 2004 recebe o "Prix Aujourd'hui" pelo livro *Les Origines de la Culture. Entretiens avec Pierpaolo Antonello et João Cezar de Castro Rocha*.

Em 17 de março de 2005 René Girard é eleito para a Académie Française. O "Discurso de Recepção" foi feito por Michel Serres em 15 de dezembro. No mesmo ano, cria-se em Paris a Association pour les Recherches Mimétiques (ARM).

Em 2006 René Girard e Gianni Vattimo dialogam sobre cristianismo e modernidade: *Verità o Fede Debole? Dialogo su Cristianesimo e Relativismo*.

Em 2007 publica *Achever Clausewitz*, um diálogo com Benoît Chantre. Nessa ocasião, desenvolve uma abordagem apocalíptica da história.

Em outubro de 2007, em Paris, é criada a "Imitatio. Integrating the Human Sciences", (http://www.imitatio.org/), com apoio da Thiel Foundation. Seu objetivo é ampliar e promover as consequências da teoria girardiana sobre o comportamento humano e a cultura. Além disso, pretende apoiar o estudo interdisciplinar da teoria mimética. O primeiro encontro da Imitatio realiza-se em Stanford, em abril de 2008.

Em 2008 René Girard recebe a mais importante distinção da Modern Language Association (MLA): "Lifetime Achievement Award".

bibliografia de René Girard

Mensonge Romantique et Vérité Romanesque. Paris: Grasset, 1961. [*Mentira Romântica e Verdade Romanesca*. Trad. Lília Ledon da Silva. São Paulo: Editora É, 2009.]
Proust: A Collection of Critical Essays. Englewood Cliffs: Prentice Hall, 1962.
Dostoïevski, du Double à l'Unité. Paris: Plon, 1963. [*Dostoiévski: do Duplo à Unidade*. Trad. Roberto Mallet. São Paulo: É Realizações, 2011.]
La Violence et le Sacré. Paris: Grasset, 1972.
Critique dans un Souterrain. Lausanne: L'Age d'Homme, 1976.
To Double Business Bound: Essays on Literature, Mimesis, and Anthropology. Baltimore: Johns Hopkins University Press, 1978. (Este livro será publicado na Biblioteca René Girard)
Des Choses Cachées depuis la Fondation du Monde. Pesquisas com Jean-Michel Oughourlian e Guy Lefort. Paris: Grasset, 1978.
Le Bouc Émissaire. Paris: Grasset, 1982.
La Route Antique des Hommes Pervers. Paris: Grasset, 1985.
Violent Origins: Walter Burkert, René Girard, and Jonathan Z. Smith on Ritual Killing and Cultural Formation. Org. Robert Hamerton-Kelly. Stanford: Stanford University Press, 1988. (Este livro será publicado na Biblioteca René Girard)
A Theatre of Envy: William Shakespeare. Nova York: Oxford University Press, 1991. [*Shakespeare: Teatro da Inveja*. Trad. Pedro Sette-Câmara. São Paulo: Editora É, 2010.]

Quand ces Choses Commenceront... Entretiens avec Michel Treguer. Paris: Arléa, 1994. [*Quando Começarem a Acontecer Essas Coisas: Diálogos com Michel Treguer*. Trad. Lília Ledon da Silva. São Paulo: É Realizações, 2011.]

The Girard Reader. Org. James G. Williams. Nova York: Crossroad, 1996.

Je Vois Satan Tomber comme l'Éclair. Paris: Grasset, 1999.

Um Longo Argumento do Princípio ao Fim. Diálogos com João Cezar de Castro Rocha e Pierpaolo Antonello. Rio de Janeiro: Topbooks, 2000. Este livro, escrito em inglês, foi publicado, com algumas modificações, em italiano, espanhol, polonês, japonês, coreano, tcheco e francês. Na França, em 2004, recebeu o "Prix Aujourd'hui".

Celui par Qui le Scandale Arrive: Entretiens avec Maria Stella Barberi. Paris: Desclée de Brouwer, 2001. [*Aquele por Quem o Escândalo Vem*. Trad. Carlos Nougué. São Paulo: É Realizações, 2011.]

La Voix Méconnue du Réel: Une Théorie des Mythes Archaïques et Modernes. Paris: Grasset, 2002. (Este livro será publicado na Biblioteca René Girard)

Il Caso Nietzsche. La Ribellione Fallita dell'Anticristo. Com colaboração e edição de Giuseppe Fornari. Gênova: Marietti, 2002.

Le Sacrifice. Paris: Bibliothèque Nationale de France, 2003. [*O Sacrifício*. Trad. Margarita Maria Garcia Lamelo. São Paulo: É Realizações, 2011.]

Oedipus Unbound: Selected Writings on Rivalry and Desire. Org. Mark R. Anspach. Stanford: Stanford University Press, 2004.

Miti d'Origine. Massa: Transeuropa Edizioni, 2005. (Este livro será publicado na Biblioteca René Girard)

Verità o Fede Debole. Dialogo su Cristianesimo e Relativismo. Com Gianni Vattimo. Org. Pierpaolo Antonello. Massa: Transeuropa Edizioni, 2006.

Achever Clausewitz (Entretiens avec Benoît Chantre). Paris: Carnets Nord, 2007. [*Rematar Clausewitz: Além Da Guerra*. Trad. Pedro Sette-Câmara. São Paulo: É Realizações, 2011.]

Le Tragique et la Pitié: Discours de Réception de René Girard à l'Académie Française et Réponse de Michel Serres. Paris: Editions le Pommier, 2007. [*O Trágico e a Piedade*. Trad. Margarita Maria Garcia Lamelo. São Paulo: É Realizações, 2011.]

De la Violence à la Divinité. Paris: Grasset, 2007. Reunião dos principais livros de Girard publicados pela Editora Grasset, acompanhada de uma nova introdução para todos os títulos. O volume inclui *Mensonge Romantique et Vérité Romanesque, La Violence et le Sacré, Des Choses Cachées depuis la Fondation du Monde* e *Le Bouc Émissaire*.

Dieu, une Invention?. Com André Gounelle e Alain Houziaux. Paris: Editions de l'Atelier, 2007. [*Deus: uma invenção?* Trad. Margarita Maria Garcia Lamelo. São Paulo: É Realizações, 2011.]

Evolution and Conversion. Dialogues on the Origins of Culture. Com Pierpaolo Antonello e João Cezar de Castro Rocha. Londres: The Continuum, 2008. [*Evolução e Conversão*. Trad. Bluma Waddington Vilar e Pedro Sette-Câmara. São Paulo: É Realizações, 2011.]

Anorexie et Désir Mimétique. Paris: L'Herne, 2008. [*Anorexia e Desejo Mimético*. Trad. Carlos Nougué. São Paulo: É Realizações, 2011.]

Mimesis and Theory: Essays on Literature and Criticism, 1953-2005. Org. Robert Doran. Stanford: Stanford University Press, 2008.

La Conversion de l'Art. Paris: Carnets Nord, 2008. Este livro é acompanhado por um DVD, *Le Sens de l'Histoire*, que reproduz um diálogo com Benoît Chantre. [*A Conversão da Arte*. Trad. Lília Ledon da Silva. São Paulo: É Realizações, 2011.]

Gewalt und Religion: Gespräche mit Wolfgang Palaver. Berlim: Matthes & Seitz Verlag, 2010.

Géométries du Désir. Prefácio de Mark Anspach. Paris: Ed. de L'Herne, 2011.

bibliografia selecionada sobre René Girard[1]

BANDERA, Cesáreo. *Mimesis Conflictiva: Ficción Literaria y Violencia en Cervantes y Calderón.* (Biblioteca Románica Hispánica – Estudios y Ensayos 221). Prefácio de René Girard. Madri: Editorial Gredos, 1975.

SCHWAGER, Raymund. *Brauchen Wir einen Sündenbock? Gewalt und Erläsung in den Biblischen Schriften.* Munique: Kasel, 1978.

DUPUY, Jean-Pierre e DUMOUCHEL, Paul. *L'Enfer des Choses: René Girard et la Logique de l'Économie.* Posfácio de René Girard. Paris: Le Seuil, 1979.

CHIRPAZ, François. *Enjeux de la Violence: Essais sur René Girard.* Paris: Cerf, 1980.

GANS, Eric. *The Origin of Language: A Formal Theory of Representation.* Berkeley: University of California Press, 1981.

AGLIETTA, M. e ORLÉAN, A. *La Violence de la Monnaie.* Paris: PUF, 1982.

OUGHOURLIAN, Jean-Michel. *Un Mime Nomme Desir: Hysterie, Transe, Possession, Adorcisme.* Paris: Éditions Grasset et Fasquelle, 1982. (Este livro será publicado na Biblioteca René Girard)

---

[1] Agradecemos a colaboração de Pierpaolo Antonello, do St John's College (Universidade de Cambridge). Nesta bibliografia, adotamos a ordem cronológica em lugar da alfabética a fim de evidenciar a recepção crescente da obra girardiana nas últimas décadas.

Dupuy, Jean-Pierre e Deguy, Michel (orgs.). *René Girard et le Problème du Mal*. Paris: Grasset, 1982.
Dupuy, Jean-Pierre. *Ordres et Désordres*. Paris: Le Seuil, 1982.
Fages, Jean-Baptiste. *Comprendre René Girard*. Toulouse: Privat, 1982.
McKenna, Andrew J. (org.). *René Girard and Biblical Studies* (*Semeia* 33). Decatur, GA: Scholars Press, 1985.
Carrara, Alberto. *Violenza, Sacro, Rivelazione Biblica: Il Pensiero di René Girard*. Milão: Vita e Pensiero, 1985.
Dumouchel, Paul (org.). *Violence et Vérité – Actes du Colloque de Cerisy*. Paris: Grasset, 1985. Tradução para o inglês: *Violence and Truth: On the Work of René Girard*. Stanford: Stanford University Press, 1988.
Orsini, Christine. *La Pensée de René Girard*. Paris: Retz, 1986.
To Honor René Girard. Presented on the Occasion of his Sixtieth Birthday by Colleagues, Students, Friends. Stanford French and Italian Studies 34. Saratoga, CA: Anma Libri, 1986.
Lermen, Hans-Jürgen. *Raymund Schwagers Versuch einer Neuinterpretation der Erläsungstheologie im Anschluss an René Girard*. Mainz: Unveräffentlichte Diplomarbeit, 1987.
Lascaris, André. *Advocaat van de Zondebok: Het Werk van René Girard en het Evangelie van Jezus*. Hilversum: Gooi & Sticht, 1987.
Beek, Wouter van (org.). *Mimese en Geweld: Beschouwingen over het Werk van René Girard*. Kampen: Kok Agora, 1988.
Hamerton-Kelly, Robert G. (org.). *Violent Origins: Walter Burkert, Rene Girard, and Jonathan Z. Smith on Ritual Killing and Cultural Formation*. Stanford: Stanford University Press, 1988. (Este livro será publicado na Biblioteca René Girard)
Gans, Eric. *Science and Faith: The Anthropology of Revelation*. Savage, MD: Rowman & Littlefield, 1990.
Assmann, Hugo (org.). *René Girard com Teólogos da Libertação: Um Diálogo sobre Ídolos e Sacrifícios*. Petrópolis: Vozes, 1991. Tradução para o alemão: *Gätzenbilder und Opfer: René Girard im Gespräch mit der Befreiungstheologie*. (Beiträge zur mimetischen Theorie 2). Thaur, Münster:

Druck u. Verlagshaus Thaur, LIT-Verlag, 1996. Tradução para o espanhol: *Sobre Ídolos y Sacrifícios: René Girard con Teólogos de la Liberación*. (Colección Economía-Teología). San José, Costa Rica: Editorial Departamento Ecuménico de Investigaciones, 1991.

Alison, James. *A Theology of the Holy Trinity in the Light of the Thought of René Girard*. Oxford: Blackfriars, 1991.

Régis, J. P. (org.). *Table Ronde Autour de René Girard*. (Publications des Groupes de Recherches Anglo-américaines 8). Tours: Université François Rabelais de Tours, 1991.

Williams, James G. *The Bible, Violence, and the Sacred: Liberation from the Myth of Sanctionated Violence*. Prefácio de René Girard. San Francisco: Harper, 1991.

Lundager Jensen, Hans Jürgen. *René Girard*. (Profil-Serien 1). Frederiksberg: Forlaget Anis, 1991.

Hamerton-Kelly, Robert G. *Sacred Violence: Paul's Hermeneutic of the Cross*. Minneapolis: Augsburg Fortress, 1992. [*Violência Sagrada: Paulo e a Hermenêutica da Cruz*. Trad. Maurício G. Righi. São Paulo: É Realizações, 2012.]

McKenna, Andrew J. (org.). *Violence and Difference: Girard, Derrida, and Deconstruction*. Chicago: University of Illinois Press, 1992.

Livingston, Paisley. *Models of Desire: René Girard and the Psychology of Mimesis*. Baltimore: The Johns Hopkins University Press, 1992.

Lascaris, André e Weigand, Hans (orgs.). *Nabootsing: In Discussie over René Girard*. Kampen: Kok Agora, 1992.

Gans, Eric. *Originary Thinking: Elements of Generative Anthropology*. Stanford: Stanford University Press, 1993.

Hamerton-Kelly, Robert G. *The Gospel and the Sacred: Poetics of Violence in Mark*. Prefácio de René Girard. Minneapolis: Fortress Press, 1994.

Binaburo, J. A. Bakeaz (org.). *Pensando en la Violencia: Desde Walter Benjamin, Hannah Arendt, René Girard y Paul Ricoeur*. Centro de Documentación y Estudios para la Paz. Madri: Libros de la Catarata, 1994.

McCracken, David. *The Scandal of the Gospels: Jesus, Story, and Offense*. Oxford: Oxford University Press, 1994.

WALLACE, Mark I. e SMITH, Theophus H. *Curing Violence: Essays on René Girard*. Sonoma, CA: Polebridge Press, 1994.

BANDERA, Cesáreo. *The Sacred Game: The Role of the Sacred in the Genesis of Modern Literary Fiction*. University Park: Pennsylvania State University Press, 1994. (Este livro será publicado na Biblioteca René Girard)

ALISON, James. *The Joy of Being Wrong: An Essay in the Theology of Original Sin in the Light of the Mimetic Theory of René Girard*. Santiago de Chile: Instituto Pedro de Córdoba, 1994. [*O Pecado Original à Luz da Ressurreição: a Alegria de Descobrir-se Equivocado*. Trad. Maurício G. Righi. São Paulo: É Realizações, 2011.]

LAGARDE, François. *René Girard ou la Christianisation des Sciences Humaines*. Nova York: Peter Lang, 1994.

TEIXEIRA, Alfredo. *A Pedra Rejeitada: O Eterno Retorno da Violência e a Singularidade da Revelação Evangélica na Obra de René Girard*. Porto: Universidade Católica Portuguesa, 1995.

BAILIE, Gil. *Violence Unveiled: Humanity at the Crossroads*. Nova York: Crossroad, 1995.

TOMELLERI, Stefano. *René Girard. La Matrice Sociale della Violenza*. Milão: F. Angeli, 1996.

GOODHART, Sandor. *Sacrificing Commentary: Reading the End of Literature*. Baltimore: Johns Hopkins University Press, 1996.

PELCKMANS, Paul e VANHEESWIJCK, Guido. *René Girard, het Labyrint van het Verlangen: Zes Opstellen*. Kampen/Kapellen: Kok Agora/Pelcckmans, 1996.

GANS, Eric. *Signs of Paradox: Irony, Resentment, and Other Mimetic Structures*. Stanford: Stanford University Press, 1997.

SANTOS, Laura Ferreira dos. *Pensar o Desejo: Freud, Girard, Deleuze*. Braga: Universidade do Minho, 1997.

GROTE, Jim e McGEENEY, John R. *Clever as Serpents: Business Ethics and Office Politics*. Minnesota: Liturgical Press, 1997. [*Espertos como Serpentes: Manual de Sobrevivência no Mercado de Trabalho*. Trad. Fábio Faria. São Paulo: É Realizações, 2011.]

FEDERSCHMIDT, Karl H.; ATKINS, Ulrike; TEMME, Klaus (orgs.). *Violence and Sacrifice: Cultural Anthropological and Theological Aspects Taken from Five Continents*. Intercultural Pastoral Care and Counseling 4. Düsseldorf: SIPCC, 1998.

SWARTLEY, William M. (org.). *Violence Renounced: René Girard, Biblical Studies and Peacemaking.* Telford: Pandora Press, 2000.

FLEMING, Chris. *René Girard: Violence and Mimesis.* Cambridge: Polity, 2000.

ALISON, James. *Faith Beyond Resentment: Fragments Catholic and Gay.* Londres: Darton, Longman & Todd, 2001. Tradução para o português: *Fé Além do Ressentimento: Fragmentos Católicos em Voz Gay.* São Paulo: Editora É, 2010.

ANSPACH, Mark Rogin. *A Charge de Revanche: Figures Élémentaires de la Réciprocité.* Paris: Editions du Seuil, 2002. [*Anatomia da Vingança: Figuras Elementares da Reciprocidade.* Trad. Margarita Maria Garcia Lamelo. São Paulo: É Realizações, 2012.]

GOLSAN, Richard J. *René Girard and Myth.* Nova York: Routledge, 2002. [*Mito e Teoria Mimética: Introdução ao Pensamento Girardiano.* Trad. Hugo Langone. São Paulo: É Realizações, 2014.]

DUPUY, Jean-Pierre. *Pour un Catastrophisme Éclairé. Quand l'Impossible est Certain.* Paris: Editions du Seuil, 2002. [*O Tempo das Catástrofes: Quando o Impossível É uma Certeza.* Trad. Lília Ledon da Silva. São Paulo: É Realizações, 2011.]

JOHNSEN, William A. *Violence and Modernism: Ibsen, Joyce, and Woolf.* Gainesville, FL: University Press of Florida, 2003. [*Violência e Modernismo: Ibsen, Joyce e Woolf.* Trad. Pedro Sette-Câmara. São Paulo: É Realizações, 2011.]

KIRWAN, Michael. *Discovering Girard.* Londres: Darton, Longman & Todd, 2004. (Este livro será publicado na Biblioteca René Girard)

BANDERA, Cesáreo. *Monda y Desnuda: La Humilde Historia de Don Quijote. Reflexiones sobre el Origen de la Novela Moderna.* Madri: Iberoamericana, 2005. [*Despojada e Despida: A Humilde História de Dom Quixote.* Trad. Carlos Nougué. São Paulo: É Realizações, 2011.]

VINOLO, Stéphane. *René Girard: Du Mimétisme à l'Hominisation, la Violence Différante.* Paris: L'Harmattan, 2005. [*René Girard: do Mimetismo à Hominização.* Trad. Rosane Pereira e Bruna Beffart. São Paulo: É Realizações, 2012.]

INCHAUSTI, Robert. *Subversive Orthodoxy: Outlaws, Revolutionaries, and Other Christians in Disguise.* Grand Rapids, MI: Brazos Press, 2005. (Este livro será publicado na Biblioteca René Girard)

FORNARI, Giuseppe. *Fra Dioniso e Cristo. Conoscenza e Sacrificio nel Mondo Greco e nella Civiltà Occidentale*. Gênova-Milão: Marietti, 2006. (Este livro será publicado na Biblioteca René Girard)

ANDRADE, Gabriel. *La Crítica Literaria de René Girard*. Mérida: Universidad del Zulia, 2007.

HAMERTON-KELLY, Robert G. (org.). *Politics & Apocalypse*. East Lansing, MI: Michigan State University Press, 2007. (Este livro será publicado na Biblioteca René Girard)

LANCE, Daniel. *Vous Avez Dit Elèves Difficiles? Education, Autorité et Dialogue*. Paris, L'Harmattan, 2007. (Este livro será publicado na Biblioteca René Girard)

VINOLO, Stéphane. *René Girard: Épistémologie du Sacré*. Paris: L'Harmattan, 2007. (Este livro será publicado na Biblioteca René Girard)

OUGHOURLIAN, Jean-Michel. *Genèse du Désir*. Paris: Carnets Nord, 2007. (Este livro será publicado na Biblioteca René Girard)

ALBERG, Jeremiah. *A Reinterpretation of Rousseau: A Religious System*. Nova York: Palgrave Macmillan, 2007. (Este livro será publicado na Biblioteca René Girard)

DUPUY, Jean-Pierre. *Dans l'Oeil du Cyclone – Colloque de Cerisy*. Paris: Carnets Nord, 2008. (Este livro será publicado na Biblioteca René Girard)

DUPUY, Jean-Pierre. *La Marque du Sacré*. Paris: Carnets Nord, 2008. (Este livro será publicado na Biblioteca René Girard)

ANSPACH, Mark Rogin (org.). *René Girard*. Les Cahiers de l'Herne n. 89. Paris: L'Herne, 2008. (Este livro será publicado na Biblioteca René Girard)

DEPOORTERE, Frederiek. *Christ in Postmodern Philosophy: Gianni Vattimo, Rene Girard, and Slavoj Zizek*. Londres: Continuum, 2008.

PALAVER, Wolfgang. *René Girards Mimetische Theorie. Im Kontext Kulturtheoretischer und Gesellschaftspolitischer Fragen*. 3. Auflage. Münster: LIT, 2008.

BARBERI, Maria Stella (org.). *Catastrofi Generative – Mito, Storia, Letteratura*. Massa: Transeuropa Edizioni, 2009. (Este livro será publicado na Biblioteca René Girard)

ANTONELLO, Pierpaolo e BUJATTI, Eleonora (orgs.). *La Violenza Allo Specchio. Passione e Sacrificio nel Cinema Contemporaneo*. Massa: Transeuropa

Edizioni, 2009. (Este livro será publicado na Biblioteca René Girard)

RANIERI, John J. *Disturbing Revelation – Leo Strauss, Eric Voegelin, and the Bible*. Columbia, MO: University of Missouri Press, 2009. (Este livro será publicado na Biblioteca René Girard)

GOODHART, Sandor; JORGENSEN, J.; RYBA, T.; WILLIAMS, J. G. (orgs.). *For René Girard. Essays in Friendship and in Truth*. East Lansing, MI: Michigan State University Press, 2009.

ANSPACH, Mark Rogin. *Oedipe Mimétique*. Paris: Éditions de L'Herne, 2010. [*Édipo Mimético*. Trad. Ana Lúcia Costa. São Paulo: É Realizações, 2012.]

MENDOZA-ÁLVAREZ, Carlos. *El Dios Escondido de la Posmodernidad. Deseo, Memoria e Imaginación Escatológica. Ensayo de Teología Fundamental Posmoderna*. Guadalajara: ITESO, 2010. [*O Deus Escondido da Pós-Modernidade: Desejo, Memória e Imaginação Escatológica*. Trad. Carlos Nougué. São Paulo: É Realizações, 2011.]

ANDRADE, Gabriel. *René Girard: Un Retrato Intelectual*. 2010. [*René Girard: um Retrato Intelectual*. Trad. Carlos Nougué. São Paulo: É Realizações, 2011.]

índice analítico

Amor-próprio, 53
Angústia, 33, 40, 56, 227
  individual, 40
Antissemitismo, 65, 67,
  89, 128, 157, 226
  medieval, 127
  na poesia de Ezra
    Pound, 172
Apocalipse
  dostoievskiano, 42
Apologética, 21, 179, 181
Arma
  artificial, 60
  natural, 59
Arquivítima, 187
  Nietzsche como, 187
Arte
  romântica, 34
Askesis, 37
Assassinato
  coletivo, 79, 106, 115,
    118-19, 121, 144, 241
  fundador, 82, 92, 98,
    104, 111, 115, 121,
    131, 146
  benefícios
    temporários do, 133
  de Júlio César, 85
  evidência do, 134
Autodesejo, 37, 53
Autossatisfação, 38, 45, 54

Autossuficiência, 52, 143,
  160, 198
  aura de, 53
  feminina, 160, 198
  masculina, 161
Bíblia, 237
  como bode expiatório,
    125
  e o colapso da
    méconnaissance, 129
  essência de sua
    revelação, 125
  hebraica, 130, 139, 147
  hebraica e Apocalipse,
    147
  interpretação girardiana
    da, 125, 170
  leitura giradiana da, 167
  potencial antropológico
    da, 125
  valor cognitivo da, 162,
    166
Bode expiatório, 22, 29,
  62, 64-80, 83-86, 88-
  90, 92-95, 99, 103-06,
  111-12, 116-17, 119,
  121-22, 125-26, 129,
  135-38, 142, 144, 149,
  151, 158, 162, 16-66,
  168, 171-73, 183-85,
  187, 189, 207-11, 213,

  216-20, 222-23, 225,
  227-33, 236-39
  a origem do, 70
  efeito do, 144
  em sentido moderno,
    207
  estrangeiro como, 66
  e tragédia, 70
  evidências do
    mecanismo do, 70
  gênese mimética do, 219
  Jó como, 136
  mecanismo do, 57, 66,
    71, 78-80, 93, 95,
    129, 139, 207, 232,
    242
  minoria religiosa como,
    65
  minorias como, 67
Bruxas
  julgamento das, 127
Canibalismo
  ritual, 91, 94, 120
  tupinambá, 95
Catarse, 90
Catexia, 50
Ceticismo, 204, 233
Ciúme, 38, 130, 134, 214,
  216-17, 240-41
Claude Lévi-Strauss
  crítica de Girard a, 106

Comportamento
  mimético, 39, 42
Conhecimento
  natureza do, 171
Contágio, 28, 48, 69, 78,
    119, 139, 216
  com a vítima, 114
  mimético, 80, 139, 145,
    232
Contaminação
  mágica, 234
Contracultura
  era da, 180
Conversão, 179, 183
Coquete, 53
Crise
  de indiferenciação,
    62-63
  mimética, 62, 83, 119,
    126, 138, 211
  sacrifical
    e bode expiatório, 62
  sacrificial, 34, 62, 65,
    67, 71, 88, 93, 99,
    111, 128, 135-36
  caos da, 134
  definição de, 122
  e indiferenciação, 77
  e polarização, 101
  e tragédia, 71
  peste como metáfora
    da, 71
Cristalização
  mítica, 105-06, 110-12,
    138-39
  impossibilidade da,
    128
  processo de, 120, 122,
    126
  teoria girardiana da,
    123
Cristianismo, 237
  e antropologia, 170
Cristo
  condenação de, 143
  humanidade de, 141
  leitura giradiana de, 167

singularidade de, 140-
    41, 143
Crítica
  função da, 151
Cultura
  origem da, 91
  origem violenta da, 27,
    126, 132
Demitização
  radical, 126
Desconstrução, 117, 151,
    184, 193
  crítica girardiana à,
    151, 155
Desejo, 28
  ambivalência do, 51
  autonomia (falsa) do, 34
  ciclo do, 37
  conceito girardiano de,
    158
  da multidão, 144
  e gênero, 196
  heterossexual, 56
  homossexual, 56
  humano
    arqueologia do, 159
    imitação do, 35
  inconsciente, 105
  indiferença ao, 37
  metafísico, 38-40, 45, 48
    como destruidor, 48
    danos do, 42
    psicologia do, 45
  vítima do, 54
  natureza do, 49, 56
  objeto de, 33, 159
  triangularidade do, 28,
    33, 36, 51, 172
  unanimidade do, 145
Desejo mimético, 22, 25,
    28, 31, 37, 42, 137, 193
  análise histórica do,
    186, 188
  como *double bind*, 51
  condenação do, 147
  crítica ao esquematismo
    do, 162

denúncia do, 143
e biologia, 189
e conflito, 59
e crise política, 80
em Virginia Woolf voz
    do, 185
e sexualidade, 45
e violência, 62
função do, 122
funcionamento do, 44
lógica do, 143
mecanismo do, 141
origens do, 57
poder destrutivo do,
    145
poder interpretativo
    do, 200
potencial destrutivo
    do, 59
renúncia ao, 49, 147
sua difusão no mundo
    moderno, 155
teoria do, 22
Dioniso
  culto a, 76
  e indiferenciação, 77
Domínio
  mítico, 108
Doniso
  e sacralização da
    violência, 78
Donjuanismo, 45
Double bind, 51, 200
Duplo, 63, 73, 83, 145,
    163, 202
  inimigo, 77
  mimético, 173
  violento, 73, 83
Édipo
  complexo de, 50, 102,
    190
  crítica girardiana ao,
    159
  mito de, 140, 229, 231
Emulação, 174
Espontaneidade, 35
Estruturalismo, 115, 191

Evangelho
  difusão do, 148
Evangelhos, 182, 237
  como texto de
    perseguição, 167
  como textos de
    revelação, 142
  leitura girardiana dos,
    147
  leitura não sacrificial
    dos, 147-48
  leitura sacrificial dos,
    148
  redação dos, 167
  revelação dos, 146
  singularidade dos, 140-
    41, 143
  violência apocalíptica
    nos, 147
Falseabilidade
  critério de, 165
Fascismo, 172
Feminismo, 195-96
  crítica à teoria
    mimética, 158
Fratricídio, 130
Genocídio
  nazista, 238
Herói, 134
  bíblico, 137
  como causa da crise, 208
  dessacralização do, 135
  dostoievskiano, 46
  existencialista, 45
  mítico, 102, 104-05
  mito do, 105
  mito do nascimento
    do, 105
  trágico, 71
  vitimação do, 76
Hierarquia
  colapso da, 62, 71
Hipótese
  vitimária, 101-02
Hominização
  processo de, 60
  teoria da, 191

Homossexualidade, 53,
  56, 190
  latente
    inexistência da, 56
Humanismo, 188, 204
  acadêmico, 204
  além do, 188
Imitação, 27-28, 30, 33,
  35-37, 39, 45, 51, 54,
  59, 60, 72, 88, 143, 145,
  149, 160, 181, 185, 215
  efeitos destrutivos da,
    60
  e imaginação, 215
Imitador
  limitações do, 54
Imitatio Christi, 181
Impureza, 93
Incesto, 52, 67, 73, 88, 92,
  101, 135, 230
  e mitologia, 163
Inconsciente, 26, 105,
  142, 217, 232
Indício, 208
  e Mito, 208
Indiferenciação, 32, 44,
  47, 77, 99, 183, 208
  conflitiva, 79
  crise de, 80, 85, 133
  e desordem, 208
  estado primordial de,
    122
  mimética, 202
  para a diferenciação,
    111-12
Indivíduo
  emergência do, 189
Inovação, 153
  como fetiche, 155
  e *esprit de
    contradiction*, 155
  terrorismo da, 153
Inquisição, 127
Interpretação
  sacrificial, 115
Inveja, 103, 133, 137, 214
Judaísmo, 237

Leitura
  expiatória, 217
  mimética, 238
    caráter científico da,
      238
    como científica, 238
    não sacrificial, 130, 135
    realista e referencial, 219
Linchamento
  fundador, 107
Literatura
  crítica ao valor
    referencial da, 152
  e conversão, 183
  e descoberta do desejo
    mimético, 152
  e referente, 156
  pós-moderna, 185
  valor cognitivo da, 156
  valor da, 157
  valores da, 151
Mal
  mimético, 48
  ontológico, 40, 45,
    48-49
Masoquismo, 47, 53
Matriarcado, 195
Mecanismo
  expiatório, 85, 91, 100,
    114, 214, 241
  vitimário, 193, 201
Méconnaissance, 90, 114,
  119, 173, 207
  seu colapso, 146
Mediação
  de Napoleão, 30
  efeito da, 42
  endogâmica
    em Dostoiévski, 42
  exogâmica
    em Proust, 42
  externa, 26, 29-35, 155,
    162, 186, 188-89, 196
  colapso da, 33
  interna, 26, 30-34, 37,
    42, 155, 162, 186,
    188, 189

em Dostoiévski, 42
e mundo moderno, 155
vítima da, 34
Mediador, 26, 28, 31-34,
  36, 37, 38, 40-41, 43,
  45-47, 50, 54-56, 63,
  137, 155, 159, 173
  bom, 48
  busca por, 45
  desejo do, 40
  escolha arbitrária do, 40
Mentira
  romântica, 197
Mímesis, 59, 156, 196
  conflitual, 33
  de apropriação, 60
  dinâmica da, 138
  no mundo moderno, 151
  psicologia da, 39, 173
Mimetismo, 202, 207
Mitificação
  colapso da, 129
Mito, 22, 57, 75, 93, 106
  análise mimética do, 209
  asteca do sol e da lua, 122
  como bode expiatório, 165
  como evidência, 70
  como ficção pura, 98
  conteúdo do, 99
  decodificação do, 117
  de Édipo, 135, 137-38
  definição de René Girard, 97
  definição girardiana de, 15, 183, 207
  definições de, 97
  desmitificação do, 236
  desmitificação mimética do, 18, 243
  e conflito mimético, 208
  e linchamento, 99
  e *méconnaissance*, 104
  e polarização, 111
  etiológico, 229
  e violência unânime, 102

freudiano, 50
fundador, 213, 229, 234
gerado pelo assassinato coletivo, 144
gerado pelo mecanismo expiatório, 76
interpretação girardiana do, 107, 211
interpretação sacrificial do, 113
leitura girardiana de um, 23
origens do, 98
origens reais e violentas do, 102
persecutório moderno, 187
ponto de vista do, 134
redefinição do, 22
referencialidade do, 224, 242
sentido etiológico do, 98
sua morte no contexto judaico-cristão, 124
teoria do, 27
teoria estruturalista do, 115
teoria freudiana do, 105
teoria girardiana da evolução do, 118
teoria girardiana do, 16, 22, 101, 106, 117, 218
teoria lévi-straussiana do, 109, 114
teoria mimética do, 232
teóricos do, 97
Modelo, 16, 26, 28-29, 31-32, 34, 41, 51, 53, 66, 79, 81, 123, 137, 154-55, 157, 160, 163-65, 171-73, 190, 218, 237
  girardiano, 165
  vitimário, 164
Modernidade, 151
  crítica girardiana da, 151, 158

e tradição judaico-cristã, 175
Morte
  de Deus (Nietzsche), 39
  simbolismo da, 179
Narcisismo, 52-53, 160-61, 198-99
  freudiano, 161, 196
Nazismo, 66-67, 90, 157, 187
Niilismo, 234, 241
  interpretativo, 212, 219, 235
  textual, 234
Nouveau roman, 184
Objeto, 34, 119
  desejabilidade do, 31
  indiferença pelo, 56
  sobrevaloração do, 52
Obstáculo, 26, 33-34, 37, 45, 48, 51, 55, 81, 109, 137, 181-82, 190, 212, 215
Oposição
  binária, 111
Orfismo, 170
Origem
  crítica derridiana da, 115
Paixão, 238
  história da, 142
  interpretação girardiana da, 148
  leitura giradiana da, 167
Parricídio, 51-52, 67, 73, 101, 105, 230
  incesto, 52
Patriarcalismo, 159
Perseguição
  estereótipos da, 115
Perseguidor
  perspectiva do, 129, 135, 141
  ponto de vista do, 126, 128
  violência do, 126

Personalidade
  decomposição da, 41
Peste, 208, 226, 230
  negra, 128, 213, 221,
    225
Pharmakós, 68
Polarização
  expiatória, 221
  mimética, 214, 217
Pós-estruturalismo, 155,
    184
  radical, 202
Pós-modernismo, 174
  a partir da vítima, 172
Prestígio, 26, 31-32, 63,
    113, 130, 194
  social, 32
Processo
  mimético, 26, 50, 52-
    53, 56, 62, 66, 68,
    137-39, 146, 190
  e sexualidade, 50
  lógica do, 137
  variação do, 53
  vitimário
    gênero no, 195
Pseudonarcisismo, 53, 161
Psicanálise
  freudiana, 27
Psicologia
  freudiana
    crítica da, 49
  Interdividual, 22, 49,
    57, 161, 173
  uma nova, 49
Realismo
  girardiano, 212
Reciprocidade, 34, 100, 107
  conflitiva, 100
Referencialidade
  crítica à, 223, 233
Regicídio, 92
Reino de Deus, 146
Ressurreição
  simbolismo da, 179
Retribuição
  divina, 140

Revelação, 125, 187, 238
  bíblica, 129
  divina, 126
  cristã, 170
  da inocência da vítima,
    136
  da perspectiva da
    vítima, 129
  evangélica, 145
  plena
    e os Evangelhos, 130
Revolução Francesa, 33,
    155
Rito, 57, 91
  como evidência, 70
  sacrificial, 210
Ritual
  significado do, 22
Rival, 26, 31-33, 37, 43-
    44, 56, 81, 137, 190,
    210, 214-16, 240-41
  mimético, 145
Rivalidade, 32-34, 43,
    51, 59, 63, 71, 81, 88,
    111, 119, 136, 145-46,
    155, 160, 179, 181,
    190, 201-02, 207,
    215-17
  e conflito, 51
  edipiana, 158
  mimética, 88, 99, 136,
    179, 207
Ruptura
  epistemológica, 153
Sacrifício, 62, 78, 85, 95,
    122, 183
  animal, 91-93
  espírito de, 43
  função do, 81
  mecanismo do, 85, 89
  voluntário, 122
Sadismo, 53, 55
Sagrado
  segunda transferência
    do, 209
  transferência dupla do,
    207

Sagrado,
  dupla transferência do,
    210
Segunda Guerra Mundial,
    67, 203
Sinal
  de vitimação, 63-64
Skandalon, 181-82
Subsolo
  homem do, 55
Suplemento, 151
  e bode expiatório, 184
  lógica do, 115-16, 184
Teoria mimética, 15, 191,
    207, 215
  e economia, 173
  e estudos bíblicos, 174
  referencialidade da, 212
  referencialidade seletiva
    da, 235
Texto
  de perseguição, 102,
    124, 126-27, 137, 141,
    213, 217, 220, 224
  substituto do mito, 126
  referencialidade do, 231
Tradição
  greco-romana, 121
  judaico-cristã, 238
Tragédia, 71
  e bode expiatório, 76
Transcendência
  desviada, 49
Transferência
  dupla, 207
Triângulo
  amoroso, 44
Vaidade, 39
  em Stendhal, 39
Vanguarda, 154, 194
Vazio
  ontológico, 38, 41, 49
Verdade
  romanesca, 197
Vieille modernité, 125
Vingança, 133, 140, 146,
    214

índice analítico 265

tragédia de, 197
Violência, 66
  arbitrária, 82, 92
  canalização da, 66, 77
  coletiva, 76, 98, 111, 239, 241
    e fundação de Roma, 117
    evidência da, 119
    subterfúgios da, 121
  da multidão, 69, 104
  desejo da, 61
  dessacralização da, 129, 133, 141
  dessacralização incompleta da, 140
  endogâmica, 61, 66
  e sagrado, 69
  evidências no mito da, 111
  exogâmica, 61
  fundadora, 91, 94-95, 114, 126, 130, 134, 139
  humana, 60
  imitação da, 88
  impura, 69, 82
  irracional, 65
  mimética
    teatro shakesperiano e, 80
  natureza da, 60, 81
  ocultação da, 105, 113-15, 118
  origem exclusivamente humana da, 140
  origens humanas da, 78
  pura, 69, 82, 89
  renúncia à, 146
  retorno da, 132
  sacralização da, 79, 82, 94, 110, 147, 158, 171
  sacralização da própria, 138
  sacrificial, 22, 69, 79, 93, 98, 105, 113, 126
    condenação da, 147
  dessacralização da, 130
  no teatro, 172
  teoria da, 27
  unânime, 68-69, 74, 82, 99, 117, 119, 207
  vítima da, 123
Vítima, 44, 101
  da crise mimética, 76
  dessacralização da, 129
  escolha arbitrária da, 209
  imolação da, 139
  inocência da, 126, 137
  inocente, 133, 142, 237
  metamorfoses da, 69
  original, 95, 133
  perseguição da, 130
  perspectiva da, 129, 139
  ponto de vista da, 86, 87, 126
  preocupação com a, 238
  real, 111
  realidade da, 18, 184, 212, 217, 220, 223, 225, 227, 243
  realidade (estatística) da, 231
  sacralização da, 92, 94, 104, 118, 123, 210
  sacrificial, 68, 83
  sacrifício da, 71
  substituta, 61, 64, 66, 75, 91
    mecanismo da, 142
  transgressões (falsas) da, 103
  vingada, 133
Vitimação, 65, 89
  mecanismo da, 141
  processo de, 172
  realidade da, 234
  sinais de, 73, 83, 85, 88, 100, 103, 112, 115, 122
  sinais preferenciais de, 208, 211

índice onomástico

Apolônio de Rodes, 172
Aristóteles, 194
Bandera, Cesáreo, 29, 79, 158, 171
Bataille, Georges, 173
Bergson, Henri, 199
Calderón de la Barca, Pedro, 171
Casillo, Robert, 172
Céline, Louis-Ferdinand, 70, 85, 87, 89, 95, 187
Cervantes, Miguel de, 25-26, 28-29, 40, 79, 161, 171
Cohn, Robert Greer, 161-63
de Heusch, Luc, 94, 209
De Maistre, Joseph, 157, 158
Derrida, Jacques, 115-17, 151, 172, 184
Descartes, René, 194
Deus, 39, 65, 87, 90, 126, 132, 136, 138-39, 141-42, 146-47, 170, 175, 181-82, 231
Domenach, Jean-Marie, 164-65, 170, 175
Dostoiévski, Fiódor, 25-26, 34, 42-46, 49-50, 53, 161, 182

Eliot, George, 171-72
Eurípides, 76, 78-79
Firth, Raymond, 113, 115
Flaubert, Gustave, 25
Fourny, Jean-François, 173
Frazer, James, 64, 70, 97, 164
Freud, Sigmund, 50-53, 57, 98, 105-06, 153, 158-60, 197-200, 241, 257
Gans, Eric, 174
Golsan, Richard, 11-15, 17-19, 23, 172, 179
Griffiths, Frederick, 74, 79, 171-72
Hegel, Georg Wilhelm Friedrich, 194
Homero, 172
Joplin, Patricia, 161, 195
Jung, Carl, 98
Kafka, Franz, 171-72
Kearney, Richard, 165-166
Kermode, Frank, 174
Kofman, Sarah, 52, 158, 160-61, 196-201
Kraus, Kari, 23
Leach, Edmund, 97-98, 101-02

Lévi-Strauss, Claude, 13, 22, 97, 106-11, 114-15, 164, 191
Lienhardt, Godfrey, 91
Livingston, Paisley, 39-41, 60, 156, 163, 173
Machaut, Guillaume de, 127-28, 168, 213, 217, 221
Mack, Burton, 142, 144, 166-67, 169-70
Mallarmé, Stéphane, 162, 225
McKenna, Andrew, 23, 117, 126, 151, 172, 174, 184
Meltzer, Françoise, 145, 163
Moi, Toril, 158-160, 196, 198
Montherlant, Henry de, 171-72
Moron-Arroyo, Ciriaco, 171
Napoleão Bonaparte, 30
Nietzsche, Friedrich, 39, 154, 187-88
Oughourlian, Jean-Michel, 181
Plutarco, 118
Popper, Karl, 165

Pound, Ezra, 172
Proust, Marcel, 25-26, 31, 34, 40, 42, 45-47, 50, 184, 197-98
Racine, Jean, 79
Rank, Otto, 22, 105-06
Sartre, Jean-Paul, 199
Scubla, Lucien, 168-70
Segal, Charles, 171
Segal, Robert A., 13, 18, 23, 64, 106, 172
Shakespeare, William, 22, 68-71, 79-80, 83, 85, 95, 162, 183, 190, 196
Sófocles, 71-76, 78-79, 95, 106
Stendhal, 25-26, 30, 34-35, 38, 40, 45-47, 50, 143, 189
Tito Lívio, 118
Tolstói, Liev, 162
Traube, Elizabeth, 163-64
Troyes, Chrétien de, 186
Tylor, Edward, 97
Virgílio, 171
Wagner, Richard, 187
White, Hayden, 21, 157-58, 164-65
Woolf, Virginia, 185-86

biblioteca René Girard*
coordenação João Cezar de Castro Rocha

Dostoiévski: do duplo à unidade
René Girard

Anorexia e desejo mimético
René Girard

A conversão da arte
René Girard

René Girard: um retrato intelectual
Gabriel Andrade

Rematar Clausewitz: além *Da Guerra*
René Girard e Benoît Chantre

Evolução e conversão
René Girard, Pierpaolo Antonello e João Cezar de Castro Rocha

O tempo das catástrofes
Jean-Pierre Dupuy

"Despojada e despida": a humilde história de Dom Quixote
Cesáreo Bandera

Violência e modernismo: Ibsen, Joyce e Woolf
William A. Johnsen

Quando começarem a acontecer essas coisas
René Girard e Michel Treguer

Espertos como serpentes
Jim Grote e John McGeeney

O pecado original à luz da ressurreição
James Alison

Violência sagrada
Robert Hamerton-Kelly

Aquele por quem o escândalo vem
René Girard

O Deus escondido da pós-modernidade
Carlos Mendoza-Álvarez

Deus: uma invenção?
René Girard, André Gounelle e Alain Houziaux

Édipo mimético
Mark R. Anspach

René Girard: do mimetismo à hominização
Stéphane Vinolo

O sacrifício
René Girard

O trágico e a piedade
René Girard e Michel Serres

Anatomia da vingança
Mark R. Anspach

---

* A Biblioteca reunirá cerca de 60 livros e os títulos acima foram os primeiros publicados.

Para conhecer melhor a teoria mimética e o pensamento girardiano, leia também:

Mentira Romântica e Verdade Romanesca foi a primeira obra publicada de René Girard. Aqui se encontram as primeiras intuições girardianas a respeito do que chamou de "triangularidade do desejo". A partir da leitura sistemática de Cervantes, Stendhal, Flaubert, Proust e Dostoievski, Girard elabora uma teoria que explica o desejo humano e as relações de admiração, rivalidade e ódio recorrentes na literatura e na sociedade.

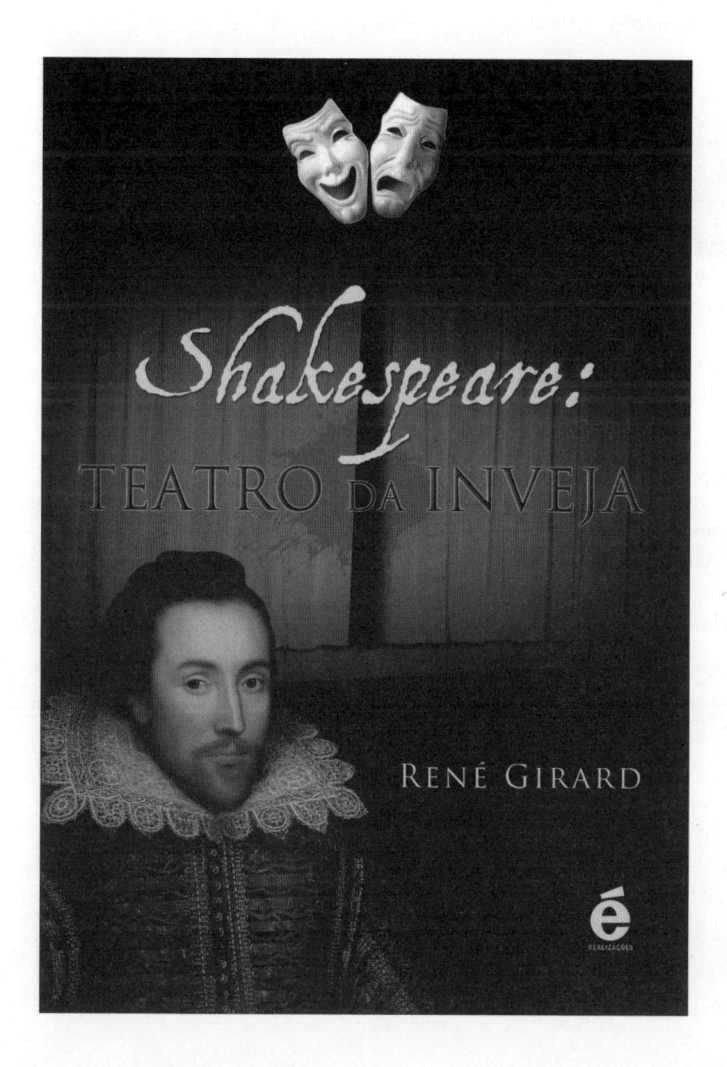

Esta obra revolucionária discute a principal figura da literatura inglesa – William Shakespeare – e propõe uma leitura dramaticamente nova de quase todas as suas peças e poemas. A chave para *Teatro da Inveja* é a interpretação original que René Girard faz da ideia de "mímesis". Para Girard, as pessoas desejam os objetos não por seu valor intrínseco, mas porque eles são desejados por outras. Ele considera essa inveja – ou "desejo mimético" – um dos pilares da condição humana.

CIP-Brasil. Catalogação na Fonte
Sindicato Nacional dos Editores de Livros, RJ

G594r

    Golsan, Richard J., 1952-
       Mito e teoria mimética: introdução ao pensamento girardiano / Richard J. Golsan ; coordenação João Cezar de Castro Rocha ; tradução Hugo Langone. - 1. ed. - São Paulo : É Realizações, 2014.
      272 p. ; 23 cm. (Biblioteca René Girard)

    Tradução de: René Girard and myth
    Inclui apêndice
    Inclui bibliografia e índice
    ISBN 978-85-8033-187-5

    1. Girard, René. 2. Antropologia urbana. 3. Violência - Aspectos sociais. I. Rocha, João Cezar de Castro. II. Título. III. Série.

14-18413   CDD: 306
                CDU: 316

04/12/2014   04/12/2014

Este livro foi impresso pela Intergraf Indústria Gráfica para É Realizações, em dezembro de 2014. Os tipos usados são da família Rotis Serif Std e Rotis Semi Sans Std. O papel do miolo é pólen bold 90g, e o da capa, cartão supremo 300g.